本丛书是华东师范大学基础教育改革与发展研究所承担的教育部哲学社会科学重大攻关项目“基础教育改革与中国教育学理论重建研究”系列成果之一

世纪初中国基础教育改革研究丛书

叶　澜　主编

中国基础教育评价的积弊与更新

ZHONGGUO JICHU JIAOYU PINGJIA DE JIBI YU GENGXIN

张向众　著

教育科学出版社

·北　京·

世纪初中国基础教育改革研究丛书

总　序

叶　澜

还能清晰地记起迎接新世纪曙光时的一份欣喜和期望，如今，新世纪却已跨入了第六个年头。聊以自慰的是，我和我的合作伙伴们，在探索中国基础教育改革之路上没有停步。现在奉献给读者的这套“世纪初中国基础教育改革研究丛书”，就是我们这支“改革小分队”五年研究的成果结集，也是“世纪之交中国基础教育改革研究丛书”① 的延续和超越。

“延续”，集中体现在前后相继的两套丛书在研究主题上的相关性。这不但可以从丛书总称中看出，也表现在两套丛书中部分书名的呼应上。如《“新基础教育”研究史》（本）与《“新基础教育”论》（前）；《学校转型性变革的方法论》（本）与《学校教育研究方法》（前）；《学校转型中的教师发展》（本）与《教师角色与教师发展新探》（前）；《青少年发展研究与学校文化生态建设》（本）与《学生自我发展之心理学探究》（前）；《中国基础教育评价的积弊与更新》（本）和《课程改革与课程评价》（前）等。这种延续本身就反映了基础教育改革的丰富性和艰巨性。

“超越”，主要体现在三个方面：其一，本丛书的主题更集中到中国基础教育的学校转型性变革上。这是研究范围的集聚和对当代中国基础教育变革的趋势与性质认识上深化的表现。其二，在学校变革的研究范围上，增加了学校教育价值取向，以表演的视角解读教育活动，以教育社会学的立场研究理念的力量，以及学校转型中的管理变革、教学改革、信息技术与学校教育关系的反思与重构等选题，使本套丛书研究的视角和范围

① 该丛书共有著作7本，已由教育科学出版社出版。以下总序中涉及该丛书中的书名加（前），涉及到本次出版丛书的书名加（本），以示区别和便于比较。

更为丰富和相对完整。其三，本丛书力求以当代人类社会发展与国际教育改革趋势为共同背景，将历史、现实与未来联系起来，在理论与实践结合的意义上阐述中国基础教育学校变革的一系列重大问题，在深度上体现对前一套丛书的超越。

本丛书的形成从主题到内容，都与本人主持的“新基础教育”研究课题的深化直接相关，该丛书的作者也都在不同程度上参与了“新基础教育”研究，可以说，“新基础教育”研究过程滋养了这套丛书。但是，丛书写作和思想的资源并不局限于“新基础教育”。我们的目的是对当代中国学校教育改革中的一些重要问题作更为普遍和基础性的研究，同时也反映我们在改革研究中形成的理论、经验和思考，以此和大家共享，并期望引起更多人的探索与研究。

感谢教育科学出版社对我们两套丛书出版的大力支持，使我们十年探究的收获有了呈现和存留的平台。感谢所有为这两套丛书出版作出各种支持的各位朋友，你们的努力为丛书增色不少。

期待着各位读者的指点和帮助。

目　录

导 言

一、教育评价结构的价值论分析

教育评价理论研究的重要基础就是提出合理的教育评价观，这集中地体现在评价概念中。教育评价概念应当揭示教育领域中评价活动的特殊性。本书提出，教育评价是人在教育活动或过程中以不同的评价目的或评价需要为旨趣，进行价值认识、建构、创生等各种价值性活动，即人在教育实践的基础上进行各种主体性的价值活动。在一定意义上可以认为，教育评价就是各类主体根据自己的价值需要，在教育实践的基础上判断、揭示、理解和创造教育价值，进行各种价值选择和比较、自我判断和自我反思，以至在自我意识的基础上成为一种特殊的、自觉的学校教育生活。教育评价系统结构（见图 1）就是以价值系统为基础而构成的内在关联性评价结构。主要包括：（1）价值系统，是以功能主体的评价目的和评价需要为根本（评价功能的实践需求），以评价关系为内在依据（为评价功能的实现提供可能）的有机构成，其中的评价关系决定于功能关系；（2）功能系统，是在价值系统的基础上通过功能关系和评价关系确立评价的功能目的，并在特定评价情景下具体化为功能要求，由此成为操作性评价结构的核心；（3）操作系统或曰评价体系，各类主体在价值活动中形成的内在结构所呈现出具体化的、操作化的外在形态，评价主体、评价内容、评价标准、评价方式等是其核心构件。

面对上述复杂的教育评价系统进行具体的、详细的结构性分析之前，需要在此先作如下解释。

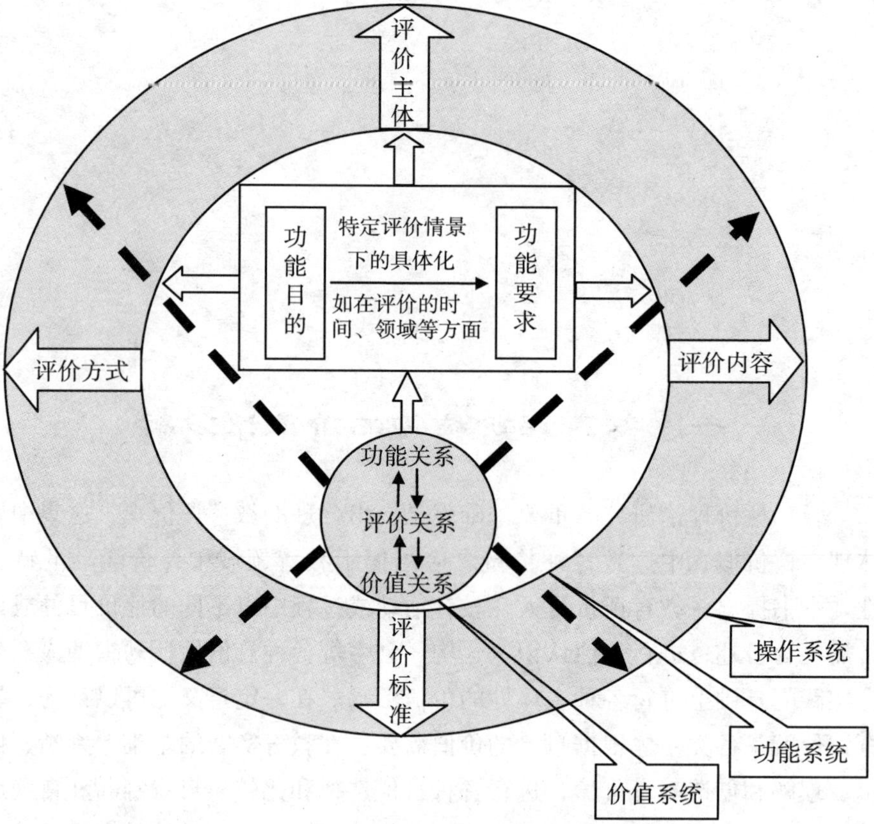

说明：1. ——→ 表明两者之间直接的作用方式或内在关系

2. ━ ━ ➔ 表明两者之间间接的渗透性作用方式或内在关系

3. ⇨ 表明两者之间的转化关系

图 1　教育评价系统结构

（一）教育评价系统是以价值系统为基础的

教育评价的价值系统（见图 2）主要是由两种基本价值关系构成的：(1) 功能主体对评价的价值需求即功能关系，在教育实践中形成的功能主体及其评价目的、评价需要的形成；(2) 价值主体对价值客体的价值需求即价值关系，评价主体与价值关系交互作用的方式与机制即评价关系；评价关系内蕴着价值关系。

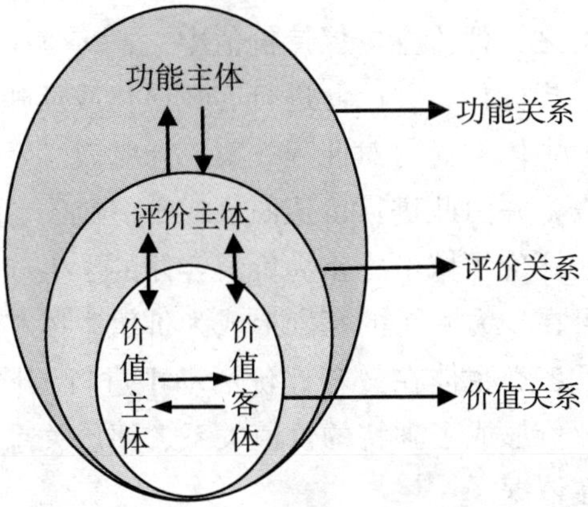

图2　教育评价的价值系统结构

作为教育评价的前提性条件，评价功能关系主要是由功能主体及其对评价的实践需求、评价目的和功能对象有机构成的。其中，功能主体在评价实践的现实条件下形成，功能主体的构成决定了评价目的以及由此而成的特定评价功能和作用，即评价需要，与此同时，功能对象也随之确定下来。评价需要是教育评价功能变革的主旨。在各类教育实践中，不同的实践者根据自己的需求，表达了对教育评价活动的不同需要。例如，社会利益群体或部门需要公平地选拔合格人才；教育行政管理者需要有效地监控学校教育质量；学校教育中的教师需要通过评价促进学生发展；学校变革研究者、一线实践者需要通过评价推进教学改革过程，等等。

各类不同的实践者在教育评价中成为功能主体并形成自己的评价需要，这就决定了评价主体进入教育价值关系的方式，即评价关系。教育价值关系是教育评价中的核心价值系统——价值主体和价值客体的内在关系及结构。其中，教师、学生既是基本的价值主体又是基本的价值客体。此外，还有其他的价值主体，例如校长、教育行政（管理）人员、社会个体（家长）或群体等，其他的价值客体，诸如课程方案、课堂教学、教育政策和项目等。不同的价值主体和价值客体在不同层面上交互作用并构成了复杂的价值关系。在本质意义上，教育评价实践是在教育价值关系（以教育价值关系为评价客体）的基础上，评价主体和评价客体进行交互作用。因此，在不同领域的评价关系中，评价主体和价值主体在特定的评价情景中相互构成着，以至评价主体、价值主体、价值客体形成了内在的结构关联。具体言之，评价主体保持价值中立，将学生、教师、教学活动客体化、要素化、指标化，并由此进行客观量化或反映、比较、判断；评价主体也可以价值主体的身份对课程方案、课堂教学及其中的教育事件进行观察和系统调查，并由此进行价值商谈或价值赋予、理论解释、意义揭示。此外，在有些评价领域中，作为价值客体的学生或教师尽管处于被评价的地位，但是可在权力赋予的基础上成为价值主体和评价主体进行自我判断、价值选择。各类主体在教育评价活动中进行不同层面的交互作用，这不仅使得教育评价形成了独特的价值关系、评价关系，而且也成为了教育评价变革的内在依据。

（二）教育评价系统是在特定功能要求下实现操作性转化以发挥评价功能的

在教育评价实践中，价值系统通过其中的功能关系和评价关系提出了评价的功能目的，并在特定的评价情景中具体化为功能要求，即特定的功能目的规定了评价的实施或插入时间、评价领域或功能的作用范围、评价构成要素之间的内在关系及其特征、评价功能的作用方式等。例如，在管理性评价实践中，其主旨在于提供客观的证据，以便通过结果证明进行有效的选拔、区分、决断、描述等管理性功能，因此，这就要求对评价操作系统进行科学化改造，并在此基础上形成简便有效的、适于量化统计的、大规模使用的标准化测验体系。

从根本上说，教育评价系统是人为系统。“人为事物只要存在，就必有功能、目的的定向……功能和目的发展了，结构也必须随之改变。在人为系统的发展中，新的目的和功能要求的提出具有重要的先导作用和推动作用”①。因此，教育评价系统通过功能系统及其中的功能要求不仅对操作化的评价结构进行了不同性质和类型的改造，而且，还形成了以功能要求为核心的评价操作系统（见图3），以便对其进行结构优化，即根据操作系统中的评价主体、评价内容、评价标准、评价方式等主要构件在实现功能过程中作用的性质，以及实现功能的要求来规定不同构成要素的质量

① 叶澜．教育研究方法论初探［M］．上海：上海教育出版社，1999：200.

要求，同时更关注操作系统及其结构的整体协调性。可以说，不同的功能目的和功能要求决定了评价操作系统的外在结构性形态及其内在关系性特征。教育评价的操作系统正是以功能要求为核心，在具体评价实践中将评价的不同构成要素内在关联、协调一致起来的。例如，在管理性评价中，以评价方式为主进行科学化改造，形成了价值认知型评价；在服务性评价中，以评价主体为主进行价值化改造，形成了价值建构型评价，等等。

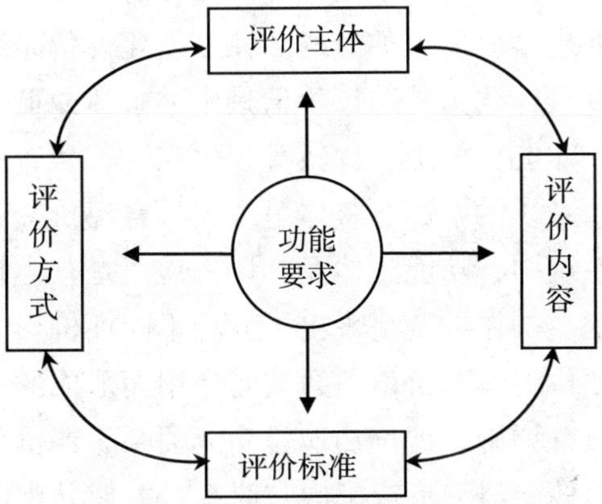

图3 教育评价的操作系统结构

教育评价有社会性教育评价和学校教育评价之分。从系统论的观点看，教育既是社会体系中的一个子系统，同时自身又是复杂的开放系统，这为教育评价的分析提供了前提和思路。就教育作为社会子系统而言，教育评价的目的在于通过判断、解释教育对社会或其他社会子系统的价值关系，提供进行教育选择（学生家长对子女入学的选择、社会或其他社会部门对人才的选拔等）的依据和实现社会对教育质量监控以促进教育更好地满足社会发展对教育的价值需求，这是社会性教育评价。在社会性教育评价中，评价主体和价值主体要么合二为一，要么评价主体作为价值主体的代言人，而真正的价值主体隐匿在后。这就使得教育活动及其结果作为价值客体单独成为了评价客体；教育评价系统具有鲜明的主—客结构特征。

在教育自身作为复杂的开放系统中，以学校教育为核心构成了教育整体结构，学校教育评价也因此成为教育评价活动的核心构成。学校教育评价旨在通过判断、揭示教育内部的价值关系，进行各种不同的教育选择，诸如教师、学生和其他人员对课程方案、教学方法、教学资源等方面的选择。基于上述教育选择，学校教育评价既可以作为制度化的评价活动用于教育管理，也可以作为机能化的评价活动成为特殊形态的学校教育生活。在机能化的评价活动中，评价主体、价值主体、价值客体在具体的评价情景中相互构成，促发了学生、教师、学校自我意识的形成机制，学生、教师和学校在评价生活中获得真正的主动发展。而制度化评价在评价生活的基础上发挥着评价的工具作用，通过评价作为有效的监控手段，达到提高学校教育质量、促进学生发展的目的。在制度化评价系统中，价值主体可以抽象化，也可以具体化为特殊评价情景中的个体或群体，但评价主体和价值主体须分离，才能更好地发挥教育评价在学校教育中的工具性作用。

上述教育评价系统的解读，整体呈现出教育评价变革的结构性分析框架：在评价功能系统中，功能主体及其评价需要是其主旨；在功能系统的内在结构性变化中，操作系统呈现出了各种不同评价形态；这一切最根本的内在依据就是评价主体和价值关系交互作用而形成的评价关系。也正是在分析框架中，教育评价、评价功能、功能关系、评价关系、价值关系以及学校教育评价等核心概念形成了内在联系，并使其中的深刻内涵得以在结构性关系中具体呈现出来。

二、基础教育评价研究的功能视角与理论框架

正是在教育评价结构的价值论分析的基础上，本书试图从功能变革的视角对我国基础教育评价的积弊与更新进行深入的探究，既有历史考察，也有当代思考；既有国际视野，也有本土创新；既有理论剖析，也有实践探究。本书力求合理地把握我国基础教育评价在历史演进和改革进程中的积弊，以及在我国学校转型性变革中针对这些积弊展开的理论探索和实践创新。

从根本上说，本书的研究是在“新基础教育”研究理论与实践的相互滋养、双向建构过程中创生的。但是，为了理论表达的方便，本书在结构上遵循表达逻辑，首先通过评价功能变革历史对已有的主要教育评价理论与实践进行理论考察，然后在我国评价现实思考的基础上进行理论重

建，最后落实于学校变革推进性评价的具体实践探索与分析。总体上，本书是按照从一般到具体、从历史到现实、从理论到实践的研究思路进行组织架构。全书共分五章。

第一章为“我国传统评价功能下的基础教育评价积弊剖析”。中国传统的教育评价实践形成了以教育选拔为主的评价功能传统，在我国基础教育改革的进程中，主要是在选拔、管理功能下进行政府层面的考试改革。但是随着素质教育改革的推进，正在针对选拔性传统评价功能力图构建发展性评价体系。但是，从评价与教育实践的关系进行深究，就会发现基础教育评价演进中存在着因积习而形成的诸多弊端。在“人维”意义上，其实质为人在“应式化”评价实践中的“被动”的生存方式，这导致了师生的有限性发展；在“事维”意义上，其实质为“实体性”评价改革未能指向学校日常教育实践的变革过程并与之相析离。基础教育评价的积弊显然是在评价发展与发展历程中由诸多因素共同影响所致。因此，这需要从多个维度、不同层次对此进行深度的根源性剖析。

第二章为“西方教育评价功能变革的历史考察”。本章在总体意义上，从评价功能转换的维度对西方学校教育评价变革进行了历史考察。西方传统评价在评价管理功能形成中完成了口试到笔试的更替。进入严格科学意义上的现代教育评价发展后，可以教育评价价值系统的结构性变革为分期标准，将其大致分为价值认识时期、价值建构时期、自我判断时期三个阶段。有关每个阶段的阐述，运用整体性分析框架，具体分析不同发展阶段评价功能体系的结构性变化、评价体系改造及其在评价本质、评价关系上的理论更新。与此同时，本章不仅试图在一般意义上对教育评价理论与实践发展历程进行概要式评述，而且，还由此为我国的基础教育评价改革提供国际视野的参照与借鉴。

第三章为“我国当代转型时期学校变革推进性评价的功能更新”。具体聚焦到中国当前的教育评价改革现实是本章的研究重点。在“新基础教育”研究中，尝试着在传统评价功能背景下而非替代性地提出了学校变革推进性评价，以实现评价“有效推进学校转型，成事成人”的新功能。这一学校变革推进性评价在评价本质、评价关系、评价功能和评价体系等方面进行了更新性的理论建设。

第四、五章是有关“新基础教育”学校变革推进性评价的实践探索与创造。本书以“新基础教育”研究实践为基础，阐述了学校变革实践中的日常化评价和中期评估两种形态。日常化评价主要是以非正式形态渗透于学校研究性变革实践中，在不断“反思—重建—实践”的过程中推进学校变革。中期评估则是学校变革过程的承启的节点，采取“集中式”推进学校变革过程。在“新基础教育”研究中，两种不同形态的学校变革推进性评价的功能主旨一致，但是在作用方式、作用机制等方面存在着具体运作的不同。

三、研究基础与方法

（一）文献资料的查阅与分析

无论在中国还是在西方国家，教育评价实践古已有之。但是，严格说来，真正意义上的教育评价理论与实践研究始于美国的赖斯（Rice，J. M.）于1897年进行的拼字测验。随后，桑代克（Thorndike，E. L.）在量表和测验编制上作出了重要贡献，被世人视为“教育测量运动之父”，开启了教育评价的科学化历程。而20世纪30年代美国所开展的“八年研究”是教育评价发展史上的一个重要转折时期，泰勒（Tyler，R. W.）首次提出了“教育评价”以取代先前“教育测量”的提法。这不只是评价术语的更替，而是教育评价观的更新换代。泰勒也因之被誉为“教育评价之父”。正是在对泰勒评价观的继承发展或批判反思的基础上，后人相继提出了各种不同的评价概念和模式并积极地加以倡导和实践。例如，克龙巴赫（Cronbach，L. J.）提出“为作出关于教育方案的决策而搜集和使用信息”的评价观、斯塔弗尔比姆（Stufflebeam，D. L.）的CIPP模式、布卢姆（Bloom，B. C.）的教育目标分类理论、斯克瑞文（Scriven，M.）的形成性评价等。直至20世纪70年代，一批“新潮流评价者”又纷纷提出了一系列新的评价理论与模式，在美国有斯太克（Stake，R. E.）的回应性评价模式、艾斯纳（Eisner，E. W.）的教育鉴赏与批判模式；在英国有帕勒特（Parlett，M.）和汉密尔顿（Hanmilton，D.）的启发性评价、斯腾豪斯（Stenhouse，L.）的研究模式等。在此，主要意图不在于简述教育评价观念的沿革历程，而是据此确定文献资料查阅的重点与范围或“按图索骥”。上述评价发展史实的脉络梳理表明，美国的教育评价学者在评价理论与实践建设、发展过程中起到了研究的引领和主导作用，英国的评价研究在当代也逐渐做出了自己的贡献。因此，本书在写作过程中所查阅的文献资料主要集中于近代美、英学者在评价研究方面的论文、著作，也包括来自于日本及我国台湾、香港地区和内地学者们对美英两国评价研究进行译介、编著的论文、著作等；此外，还涉及到关于欧美国家古代学校教育中评价史实的资料。

国内文献资料主要来自三个方面：一是关于中国古代学校教育评价和科举考试制度的二手资料，但也尽可能地查阅了相关的原始资料；二是当前基础教育改革中关于评价改革的论著、实验基地的评价研究报告以及国家相关的政策、文件等；三是“新基础教育”研究中已公开的研究成果外，还包括代表课题组最新研究成果的研究报告、课堂讲演稿、会议记录稿、交流讨论稿、实践一线的教师课堂教学设计方案和课后反思小结、教研组的工作总结、校长的学校发展规划等内部资料（已获得著作者的许可），其中最为重要的是“新基础教育”研究成型性阶段中期评估中的参评学校的自评材料和自评统计表、课题组制定的评估方案和评估表、“听—说—评课①”和座谈会的记录等。

（二）变革实践的参与和研讨

本书研究的重要基础是，本人作为学习者、研究者、实践者、评价者积极参与了叶澜教授主持的“新基础教育”研究，较长时段地深度介入了学校研究性变革实践。自2004年9月始至今，本人就一直在叶澜教授与课题组教师的帮助和指导下，边学习理论边在实践参与中进行体悟、比较、思索、提炼，在个人层面上不断地进行着理论与实践的双向沟通、双

① 与一般意义上的听课、说课、评课活动不同，“新基础教育”研究中的“听—说—评课”是一种重要的现场研讨方式。通过“听—说—评课”的研讨活动，研究者积极介入学校变革实践，在与实践一线教师进行多向互动的过程中，同他们一起参与备课与教案设计、对课堂进行观察与理论分析，帮助教师对教学进行反思与重建。在研讨性评课中，研究者与一线教师通过评课活动一起参与教学改革实践，共同对教学改革中涌现的新质特征进行理论提升，并结合具体的课堂教学帮助教师有效地实现外在理论转化为个人的内在理论、内在理论转化为新的课堂教学行为。具体论述详见本书第四章的相关内容。

向建构，并在此过程中经历了一种全新的成长过程。

在参与“新基础教育”研究之前，本人已经比较全面、系统地研习了相关的理论文章和著作，对“新基础教育”研究有了整体性认识，并以此为基础，带着自己的理解、困惑走进了学校日常教育实践中的课堂教学和班级建设，参加了日常化的“听—说—评课”和教研组教师的座谈。作为主动的学习者，本人不只是进行必要的课堂记录和旁听，而是根据自己对理论的理解在听课时自行在心中评课，并积极与说课时的任课教师自评、评课时的其他人员他评进行比较。在差异中改变自己、在相同中强化自己，如此循环反复、持续提升，由此既自我实现了理论内化，形成了关于课堂教学的新的内在参照系，又在此过程中使得理论具体化、清晰化、丰富化，并进而实现变革实践的理论提升。应该说，本人此时才有了真正意义上“进入”“新基础教育”研究的感觉。主动参与教学实践的变革和研究促成自己的提升，同时自己的成长又推动了自己在学校变革实践中的参与的力度、广度、深度。因此，本人在一定意义上作为研究者、实践者、评价者参与了基地学校的日常化的教研活动，在教师的课前备课过程中、“听—说—评课”中、专题研讨活动中和实践者一起共同研讨，就一堂具体的课堂教学在理念和方法等不同层面上“捉虫”和“抓亮”①，提出建设性的重建意见。在这一阶段实质性参与学校研究性变革实践的过程中，本人仍在不断地比较和反思中进行理论内化，在不断地读懂和研究实践中进行理论提炼。更为重要的是，还尝试着将自己的个人内在理论藉此在日常化的评课、研讨实践中外化出来，使之更加具体化、丰富化，以便力图进入至事理研究层面——探求个人内在理论在外化的日常实践中的行事依据及其有效性、合理性。

特别需要提及的是，本人基本上参与了中期评估的方案规划、校长答辩、现场评估、评分研讨、结果反馈、表彰总结等全过程。这一丰富的学校变革评估实践不只是提供了一些具体的案例，还为本书提供了深厚的理

① 在“新基础教育”研究中，研究者、实践一线教师通过现场评课研讨活动，具体地分析教师在课堂中的教学行为、话语方式、细节处理以及对于学生出人意料的回答的应对情况，深刻地指出藏匿于行为背后的、束缚自己的思想观念之“虫”。与此同时，也可以通过分析教师在教学过程中的“出彩”之处，点出教师的智慧、积极变化，甚至是他的创造之处，并由此进行经验总结与理论提升，此为“抓亮”。

论生成资源和实践基础。

此外，在参与“新基础教育”研究的过程中，本人还参与了不同类型、不同层面的座谈会、研讨会，其中的课题组研究成员和实践者的思考和研究不仅丰富、激活了自己的思维，同时也成为本书丰富的实践资源。当然，本书还得益于叶澜教授在具体实践中的适时点拨和提升，得益于与课题组教师的沟通和交流，得益于与基地学校一线教师和校长的共同合作和研讨。

第 *1* 章

我国传统评价功能下的基础教育评价积弊剖析

我国在教育评价实践方面进行了大量而有益的探索。诸多评价改革实践表明，教育评价功能从社会选任过渡到学校教育管理，并由此形成了以教育选拔为主旨的传统评价功能体系。这是我国当前教育评价改革独特的历史背景。在我国基础教育改革的进程中，虽还大量是在选拔、管理功能下进行的政府层面的考试改革，但是随着素质教育改革的推进，正逐渐地通过引介、借鉴西方评价理论，针对传统选拔性评价功能倡导并力图构建发展性评价体系。

从评价与教育实践的关系进行深究，会发现基础教育评价演进中存在着诸多弊端。一方面，在“人维”意义上，人们在“应式化”评价中千方百计地力求以优异水平达至规定的理想标准。尽管此种达标性发展通过“标准对照、逐项达标”的方式在一定程度上激发并培养了人的知识技能和聪明才智，但却是有限度的，甚至难以让师生在日常的课堂教学、班级生活中进行生命创造，自觉地、尽可能地挖掘自身的潜能与智慧，真正实现主动、健康的发展。由于“应式化”评价，人的潜能只能部分而非充分地挖掘、低层次而非高水平地发挥。正是在此意义上说，人在“应式化”评价中只能实现有限性成长。另一方面，在“事维”上，我国的评价改革表面上聚焦于两类基本矛盾：选拔性评价体系与发展性评价体系的冲突、评价改革与教育改革的冲突，但两者实质上均表现为“实体性”评价改革，它并未摆脱预设性评价的窠臼。这种状态在评价中集中地体现为评价改革析离于教育改革过程评价，与丰富的学校变革实践和创造相互隔离开来，自然也就难以满足推进学校变革过程的实践需求。

基础教育评价的积弊显然是在评价改革与发展历程中，由诸多因素共同影响所致。因此，需要从多个维度、不同层次对这一问题进行深度的根源性剖析。

一、我国传统评价功能的形成与变革

（一）以选拔、管理为核心的传统评价功能的形成

我国教育评价的演化经历了漫长的过程。简而言之，在中国古代教育中，考试制度逐渐与社会人才选任制度紧密结合起来，以至在国家养士、选士、用士的人才选拔制度支配下，形成了相应的特有的教育评价功能。民国时期，政府建立了现代学校教育制度并将学校教育评价纳入其中，使学校评价与国家文官考选制度分离开来，进入到学校教育管理层面。新中国成立后，在高考、中考等国家考试制度下，教育行政管理者逐渐在学校教育中确立了以教育选拔为主旨，主要以学生在各种统一的大规模考试中的分数为依据的评价管理体制。

下面研究依上述大变化而划分的四个阶段教育评价功能的变革与特征，是分析当前我国基础教育评价积弊形成的必要前提。

1. 第一阶段：逐步形成古代相对独立的教育评价

教育评价相对独立在中国古代教育中是一个逐步形成的过程。

原始社会的教育源于社会成员适应群体社会生活和群体生产劳动的需要，是在原始社会人群生活生产实践过程中进行的。因此，“教育的基本方式为身教和言传，身教是做出示范动作，以供模仿；言传是说明是非要领以传经验”①。原始社会的教育决定了对受教育者的评价活动。首先，

① 孙培青．中国教育史［M］．上海：华东师范大学出版社，2000：2.

此种评价在进行教育活动的同时能够及时反馈，一旦学习者表现良好，教育者就给予积极评价，否则，给予不同形式的纠正。其次，教育者通过观察学习者的实际行为进行评价，受教育者在生活生产中学习也在行动中接受学习结果评定。显然，这些教育评价活动都是随机且非正式的。随着社会的发展，原始社会教育活动中出现了一些比较正规的评价活动。比如，氏族公社时期的“成年礼”虽然是一种重要的传统习惯，但也是对氏族中的青年男女（受教育者）的评价方式。此种成人仪式即“男女到达成人阶段（各氏族对成人年龄的规定不同，早自 13 岁，迟至 20 岁），必须举行十分庄重的仪式，对其体力、智力、毅力等方面进行考验和教育……符合条件者取得氏族正式成员的资格”①。“成年礼”的各种活动表明，原始社会教育中已然出现了一些正规的评价活动，它与受教育者的生活生产实践相适应，并由此对其学习结果进行检验。

当专门的学校教育机构出现以后，教育评价活动逐渐丰富起来。在学校教育系统中，各级教育行政管理者通过教育评价对学生学业成绩进行客观、公正的测定和评选，从而作出学生升留级、毕业等方面的教育决定。“私塾、学校等教育机关自出现之日起，就已将招生、升级、成绩、毕业等考核的一部分或全部作为学校管理上不可缺少的手段之一”②。在此意义上，教育评价在学校教育体系的内部衔接方面体现出了管理性功能。从历史来看，教育评价通过以选拔性考试、水平性考试等为主的各种类型考试实现学制方面的管理。西周时期，因为“官师合一”，所以政府部门中各级行政官员——乡大夫、司徒、大乐正、司马等成为了教育管理者，他们作为评价者直接介入上述学校教育系统中的学生评定，以“六德”、“六行”、“六艺”为标准考查学生德行和道艺，逐级进行人才选升。《礼记正义 · 王制》记载：“命乡论秀士，升之司徒，曰选士。司徒论选士之秀者而升之学，曰俊士。升于司徒者，不征于乡，升于学者，不征于司徒，曰造士……大乐正论造士之秀者，以告于王而升诸司马，曰进士。司马辨论官材，论进士之贤者，以告于王而定其论；论定然后官之，任官然

① 孙培青．中国教育史［M］．上海：华东师范大学出版社，2000：4.

② 梶田叡一．教育评价［M］．李守富，译．长春：吉林教育出版社，1999：22.

后爵之，位定然后禄之。”[①] 可见，西周时期学校教育内部的学生评定是由“亦官亦师”的教育管理者作出的。此种教育评价制度和政府官员的社会选任紧密结合在一起，成为与当时的乡举里选、诸侯贡士不同的一种选士制度，满足了统治阶级人才选拔的需求。与此同时，也通过对在校学生进行逐层逐级的评定选拔，形成了学校体系中生源的选拔标准，满足了教育行政官员在学校教育体系内部进行升学、奖励等方面的管理需要。

在学校教育内部的学生学习结果评定方面，《学记》记载：“比年入学，中年考校，一年视离经辨志，三年视敬业乐群，五年视博习亲师，七年视论学取友，谓之小成；九年知类通达，强立而不反，谓之大成。”这表明西周时期学校已经形成了一种古朴的关于学生的评价标准。从中可见，当时对学生的评价标准在“成人”，而非只是知识记忆和能力培养。及至汉代，学校已经创设了“设科射策”的笔试方式，太学则通过博士弟子课试的方式来测试学生议政立策的能力。考试亦成为太学生转化为官吏的重要手段，将学校养士与职官制度有机结合起来。至三国时期，魏国复立太学，制“五经课试之法”，即“以儒家经典为主要学习内容，采取学校学经与任官考试相结合的方法，每两年考试一次，筛选一批以选拔人才”[②]。它就是经由考试对太学生的通经数量作出等级评定，并据此进行官职授予。自此，读经、考经越来越成为取士评价的重要标准。

经过西周学校的分年考查评价制度、汉代学校的“设科射策”笔试方式的发展，隋朝则通过“乙日试”[③] 和“卒业试”两类考试初步确立了平时学业检查、学习结束时毕业考查的学校教育评价制度，其意义在于将各种类型的考试引入学校教育管理。但是，严格意义上的学校考试制度形成于唐代。唐代学校考试制度在学业管理方面，“其形式大体上有6种：入学试、旬试、岁试、各门课程卒业试、毕业试、升入高一级学校的

---

① 杨学为．中国考试史文献集成（第一卷、第二卷）［M］．北京：高等教育出版社，2003：12.

② 谢青，汤德用．中国考试制度史［M］．合肥：黄山书社，1995：328.

③ 所谓“乙日试”，即“旬试”，就是在每月的“乙日”（古时的天干地支法记日历）那天进行考试。详细内容可参阅谢青，汤德用．中国考试制度史［M］．合肥：黄山书社，1995：334.

补学试”[①]；而在近代水平测验意义上的古代考试方面，“大体有6种：贡举试、乡贡试、入学试、升学试、大成试、荫生试”[②]。因此，“考课之法”在唐代各级各类学校普遍推行，而且将其贯穿于学生学习的全过程，即学生入学时进行入学考试，入学后进行日常学业检查，卒业时进行毕业考试以及学业优异者经选拔后再参加科举选拔。

2. 第二阶段：附属于社会选任的教育评价选拔、管理功能

在我国古代社会中，国家官吏选任制度“从低级到高级的发展，经历了三个阶段，即世官制、察举制和科举制”[③]。随着社会发展和历史进步，强调知识、能力的人才选拔制度逐渐完善起来，其中以考试成绩取人的科举制自隋唐后就占据主导地位直至1905年才被废止。其间，不同朝代的统治者对人才需求不同，从而对科举制也作出了不同的规定，这决定了学校教育在其中的地位以及教育评价制度在选士中的作用。具体说来，科举制在不同时期与学校教育评价关系有三种模式[④]。第一，科举制和教育评价的“不完全结合”模式，人们可以“怀牒自列于州县”，自愿报名考试，考生来源不受限制以致多样化。例如，“唐代科举考生来源主要有三：由学校出身的叫‘生徒’，由州县考送的叫‘乡贡’，由天子诏举的叫‘制举’”[⑤]。各级官学学生在教育评价中通过毕业考试可以直接参加科举，而社会人员通过资格审查后也可以由官府乡贡举荐参加科举，这就使学校教育评价与科举考试不完全对应地结合起来。第二，科举考试与教育评价的“有机结合”模式。参加科举的考生必须是学校出身，通过校内各种类型的考试方有参考的资格。如，辽、金、元、明时期都是将考生的学校出身资格视为参加科举考试的必须条件。“这样，通过在学校资格的条件，把养士与选士、用士结合在一起，把资格制与选拔制结合在一

① 谢青，汤德用．中国考试制度史［M］．合肥：黄山书社，1995：338．

② 同①，339．

③ 贾非．中国古代考试与学校教育［M］．长春：吉林教育出版社，2001：1．

④ 贾非在《中国古代考试与学校教育》一书中，将历史上的养士、选士、用士的三种模式概括为：“一体化”模式、“分离”模式、“结合”模式。此处关于科举制与学校教育评价关系的三种模式观均受其启发。

⑤ 同③，76．

起”①。第三，科举制与学校教育评价的“合二为一”模式，或者用教育评价制度代替科举考试，如宋代的“三舍法”将养士、选士、用士的科举选任过程统整于学校教育；或者将教育评价制度整合于科举考试过程，学校成为科举第一阶段，如清代就是把学校考试归整于科举考试系统内。尽管在不同形态的选士制度下，学校教育评价制度或与之相互分离、或与之有机结合、或与之统于一体，但它始终作为一种重要的社会人才选拔方式，成为我国封建社会养士、选士、用士制度的重要构成，服务于国家统治者对人才的社会选任之目的。因此，校内考试制度成为了我国封建社会的选士制度尤其是科举制中的重要构成，从而发挥着社会人才的资格认定、官制派任的功能。它不仅直接满足了统治者对各种人才的培养、选拔和派任的需要，而且也间接地满足了他们对学校教育的控制和引导，包括学校教育的教学标准、教学内容、教学方法等方面，甚至还包括由此形成符合社会需要的各种类型的知识分子或“读书人”。显然，当时的学校教育评价的功能及其作用机制就是在此种社会文化背景、学校教育发展状况等方面的影响下形成的。

在科举制社会选任的基础上，学校考试制度服从于科举考试，学生通过学校考试或者获得科举资格或者直接入仕。此外，学校考试还能将地方官学与中央官学相互衔接起来。地方府州县学毕业的优秀学生除了直接参加科举外，还可以凭此学历报考中央官学或科举落第后免试继续深造，以便获得新的科举考试机会。显而易见，学校考试制度是从属于科举考试的，在此基础上实行的教育控制、学生管理都是为科举考试服务的。在科举考试制度中，学校教育评价结果在社会人才选拔方面大致有两大作用：对学业成绩优秀者而言，一是直接进行官职授予或接受相关部门铨选；二是获得参加科举考试的资格授予。

在中国封建社会中，国家实行高度集权的君主专制制度，政治、经济、文化、教育等都被以皇帝为首的封建统治者所掌控。众所周知，夏、商、西周时期的教育已经形成了学术官守和学在官府、以吏为师和官师合一的历史特征。尽管自春秋战国时期始私学兴起、专职教师出现，但是封建社会的统治者依然通过举办官学、通过选士制度或科举制设置考试官

① 贾非．中国古代考试与学校教育［M］．长春：吉林教育出版社，2001：12.

员、授予考中者以官职并由此委任教师等方式，保持着对学校教育的强力政治控制。这必然使得各级政府官员成了科举考试或校内考试的主考官，代表了整个封建统治阶级的人才培养、选拔、派任的需要。学校又是封建社会最主要的养士和选士之所。传统儒家文化中的“学而优则仕”明确要求学校教育需要通过人才培养为社会、政治服务，并且选人标准不在于出身贵贱而在于学识优劣；“学”与“仕”是相结合的，“仕”必出于“学”，“学”为“仕”服务。因此，各种利益阶层或集团的封建统治者们迫切需要学校教育能够承担为国家培养、选拔各种所需人才的重任，需要教育评价成为科举考试的重要构成，进而发挥人才选任、资格认定的功能。与此同时，作为主考官的政府官员又是中央官学和各级地方官学的教育行政管理者甚或为教师，他们也因此需要通过校内考试制度能够考核学生品行和学习等级，以便发挥学生管理、教育控制等评价功能，不过这相对于人才选任而言是次要的、间接的评价功能。总而言之，在作为封建社会选士制度的学校教育评价功能体系中，各种利益的统治阶层是教育评价功能主体的主要构成，他们主要是以政府官员的身份直接表达了进行社会选任、资格认定的评价需要，以满足国家对养士、选士、用士的社会需要；同时又是以教育管理者或教师的身份表达了进行教育控制、学生管理的评价需要，以满足国家对学校教育进行控制的教育需要。

3. 第三阶段：近代学校教育评价制度的形成与功能的结构性变化

清末时期的新兴阶级成为了重要利益集团，他们在人才培养的类型、数量、质量上的要求发生了明显的变化。注重政府文职官员的科举选士制度显然已不能适应社会政治和经济的发展，甚至成为巨大障碍。所以，洋务派、维新派、资产阶级都在学校教育方面需要进行“废科举、兴学堂”的教育改革，将当时西方先进的教育模式、课堂教学等积极引入并模仿、实践、探索，创办新式学堂以造就大批的适应军事、经济、外交、翻译等方面社会紧缺的领导人才。自洋务派于 1862 年设立京师同文馆后，各种类型的新式学堂在全国各地陆续开办，当时的学堂主要分为洋务派学堂、维新派学堂和资产阶级新式学堂三类。其中，各类学堂内部的考试“以京师同文馆较为严格、较为正规，分月考、季考、岁考、大考四种，是资产阶级新式考试方法在我国的最早出现”①。可以说，中国近代学校教育评价制度就是以京师同文馆考试为其开端。相对于传统的封建官学考试制度而言，此种教育评价制度在评价的目的、标准、内容等方面都有改变，但是它在洋务派学堂、维新派学堂中仍是清朝政府选拔技术人才、派任官职的重要方式，即使在资产阶级新式学堂中也保留有社会选任功能的“遗痕”。在京师同文馆中，学生需要接受四种考试以进行学业成绩考核。其中的大考，“每届三年举行总考试一次，由总理衙门主持。大考关系到学生的升阶与降革，优者保升官阶，次则记优留馆，劣者除名”②，且其章程明确规定成绩优秀者“授七、八、九品等官，劣者分别降革留学”③。在其他类学堂中，相应的考试制度规定及其功能也都大致相同。

然而，新式学堂的教育改革毕竟起到了催生学校教育评价功能转换性变革的作用。在新式学堂中，学校教育评价通过校内考试制度、根据考试结果来评定等级，并据此派任不同的领导岗位。对学生进行选官任职虽仍为其主要目的，但此种校内考试评价制度已经开始利用学生的评价结果对其学习过程进行监控。这在一定意义上预示着学校考试开始从社会选任转向教育选拔，开始进入学校教育内部的管理工作。

历经了近半个世纪的教育改革与发展，清政府最终于 1904 年颁行了“癸卯学制”，于 1905 年废止了科举考试；中华民国政府成立以后，新颁了“壬戌学制”，构建了民国文官考试制度（即 1923 年的《考试院组织条例》）。这表明，近代新学制的建立促使了学校教育制度与社会选官制度相互分离，学校教育也由此脱离了以考试方式体现国家政治的直接控制，成为了社会大系统中一个相对独立运作的子系统。学校教育评价在体制关系上从社会选士制度中完全退出，开始完全意义上真正进入学校教育制度之中。最重要的是，学校教育评价功能体系发生了结构性变革。首先，功能主体主要是由国家教育行政管理人员、学校教育中的管理者、教师等构成，尽管国家管理者依然是其中的重要构成，但其性质已经相异于封建社会的专制统治者，目的在于通过教育评价进行学生管理、教师绩效

① 谢青，汤德用．中国考试制度史［M］．合肥：黄山书社，1995：451.

② 同①，459.

③ 同②.

核定、教育质量监控，对学校在人才培养的类型、数量、质量上进行宏观调控。其次，功能对象是以学校教育为主，满足学生的学习需要、教师的教学需要、教育各级管理者的管理需要，当然也要在功能对象意义上满足社会各方面的需要。教育评价进入了学校教育制度中，这促使其功能从社会选任转向了学校教育管理。这可从“癸卯学制”建立后对学校教育评价或校内考试制度改革的历史考察中窥见一斑。

20世纪初，清朝政府颁行了新学制，由此建立了一套较为系统的学校招生考试和学业考试的评价制度。新学制效仿日本，“将全国学校教育划分为初等教育、中等教育、高等教育三个阶段、六个等级”[①]，并在三个教育阶段分别相应地平行开设一些实业学堂或示范学堂。这一学制系统将学校教育评价纳入其中，使其在学校教育管理的不同方面发挥着重要作用。首先，各级各类学堂都通过考试建立了相应的招生或升学制度，由此使得学堂内部之间在学制上相互衔接起来。在学堂考试中，毕业考试是决定学生就业或升学的凭据，故此类考试由所在地方长官会同本学堂监督、教员一起主考，以百分制量化学生考试成绩并由此按规定评级分等。政府就是以此为基础作出保送学生升入高一级学堂的决定。其次，各级各类学堂通过考试建立学生成绩考核制度，在学生管理的基础上进行其他方面的教育监控。一般说来，“除升学（招生）考试外，学堂考试分为临时考试、学期考试、学年考试和毕业考试四种”[②]。其中，临时考试是以月为时间段的不定期考试，主要检查学生的知识掌握情况；学期考试是每半年一次且其成绩决定学生淘汰与否；学年考试则是每学年一次且其成绩决定学生的升留级，此三类考试都是由学堂自行组织的。在此基础上，结合毕业考试成绩评定学生的学业第等，对学生作出就业、升学和奖励的决定，其中成绩优异者奖励身份并奏送各级政府以补用官职。显然，此种学堂实官奖励规定仍是教育评价的社会选任制度的“遗迹”，但已没有了科举选士时期的重要性。

民国时期颁行的学制完全排除了政府官员（教育行政管理人员除外）介入学校教育评价的可能性，因为“考试权在学校，各级各类学校都设

---

① 刘海峰．中国考试发展史［M］．武汉：华中师范大学出版社，2002：209.

② 同①，216.

有招考处或招生委员会等招生的组织机构，命题、考试、阅卷、录取等均由各学校自行办理”①。这极大地推动着教育评价真正进入了学校教育中，发挥着愈来愈重要的教育管理功能。严格说来，民国时期的学校教育评价发展经历了两个阶段：一是对清末学堂考试制度的继承和发展阶段（1912—1927 年）；二是学校教育评价的改革和创新阶段。无论如何，这两个阶段的改革都进一步完善和强化了学校教育评价在教育管理方面的功能。第一，在取消奖励科举出身和读经考试内容的基础上，民国学校考试制度进一步将学生的平时评价和终结评价紧密结合起来，但平时评价已经包括了平时成绩考核和操行考查两部分。第二，建立了选拔性考试和水平性考试相结合的制度，各级学校尤其高等学校的入学招生考试就是选拔性的，而各级学校的毕业考试、高校的学位制考试和中等学校的毕业会考则是水平性的，两者结合起来共同促进各方面的教育管理。第三，为了特定的管理需要，还创设了学业竞试，“是学校系统的考试的一种，属于竞争性考试，优胜者获得一定的鼓励”②；“甄别考试”，是对在战乱时期的未立案私立学校和已经停闭的专科以上学校毕业生、肄业生进行资格审查和甄别。第四，为了通过教师评价以加强学校师资管理，积极实行中、小学教员的检定考试，民国政府教育部早于 1916 年就相继颁布了《检定小学教员规程》和《检定小学教员办法》，“其检定合格者，即发给相当的教员证书；检定不合格及未受检定者，不得为教员”③；又于 1934 年公布相关规程开始对中学教员检定考试。第五，民国政府教育部的视学处及其后的教育厅省视学的相继设立，初步形成了早期的教育督导制度。各级视学主要对学校教育状况（如设施、经济、卫生等）、教育行政状况、社会教育状况等进行视察以及由各级教育主管长官所特命的专项视察，等等。这一切都极大地拓展了学校教育评价的管理范围。

综上可见，自清末实行“废科举、兴学堂”的教育改革以来，学校教育评价或考试制度逐渐与社会选士制度分离开来，在国民政府时期已经与文官考试制度完全脱离。因此，教育评价完成了从社会选任转向教育选

---

① 谢青，汤德用. 中国考试制度史［M］. 合肥：黄山书社，1995：513.
② 同①，586.
③ 同①，556.

拔以实现学校教育管理功能转换，真正地进入了学校教育之中并为之服务。同时按学科考试的推行，也强化了学校关注知识传授、以考试成绩评价学校质量的评价功能。

4. 第四阶段：选拔成为教育评价功能的主旨

新中国成立后，学校教育制度历经了多次重要改革，教育评价改革是其中的重要构成。这主要体现为各级各类学校的招生考试制度，尤其高考改革以及评价范围进一步拓宽至学校教育内部运作方面的一些重要领域。自20世纪80年代初始，随着教育改革尤其是素质教育的全面推进，教育评价改革在国家层面的高考、中考上积极进行毕业与升学考试改革。但是，在学校运作的微观层面，以教育选拔为基础的传统评价功能依然突出。各级教育行政管理者或教师都在功能主体的意义上重视评价，试图通过教育评价或校内考试制度进行学生评定、教师考核、学校评估。

（1）学生评定

新中国成立后，政府多次针对现实存在的偏差，提出学校教育以教学工作为中心，要求培养适应于社会需要的德、智、体、美诸方面全面发展的有用之才。改革开放以来，学校通过校内的各种学生评价手段，对学生各方面的学习结果或素质发展进行评定。素质教育要求学校教育目标的确定，应该包含学生素质各方面的发展目标和素质发展各个不同阶段的目标，这主要包括体质体能素质、个性心理素质、思想道德素质、文化科学素质、审美塑美素质等发展目标①。基于素质结构和素质教育目标的要素化分析，编制出学生全面发展的评价指标体系，形成可以操作化的评价指标体系表格，教师据此对学生在学校发展状态作出全面的结果评定。然而在实际执行中，校内的常规考试（如期中考试、期末考试）和校际间或教育部门统一组织的考试是学生评价的主要手段。在学生学习结果评定的基础上，教师可以进行一些日常的教学管理。首先，对学生进行评优奖励。学校总是设置不同奖项，例如，学习成绩优异奖、学科竞赛奖等个人单项奖，三好学生、优秀班干部等荣誉称号，尽管随着时代的变化奖项设置会有所不同，但是其性质都是相同的：根据比例设定奖励名额、依据评

① 顾明远．素质教育的督导与评估［M］．北京：中国和平出版社，1996：79－81.

价结果择优选取。其次，对学生进行资源分配。不少学校为了集中资源优势提高学校的办学质量，设置了重点班、加快班以及各种类型的竞赛辅导班等。鉴于优质教学资源的不足，学校根据学生的学习成绩排名选拔一定数额的优秀学生进入上述班级学习。最后，对学生进行学籍管理。教师根据学生学习结果的综合判断决定其升留级，学校通过毕业考试以决定是否授予其毕业证书。在此，值得一提的是，在以教育选拔为主的学校内部管理中，各种类型的考试成绩在学生学习结果中占据着较大甚或唯一的组成部分；而且，学生考试结果评定是教师考核、学校评估的重要基础。因此，在教师管理、学校管理方面，除了各种形式的教师考评、学校评估，更为重要的是依据学生的考试成绩对教师教学水平、学校教育质量作出判断。升学率、及格率、优秀率、学生考试的平均分等都成为了重要的评价指标，成为对教师、学校进行评比、排名的主要依据。

（2）教师考核

学校的校长和其他行政管理者为了充分调动广大教师的工作积极性、主动性和创造性，不断推动师资队伍建设，力图通过合理的教师评价建立校内有序的人才评选、竞争激励机制。学校一般采用教师自评与互评、学生评教、家长评议及学校评议等相结合的办法，促使与学校利益相关的各方面人士积极参与到学校管理中来。教师评价主要涉及三个方面，即教师的教学效果、课堂教学行为、教师素质与能力。这三方面的考核结果极大程度地决定了教师个人的奖金、晋升、聘任、评优等。事实上，教师考核在学校内部运作方面发挥着极其重要的管理功能。首先，对教师进行成果激励。根据教师任课班级学生的考试成绩（平均分、及格率、优秀率、名次、增量等），颁发诸如期末联考奖、会考奖、高考奖等对教师的教学质量进行外在激励；根据出版的专著、发表的论文和新闻报道、申请的课题等对教师的科研进行外在奖励。其中，最为重要的教学成果奖，大多集中在学生各种类型的考试尤其升学考试成绩上，诸如“升学率”、重点学校的“上线率”等。其次，对教师进行教学评比。这主要是为了在教师的课堂教学行为和专业技能、素养上，进行等级区分、评优奖励。学校通常安排教师参加校级、区级、市级等不同范围的教学比赛或教学“比武”的公开课，在各种类型的技能比赛课中对教师进行评级分等。第三，对教师进行工作检查。为了能够有效地监控、管理教师的日常教学工作，有的学校设立了随堂听课或“推门听课”制度、教师末位淘汰制度、学生评教制度、校长或中层领导日常调研、座谈制度等。第四，对教师进行岗位评选。综合上述的考核结果，据此设置一定数量的岗位、聘选优秀教师，如学科带头人、骨干教师等。从以上一系列措施中不难看出，学校内部运作和管理是建立在以教育选拔为基础的评价功能之上的。

（3）学校评估

学校是教育系统中的一个基本单位，内蕴着学生、教师、校长或领导、教学、学校管理、办学条件等之间的复杂关系。学校评价很难做到对学校教育的方方面面进行客观、精致的量化，更加可能的是在定量分析和定性分析相结合的基础上，对学校发展状态、教育质量、办学条件、学校管理等作出综合性评估。教育行政管理者可以在不同层级的管辖范围内，对学校进行督查指导、达标验收、级别鉴定、资格认证、特色评比等方面的教育评估。因此，教育行政部门的学校评估与政府教育督导中的督学——即对学校的工作进行监督、检查、评估、指导等紧密联系在一起。概言之，教育行政管理者开展学校评估并通过优选，旨在进行有效的管理。首先，对学校进行评估认定，根据学校的教育质量、教师队伍建设、办学条件等划分等第、选拔优秀进而鉴定学校等级，如“一级完中”的评选认定。其次，对学校进行评估验收，预先设定一套评估标准，以此为据对学校的整体情况进行综合判断，以确认达标与否进而能否给予相应的资格认定，如“示范性高中”的评估验收。第三，对学校教育的某一方面工作进行专项评估，如“科技教育特色学校”等评比。第四，对学校进行评估监控与指导，教育行政部门制定相应的标准指导学校自评，并在此基础上自主设计发展规划，然后对学校的规划实施过程进行随时监控并在一时段结束后进行综合性评估，以便指导该校制定新的发展规划。如上海于1998年总结的“发展性督导评价”的经验①。总之，学校评估类型是多样的，且在促进学校自主发展的评价功能开发方面已受到重视，但服务于教育行政部门对学校进行选拔管理的评估功能和结果评定还是基本的构成。

---

① 袁振国．中国素质教育政策研究［M］．济南：山东教育出版社，2004：390－393．

（二）以国家考试改革为主的评价改革推进

国家层面的教育评价改革主要集中在学生评价领域，即高校招生考试制度改革和基础教育评价制度的施行。随着教育改革尤其是素质教育的全面推进，教育评价改革在国家层面逐渐由以高考改革为主，转向高考与初中毕业、升学考试改革并重，这在一定程度上体现了选拔性考试向水平性考试的转变。与此同时，教育评价也由以国家层面的考试改革为主，逐渐走向与学校教育内部评价改革的并重。

1. 以人才选拔、资格认定为主旨的招生考试制度改革

对于基础教育评价与考试改革政策的简要回顾有助于我们能更清晰地解读评价改革实践中不同功能主体的评价需要，以及在此基础上的具体评价与考试改革实践。在国家层面上，教育评价与考试改革是国家和社会各部门进行人才培养和选拔的有效手段，是教育行政部门对教育、教学进行管理和质量监控的合理工具。它也是个人进入不同社会阶层并获得成功的主要途径。其中，高考一直受到国家、社会和教育行政部门、学校等相关方面的关注，而且关系到千家万户。因而，它也就成了基础教育评价与考试改革的重中之重。分析国家及相关政府部门关于教育评价与考试改革的会议和文件可以发现，每次改革都针对人才选拔、教育管理或学校教育教学中的主要问题而展开，也随着基础教育改革的深入而日益深化。同时每次改革也反映着各种类型的主体需要，且逐渐从教育外部的相关社会部门转向为学校教育内部。就其走向而言，国家考试改革也由基础教育评价、高考扩招到对包括初中毕业升学考试的关注。

1949 年新中国成立后，因当时教育受政治强介入的影响，高考改革主要是服务于国家政治和经济的需要，中央人民政府努力改变解放前的高校学生中工农群众子弟被摈之门外的状况，以培养新中国建设所需要的大量劳动者。为此，“从一九五零年开始，在招生数量、招生对象和招生办法等方面，逐步进行了改革”①：在招生数量上，力求高校招生数量的快速增长并调整不同专业的招生结构以加大理工科的招生比例；在招生条件

① 中华人民共和国教育部学生管理司. 高考研究文集（内部参考资料）[M]. 1983：84.

上，通过工农速成中学等途径大力贯彻为工农兵开门的方针，并在年龄、政治等方面实行条件限制；在招生办法上，采用全国统一招生，同时调整考试分类及其相应的科目设置，以便“在录取时，则根据不同系科类别，规定不同录取标准，以适应各类系科和专业的不同要求”①。这样，逐步建立起了基本上适合我国当时政治、经济发展状况的高校招生制度。但是，这一制度在十年“文化大革命”中受到严重破坏。

改革开放以来，高考改革真正始于 1977 年高考制度的恢复。党的十一届三中全会，特别是党的“十二大”以后，我国经济体制的深刻变革迫切需要改革当时的高校管理体制。1985 年，中共中央颁布了《中共中央关于教育体制改革的决定》（以下简称《决定》）并明确规定，高等教育体制改革中首当其冲的是高等学校招生计划与毕业生分配制度。同时提出“要改革同社会主义现代化建设不相适应的教育思想、教育内容、教育方法，这必将引起高等学校招生制度、考试内容与形式的变革”②。首先，经济体制的改革与发展需要通过高等教育体制变革进而改革高校招生考试。这主要集中在：调整高考分类和科目设置以引导学生学好基础课程、拓宽专业课程；根据国家经济计划制订招生计划，确定学校、专业的招生人数；改革“分段录取”（即以总分或总平均分为根据，把考生分在若干分数段中，从高分到低分，依次录取）的方法，实行“根据考生志愿，按比例投档”的方法，充分尊重考生的志愿；改革考试的内容和形式，等等。诸如此类的高校招生考试改革遵循了为经济与社会发展服务的原则、有利于社会安定团结的公正原则，实际上是为了满足国家利益主体的需要。

经济体制改革与发展在人才培养质量上的需求，推动了教育观念、教育方法、教育内容等方面的教育改革。《决定》明确提出“教育体制改革的根本目的是提高民族素质，多出人才、出好人才”③。但是，由于我国高等教育资源的匮乏不能满足日益提高的就读高等学校的社会需求，由于

① 中华人民共和国教育部学生管理司．高考研究文集（内部参考资料）［M］．1983：86.

② 杨学为．中国考试改革研究［M］．北京：北京大学出版社，2001：8.

③ 蔡克勇．90 年代教育改革大潮丛书（综合卷）［M］．北京：北京师范大学出版社，2002：6.

传统文化的影响，恢复高考不久，高中毕业生的高考升学率的竞争日益尖锐。因此，导致普通高中出现为“应试”而教的普遍倾向，使普通教育偏离了正常目标。20 世纪 80 年代中期后，以推进素质教育为核心的教育改革要求改变因“应试教育”而致的“片面追求升学率”的教育现状；同时针对传统高中招生考试过分突出“智”的选拔而不利于学生的德智体全面考核，过度关注知识量的记忆而忽视了能力尤其是实践能力的考核等种种弊端，改革高考这根“指挥棒”，使它以既有利于高等学校选拔优秀新生，又有利于中学教育，成为新的考试改革的价值取向。

2. 以加强教学管理、提高教育质量为主旨的招生考试制度改革

普通中学放弃或放松了为社会输送合格劳动者的任务，单纯追求高等院校升学率。“导致了一系列恶果：放弃或放松了大多数一般中学、普通班，只抓少数重点学校、重点班、‘尖子生’；放弃或放松政治思想教育、体育，只抓智育；在智育上，也不执行上级规定的教学计划，造成学生知识结构的缺漏（报考理科的不学史地，报考文科的不学理化生）；违背教学规律，搞填鸭式教学、死记硬背。致使多数学生得不到应有的教育，质量很低，没有完成向社会输送合格劳动者的任务；对少数‘尖子’，由于违背教育、教学规律，影响德智体全面发展，在智育上也存在知识结构缺漏、能力不强等弱点，为高等学校的提高造成困难”①。

（1）引导学校教育质量监控的考试改革

针对“片面追求升学率”以及由此而致的“偏科”、“负担过重”、“学生缺乏个性”等问题，人们首先将批评和改革的矛头指向了高考，视其为“罪魁祸首”；并力图通过高考和招生制度改革扭转和改变这些教育中的不良现象。具体言之，实施基础教育评价、试行高考标准化以及试招保送生是第一阶段高考改革的主要措施。

* 普通高中毕业会考改革

早在 1983 年，教育部在《关于进一步提高普通中学教育质量的几点意见》中就提出，“毕业考试要和升学考试分开进行，有条件的地方可按

① 杨学为. 中国考试改革研究［M］. 北京：北京大学出版社，2001：241-242.

基本教材命题，试行初、高中毕业会考”①。1984 年，教育部开始进行高考分类、科目设置和计分办法的改革研究和讨论，并在此基础上提出了《改革普通高等学校招生统一考试分类与科目设置的初步意见》（以下简称《初步意见》）②。《初步意见》明确了“有利于高等学校选拔新生”、“有利于中学教育”的高校招生考试的根本指导思想，两项改革需要两种不同性质的“高等学校招生考试”和“高中毕业会考”有效结合起来；在高校招生考试内容上将“知识面”和“相关科”两部分结合起来。《初步意见》要求“在各省、自治区、直辖市基础教育评价的基础上，举行高校招生考试”，“高中毕业会考可以比较好地解决知识的结构问题（即知识面），也可以作为检查各校教学质量的重要依据，而不必盲目追求高考的水平，有利于克服片面追求升学率”；其作用在于既“可为高中后的各种教育以及为社会各行各业招工、招干，军队征兵等提供依据，也可为高校招生提供参考”。

普通高中毕业会考首先于 1985 年在上海试行，1992 年推进至全国 29 个省、自治区、直辖市。作为水平（标准参照）考试的基础教育评价与作为选拔（常模参照）考试的高考分开。会考科目为高中九门必修课（包括语文、数学、英语、历史、地理、生物、化学、物理、政治）；而高考科目中语文、数学和英语为必考科目，其他六门分别与必考科目配成六个科目组，高校根据专业特点选其中一组，考生根据所报志愿学校的要求，参加一组或几组考试。会考成绩从最高水平依次分 A、B、C、D、E 五个等级，其中 E 规定为不及格。九科会考都及格者方可获得普通基础教育评价合格证书，才能藉此获得参加高考的资格。高校招生时则根据高考成绩，并参考会考成绩录取新生。在此基础上，普通高等学校招生考试制度、录取制度也进行了重大改革。《初步意见》规定高考不再分文、理类，而由国家考试机构根据中学教学计划设若干考试科目统一命题，但由各省、自治区、直辖市组织考试。“高等学校可以根据各专业的特点，提出考试科目的要求，一般只考二至三科”；而“考生按所报志愿高等学校的要求，参加几个科目的考试”。

---

① 杨学为．中国考试改革研究［M］．北京：北京大学出版社，2001：285.

② 同①，24－27.

基于会考的高考改革取得了一定成效，这主要表现为：第一，尽管会考不能完全克服“片追”，但是确实有利于在纠正偏科、关注全体学生发展等方面，因片面追求高考升学率而致的错误做法；第二，利用会考信息评价教学，有效地加强了教学管理并增强了学校和教师提高教学质量的责任感，有利于提高教学质量；第三，在制止乱办班、乱发文凭等方面发挥了作用，有利于加强学籍管理；最后，作为教学质量评价的一种手段，促进了高中规模与布局的调整，有利于提高办学效益①。

＊高考标准化的改革

为了使得高考不仅有利于高校选拔优秀新生，而且也有利于克服“片追”以便中学教学和培养学生能力并发展其智力，高考还需要改变当时传统考试中的命题、评卷等经验做法，在吸收国外适用于计算机的标准化考试的长处和在现代教育测量理论、教育统计技术的基础上进行考试标准化改革，使其成为内容合理、命题科学、管理规范、手段现代化的考试。

1986年，教育部制订了《改革普通高等学校招生统一考试逐步实现标准化的规划》（以下简称《规划》）②。《规划》明确指出“我们应当，也完全可以在总结传统考试经验的基础上，吸收外国考试的长处，创造适合中国国情的标准化考试”，由此开始了自科举以来中国考试形式的重大改革，主要体现在命题规范和考务管理方面。

高考标准化在命题和考务管理的改革于1985年在广东由英语、数学等学科开始试验，再逐步扩展至语文、物理、化学。此后，英语考试形式改革从广东扩展至16个省、自治区、直辖市；有些省份也在部分学科上试验将选择题分卷并运用机器阅卷评分。这一系列的考试改革改变了经验性命题与传统式考试没有客观的和稳定的比较标准、试题难度不统一（或过难或过易）、题型单调且知识覆盖面窄等欠客观、非规范的现象。高考的标准化改革一方面明确规定了考试的内容范围和命题依据、知识与能力的层次要求、试题的难度、题型及其比例以及考试说明和样题等；另一方面则运用现代教育测量技术、教育统计技术，以及电脑和光电阅读器

① 杨学为．中国考试改革研究［M］．北京：北京大学出版社，2001：291－292．

② 同①，28－29．

等现代技术手段。因此，高考在相对客观、准确测量学生掌握知识的数量和程度、考查学生的理解知识和运用知识的能力方面有所提高；同时也发挥了相对公平、合理地选拔学生，为中学教学提供客观反馈信息的积极作用。

（2）引导学校教育改革的招生考试制度改革

自20世纪90年代始，随着对学生能力发展和素质提高的关注以及相关的大量教育改革试验的开展，素质教育的概念日益明确，学校教育改革层面对高考改革提出了更高的要求，与“改革人才培养模式，由‘应试教育’向全面素质教育转变”① 的基础教育相一致，要求高考改革应当是课程、教材和教学等方面的改革，主要培养学生的创新精神和实践能力。这一形势的发展，促使高考改革从主要集中于招生（数量）计划、招生体制、考试制度、标准化的命题规范和考务管理等方面，逐步深入到以考试内容和形式为主的重要变革。

＊素质教育背景下的招生考试改革政策分析

我国改革开放以来，教育评价研究和改革实践日益恢复并受到极大的关注。《中共中央关于教育体制改革的决定》指出：国家和教育管理部门要加强对高等教育的宏观指导与管理，组织评估高等学校的办学水平，并依据评估结果决定对学校进行重点支持或者整顿和停办。这表明了教育行政主体的管理性需要，力求发挥教育评价的选拔功能和鉴定功能以便更为科学、客观地进行教育管理。国家教育管理部门确认的此种教育评价功能，推动了教育评价的理论建设和改革实践并影响到我国的基础教育评价改革。随后颁布的国家关于考试与评价改革的政策也日益明显地表达了该主题。

1999年的《中共中央国务院关于深化教育改革，全面推进素质教育的决定》明确指出，要深化教育评价与考试改革，为实施素质教育创造条件。加快改革招生考试和评价制度，改变“一次考试定终身”的状况。按照有助于高等学校选拔人才、中小学实施素质教育和扩大高等学校办学自主权的原则，决定进行每年举办两次高等学校招生考试的试点要求。高

① 参阅《中华人民共和国国民经济和社会发展“九五计划”和2010年远景目标纲要》(1996年).

考科目设置和内容的改革进一步突出对能力和综合素质的考查。鼓励有条件的省级人民政府进行多种形式的高考制度改革试验，扩大学校的招生自主权和考生的选择机会。逐步建立具有多种选择的、更加科学和公正的高等学校招生选拔制度。在普及九年义务教育的地区，实行小学毕业生免试就近升学的办法。鼓励各地中小学自行组织毕业考试，采取多种形式改革高中阶段学校的招生办法，改革基础教育评价制度。建立符合素质教育要求的对学校、教师和学生的评价机制。地方各级人民政府不得下达升学指标，不得以升学率作为评价学校工作的标准。鼓励社会各界、家长和学生以适当方式参与对学校工作的评价。

2001年《国务院关于基础教育改革与发展的决定》则强调，在深化教育教学改革、扎实推进素质教育中，改革考试评价和招生选拔制度。探索科学的评价办法，发现和发展学生的潜能，帮助学生树立自信心，促进学生积极主动地发展。改革考试内容和方法，小学成绩评定应实行等级制；中学部分学科实行开卷考试，重视实验操作能力考查。学校和教师不得公布学生考试成绩和按考试结果公开排队。推动各地积极改革省级普通高中毕业会考。这些改革针对办学过程中的评价而提出的在高考改革方面，除了继续强调上述意见外，还突出了要探索多次机会、双向选择、综合评价的考试、选拔方式，推进高等学校招生考试和选拔制度改革。在科学研究、发明创造及其他方面有特殊才能并取得突出成绩的学生，免试进入高等学校学习。依据上述初中毕业、升学考试改革的政策，国家教育行政主体进一步强化了对教育评价的管理性需要和社会性需要，在标准导向或结果指向的考试和评价改革中，推进素质教育，并通过科学、客观的评价方法、程序和科学的评价体系，满足社会对初中毕业、升学考试的公正性需求。实质上，这些关于教育评价与招生考试制度改革的政策已经由主要集中于高考而逐渐拓展至初中毕业、升学考试改革。

＊关注学校层面素质教育改革的高校招生考试改革

基础教育评价旨在通过加强教学管理使得普通中学必须在不偏科的基础上完成必修课的教学计划，力求全面提高教育质量以促使全体学生的发展，使得所有毕业生都具有必备素质，达到合格标准。只有会考及格才有资格参加高考，此种会考后的高考（一般简称为“新高考”），进一步调整考试分类和科目设置，以满足学生“个性”化培养的要求；进一步改变考试内容和命题设计，以满足发展学生在掌握知识的基础上运用知识分析和解决实际问题的能力，挖掘学生潜在的学习和发展能力。从根本意义上说，“新高考”主要是为了适应素质教育及其改革的要求。

上海自首先进行基础教育评价试验并将会考和高考作为两种不同性质的考试分开始，一直在进行着高考考试内容和科目设置等方面的改革，形成了作为全国统考的“上海卷”。随后，主要是海南、湖南、云南三省试行新科同组方案（只考与所学专业密切相关的四种），即形成了“三南”方案。经过了20年左右的科目改革逐渐形成了“3+X”和“3+2（综合）”两种主要方案。1997年的《高考改革建议方案（征求意见稿）》（以下简称《意见稿》①）对上述方案进行了说明。《意见稿》提出了“国家面向社会开考高中所有必修文化课，大学选择确定部分考试科目方案”——简称‘3+X’方案”。该方案在科目设置方面要求“公共基础科目语文、数学、外语，国家统一命题，为每个考生的必考科目；政治、历史、物理、化学、地理、生物各科，仍由国家统一命题，不过要由大学从中选择0—2门考试科目；这样每个考生高考科目数为‘3+X’，X=0、1、2。”《意见稿》也提出了“公共基础科目加合科考试——即‘3+2（综合）’方案”，该方案在考试科目方面的改革主要是“公共基础科目为：语文、数学、外语；综合科为社会科学常识、自然科学常识两科，社会科学常识涵盖高中的政治、历史、人文地理教学的内容；自然科学常识涵盖高中物理、化学、生物、地学教学的内容”。其中，自然科学常识（综合）和社会科学常识（综合）两科在考试内容的确定上，由各科内容的“拼凑式”命题过渡到实现真正的综合命题，即综合基本概念和学科的内容。“因此，这两个综合科目考试内容的选择上，要侧重有利于自然科学、社会科学的基本常识、情景的实验、灵活思维方面的考查，注重研究过程和方法的考查。”此外，《意见稿》还提出了“一年两次考试”方案，并指出“两次考试的科目设置及考试内容要求，可以方案一和方案二为基础”（方案一即“3+X”方案、方案二即“3+2（综合）”方案），以便“在考查知识的基础上，突出考查各考试科目的能力及是否具备进入高校学习的能力，克服死记硬背现象”。上述的各种改革方案都在实践

---

① 杨学为．中国考试改革研究［M］．北京：北京大学出版社，2001：374－375．

中得以试行和不断完善、发展。到目前为止，高考在科目设置方面已有新"3+2"、"3+2（综合）"、"3+X"、"3+大综"、"3+1+1"、统一或单独命题的"3+文综/理综"等形式。

为了解学校对高考改革和命题的意见，教育部考试中心自2001年起通过教师和学生（当年高三年级任课教师和当年高三毕业生）的问卷调查对此进行了分析，结果表明师生比较一致地认为高考能够评价学生的分析综合能力、理解能力和记忆能力等，且"他们认为高考在较大程度上反映出考生对所学教材内容的掌握、反映出考生的学习能力、反映出考生的知识面、反映出考生的平时成绩"，但不同形式的考试科目设置不尽相同①。同时在师生看来，高考内容与学校日常教学间的脱节现象有所加剧，这表明高考科目设置改革与学校课程改革之间的衔接仍处于调整阶段。

＊推动基础教育新课程改革的初中毕业升学考试改革

为贯彻落实《面向21世纪教育振兴行动计划》，实施"跨世纪素质教育工程"，1998年教育部在部分地区进行初中毕业、升学语文学科考试改革试点的基础上，以语文考试改革为突破口，全面推进初中毕业、升学考试改革工作；并于1999年4月下发了《关于初中毕业、升学考试改革的指导意见》。随着《基础教育课程改革纲要（试行）》的颁发和基础教育课程改革试验的推进，教育部相继在《关于积极推进中小学评价与考试制度改革的通知》(2002年)、《国家基础教育课程改革实验区2004年初中毕业考试与普通高中招生制度改革的指导意见》（2004年)、《关于基础教育课程改革实验区初中毕业考试与普通高中招生制度改革的指导意见》(2005年）等相关文件中，明确和规定了考试与评价改革的要求。细究其中，在我国基础教育中，国家层面的考试改革主要集中于初中毕业、升学考试改革和基础教育评价、高考改革。这些考试改革可以归结为两种性质的评价改革——即水平性考试和选拔性考试。

当前的初中毕业、升学考试改革可以简要溯源至教育部基础教育司于1997年实施的关于义务教育课程实施状况的抽样调查，认为当时的考试评价制度存在着较大的问题，严重制约了学生的全面发展，已成为实施素

① 高考社会调查小组.2003年全国高考社会调查报告［J]. 中小学教育，2004，(3)：45.

质教育的瓶颈。为此，教育部基础教育司在研究新的课程方案的同时，采取了一系列措施进行中考改革。当时的中小学语文教育尽管在大量的研究与实践探索上取得了一定的成绩，但是在语文教学和语文学科的考试内容与方法方面仍存在着不容忽视的问题。各地中考的语文考试中所较普遍采用的客观性考题，被认为不完全符合语文学科的要求，同时也由于对客观性考题的命题、审题研究不够，造成试题质量不高。这些问题对语文教学、评价、学生的学习产生了不良影响。鉴于此，教育部基础教育司于1998 年 4 月下发了《关于中考语文考试改革试点工作的指导意见》，首先以语文学科初中毕业、升学考试改革为突破口，在江苏省苏州市、湖北省荆门市、福建省莆田市、山东省烟台市、吉林省辽源市、上海市闵行区、北京市顺义县等七个地区进行改革试点，拉开了全国初中毕业、升学考试改革的帷幕。此次语文考试改革①主要集中于语文考试的内容和方法，以便促进全国在语文教学领域的改革和课程改革，推进素质教育。命题方面，在教学大纲的范围内，着重考查学生的阅读和写作能力；试卷结构力求简约；题型要适合语文学科的特点，严格控制客观题的题量；命题要科学，试题要讲求效度；禁止命偏题、怪题；试题要有利于发挥学生的创造性。在审题方面，要建立严格的审题制度，确保试题质量。在阅卷方面，试点单位要抓好阅卷工作的常规管理，确保阅卷质量，坚持和完善试评制度，统一标准，统一要求；最大限度地减少作文阅卷的个人误差，同一篇作文，要有三人以上独立评阅，同时要加强对阅卷过程的监控和质量的监督；对与标准答案不符但确有创造性的、合理的答案，要慎重处理；重视对阅后试卷的分析，提出对教学的反馈意见和完善语文考试改革的意见。可见，中考语文考试改革主要关注了义务教育阶段语文教育的性质与要求，符合语文学科的特点，旨在有利于改进语文课堂教学，提高语文教学质量；有利于减轻学生过重的课业负担，有利于对祖国语言文字的正确理解与热爱，培养学生的创造力；最终形成语文学科的科学评价体系。语文学科中考改革的试点工作既开启了初中毕业、升学考试改革的序幕，也逐渐明确了考试改革的基本主题或问题，即如何在考试内容和标准、考试方法和管理等方面的改革基础上进一步完善初中毕业、升学考试的现有评价

---

① 参阅《关于中考语文考试改革试点工作的指导意见》（1999 年）.

功能。

在此基础上，教育部分别于 1999 年和 2000 年两次下发关于《初中毕业、升学考试改革的指导意见》；又于 2002 年下发了《关于积极推进中小学评价与考试制度改革的通知》，提出了新课程背景下全面推进中小学评价与考试制度改革的行动纲领和基本要求。关于中小学评价和考试改革的一系列的相关文件指出："现行中小学评价与考试制度与全面推进素质教育的要求还不相适应，突出反映在强调甄别与选拔功能，忽视改进与激励的功能；注重学习成绩，忽视学生全面发展和个体差异；关注结果而忽视过程，评价方法单一；尚未形成健全的教师、学校评价制度等。"针对上述现象，中小学评价与考试制度改革①的根本目的是为了更好地提高学生的综合素质和教师的教学水平，为学校实施素质教育提供保障。充分发挥评价的促进发展的功能，使评价的过程成为促进教学发展与提高的过程。因此，评价内容要多元，既要重视学生的学习成绩，也要重视学生的思想品德以及多方面潜能的发展，注重学生的创新能力和实践能力；评价标准既应注意统一要求，也要关注个体差异以及对发展的不同需求；评价方法要多样，除考试或测验外，还要研究制定便于评价者普遍使用的科学、简便易行的评价办法，探索有利于积极的自评与他评的评价方法；评价不仅要注重结果，更要注重发展和变化过程。要把形成性评价与终结性评价结合起来，使发展变化的过程成为评价的组成部分。

在中小学升学考试与招生制度改革上，初中毕业、升学考试命题必须依据国家课程标准，杜绝设置偏题、怪题，要采用形式多样的考试方式，使学生在考试中有展示特长和潜能的机会。初中升高中的考试与招生中，要综合考虑学生的整体素质和个体差异，改变以升学考试科目分数简单相加作为唯一录取标准的做法，学业考试成绩和综合素质的评价结果应成为普通高中招生的主要依据。初中毕业生学业考试（以下简称学业考试）是义务教育阶段的终结性考试，目的是全面、准确地反映初中毕业学生在学科学习方面所达到的水平。考试结果既是衡量学生是否达到毕业标准的主要依据，也是高中阶段学校招生的重要依据之一。为全面反映初中毕业生的发展状况，应对初中毕业生综合素质进行评价，评价结果应作为衡量

① 参阅《教育部关于积极推进中小学评价与考试制度改革的通知》(2002 年).

学生是否达到初中毕业标准和高中阶段学校招生标准的重要依据。高中录取标准除考试成绩以外，可试行参考学生成长记录、社会实践和社会公益活动记录、体育与文艺活动记录、综合实践活动记录等其他资料，综合评价进行录取。初中毕业考试与普通高中招生制度改革应通过制度建设来体现公正、公平、公开，应实行严格的公示制度、诚信制度、监督制度和评估监控制度等予以保障。

教育部于2004年下发了《国家基础教育课程改革实验区2004年初中毕业考试与普通高中招生制度改革的指导意见》，要求各级教育行政部门在调研的基础上，结合实验区实际制定本地区初中毕业考试与普通高中招生制度改革的具体方案。与此同时，教育部在全国17个国家级课程改革实验区开展了初中毕业升学考试与高中招生制度改革的试点工作，并在此基础上进行实验区开展初中毕业升学考试与高中招生制度改革试点工作的经验总结和交流，部署了全国2005年新课程改革实验区的初中毕业升学考试与高中招生制度改革的工作。通过各实验区的初中毕业升学考试与高中招生制度改革方案的比较、分析，考试改革概括起来主要集中于以下几个方面：

第一，高中招生录取评价标准的综合化

初中升高中的考试与招生中，要综合考虑学生的整体素质和个体差异。为了能够有利于突破应试教育的局限，建立科学的评估体系，推进素质教育，普通高中招生的录取标准改变了以前的以升学考试科目分数简单相加作为唯一评价标准的做法，在坚持“综合评价、择优录取”招生原则的前提下，将学业考试成绩和综合素质评定结果作为普通高中招生录取的主要依据。初中毕业生学业考试（以下简称学业考试）是义务教育阶段的终结性考试，目的是全面、准确地反映初中毕业生在学科学习方面所达到的水平。考试结果既是衡量学生是否达到毕业标准的主要依据，也是高中阶段学校招生的重要依据之一。但是，学业考试中以分数赋予卷面成绩，在呈现考试结果时将此按一定的比例转化成学习等级。学业成绩的等级制呈现在一定程度上模糊了同等级内的成绩区分，“这就为高中阶段学校改变‘以分取人’的招生办法，参考学生学业成绩以外的其他内容腾出了空间，‘综合评价，择优录取’才有可能落到实处”[①]。这就需要参照在发展性学生评价体系中所倚重的关注学生学习和成长过程的综合素质评定结果，以全面反映初中毕业生的发展状况。初中毕业生综合素质评价结果成为了衡量学生是否达到初中毕业标准和高中阶段学校招生标准的另一重要依据。因此，高中录取标准除考试成绩以外，可试行参考学生成长记录、社会实践和社会公益活动记录、体育与文艺活动记录、综合实践活动记录等其他资料，综合评价进行录取。根据招生录取的综合化评价标准，其录取评价方式也就具有了多元开放性，主要体现在综合素质评定和学业考试等方面。

第二，初中毕业生学业考试标准及方法

初中毕业生学业考试作为衡量学生是否达到毕业标准的主要依据，也是高中阶段学校招生的重要依据之一。它在考试依据、考试内容和范围、考试科目、考试方式等方面的改革将会对课程改革发挥着很大的导向和指引作用。初中毕业、升学考试无论是采取“两考分离”或“两考合一”还是其他方式，命题必须严格依据国家规定的九年义务教育学科课程标准，切实体现素质教育面向全体的要求，以及新课程标准对学生的知识与技能、过程与方法、情感态度和价值观等方面的基本要求；加强与社会实际和学生生活实际的联系，重视对学生运用所学的基础知识和技能分析问题、解决问题能力的考查，杜绝设置偏题、怪题，要采用形式多样的考试方式，即“根据考试的具体内容采用纸笔测验、听力测试以及口试、实验操作等多种形式；纸笔测验也可采取闭卷、开卷或开闭卷结合等不同形式”[②]，以使学生在考试中有展示特长和潜能的机会。与此同时，考试科目也进行了相应的调整，以便在处理减轻考试负担和全面引导教学关系中发挥作用。因此，学业考试改革中科目设置在分类别、分层次的基础上有区别地提出了考试或考查要求。“学业考试科目可以分为考试科目和考查科目。考试科目应该是主要的、基础性的，对学生在高中阶段学校学习和

① 杨国金．积极稳妥地推进初中毕业生学业考试改革［EB/OL］．http：//www. jiaoyan. cn/25/53/. 2005 - 11 - 08/2008 - 02 - 28.

② 《国家基础教育课程改革实验区2004年初中毕业考试与普通高中招生制度改革的指导意见》(2004年).

终生发展有长远影响的、便于纸笔测试的科目；其他科目以及地方课程、学校课程等可以作为考查科目。考查科目应该注重实际操作和动手运用"①。

（三）当前基础教育改革中发展性评价体系构建

早在20世纪80年代中期，国家就已经在相关文件中指出经济发展从根本上取决于劳动者的素质、知识分子的质量和数量，因此，教育发展和体制改革的根本目的在于"提高民族素质，多出人才，出好人才"。同时，针对因"应试教育"而致的片面追求升学率现象，我国基础教育在北京、武汉、上海、杭州等地较早开始了各种教育整体改革的试验和探索。随着素质教育在20世纪90年代的提出，各种各样以实施素质教育为主旨的教育改革在学校各层面大量开展起来并全面地积极推进。我国基础教育中的评价改革及其研究也随之在不同领域、不同方面同时进行着，诸如高考改革，初中毕业、升学考试改革等反映教育行政主体需要的国家层面的各种考试改革；学生素质发展评价改革、课堂教学评价改革、发展性学校评价改革等反映学校教育内部主体需要的各种评价改革。

21世纪初，我国开始了基础教育课程改革，建设发展性课程评价体系的任务被提上了议事日程。"改变课程评价过分强调甄别与选拔的功能，发挥评价促进学生发展、教师提高和改进教学实践的功能"②。现行中小学评价与考试制度和全面推进素质教育的要求还不相适应，突出反映为强调甄别与选拔功能，忽视改进与激励的功能；注重学习成绩，忽视学生全面发展和个体差异；关注结果而忽视过程，评价方法单一；尚未形成健全的教师、学校评价制度等。教育改革的重要内容就是建立发展性课程评价体系，以质性评价统整量性评价；评定的功能由侧重甄别转向侧重发展；既重视学生在评价中个性化及其反应方式，又倡导让学生在评价中学会合作；强调评价的真实性和情景性；评价不仅重视学生解决问题的结论，而且重视得出结论的过程。因此，为了建立以促进学生发展为目标的

---

① 杨国金．积极稳妥地推进初中毕业生学业考试改革［EB/OL］．http：//www.jiaoyan.cn/25/53/.2005－11－08/2008－02－28.

② 参阅《基础教育课程改革纲要（试行）》（2001年）．

评价体系、建立有利于促进教师职业道德和专业水平提高的评价体系，主要从评价内容和以指标体系为核心的评价标准以及评价措施和方法等方面进行教育评价改革。就学校教育内部的评价改革而言，学生发展评价改革、教师发展评价改革等反映了学校教育内部主体对促进发展的评价需要。

1. 促进学生素质全面发展的评价改革实践

(1) 构建学生素质全面发展的评价指标体系

在学生评价领域，教育评价的起点是科学地构建能够对学生素质全面发展进行评价的指标体系，这一般都需要依次明确学生的素质结构、确定素质培养目标、编制评价指标体系或评价表（包括指标及其权重系数）。尽管不同论者或实践者在具体内容上或具体操作上存有着差异，但他们在学生素质教育发展评价实施过程中是按上述思路和程序进行的。

在新课程改革中，新课程坚持促进“每一位学生发展”的教育理念，坚持“学会学习、学会做事、学会做人”全面发展的教育思想，这成为了构建新课程学生评价指标体系的基本思想和理论基础。在此基础上，多数理论研究者和实践工作者都主要是在借鉴、分析已有的或国外的评价标准的基础上通过“目标分解”方式，在自己的观念中预先设计、逻辑推演出变革或发展将要达到的理想状态。在具体的编制过程中，“以新课程教育目标为参照，以促进学生全面发展为目的，采取总体构建、逐渐分解的方法，在把握评价总目标的基础上，构建了包括学生学科评价目标和基础性学生评价目标在内的学生评价总目标”①。就学科评价指标而言，依据新课程“知识与技能”、“过程与方法”、“情感态度与价值观”的三维目标逐层分解为学科评价总目标、学科评价分段目标、可操作的学科评价标准等；就基础性发展评价指标而言，依据相关文件所规定的中小学生基本规范与习惯以及在理想信念、世界观、人生观、价值观等方面的要求逐次分解为基本架构性的基础性发展六项目标、学段评价目标、分类目标以及评价标准四个层面。

① 王斌兴. 新课程学生评价［M］. 北京：开明出版社，2004：24.

（2）探索促进学生素质全面发展的评价方式

初中毕业生综合素质评定能全面反映初中毕业生的发展状况，评价结果也被视为衡量学生是否达到毕业标准和高中阶段学校招生的重要依据之一。对学生进行综合素质评定不仅有助于促进学生的全面发展，而且有助于高中选拔全面发展的高素质人才，有助于了解和评估教育目标达成的状况并检验课程改革的成果。综合素质评定体现了课程改革所提出的知识技能、过程方法、情感态度价值观的整合，尤其是评定结果作为高中招生的重要依据，将对义务教育发挥重要导向作用。当前各实验区的综合素质评定改革和探索主要集中于以下四个方面。

第一，评定标准和表格的制定（包括评定内容、评定指标及权重分配等）。尽管有些实验区作了些许内容修改，但基本上都是将道德品质、公民素养、学习能力、交流与合作、运动与健康、审美与表现六个方面作为学生的基础性发展目标和综合素质评定的主要内容；它们被具体化为评价指标，同时各自赋以相应的权重，从而构成了评价指标体系并以评价表格形式作为可操作性的评价工具。

第二，评定主体和方法的选择。综合素质评定采用多元评价主体，由学生本人、同学、教师与家长或学生的重要他人所构成。因此，学生主体可以通过同学互评方式（包括全班互评、小组内互评、小组间互评）和学生自评（包括学生表述、自我鉴定、自我评语等）的方式参与评价。一定数量的教师评价主体形成班级教师评定小组，“主要有两种形式：一种是由 3—5 名教师分别根据学生的日常表现进行并独立地对学生进行等级评定，并经集体讨论后写出综合性评语；一种是由 3—5 位教师共同讨论，基于学生成长记录、日常表现以及学生自评和互评结果，给学生确定综合素质等级评定，并经集体讨论写出综合性评语”①。在有些实验区，一般由校长、教师、家长和其他社会人士组成学校初中毕业生综合素质评定委员会，其主要职责是为本校制定评定工作的实施细则，确定具体的评定程序；认定评定小组成员；对校内各班级评定工作进行指导、监督；接受咨询、投诉和举报；对评定结果进行认定；及时纠正评定中的错误和进

① 教育部“初中毕业与高中招生制度改革”项目组．关于 2005 年基础教育课程改革实验区初中毕业生综合素质评价工作的实施建议［J］．中小学教育，2005（7）：31.

行仲裁等。

2. 促进教师专业不断发展的评价改革实践

教师评价改革试图改变传统的奖惩性教师评价制度中偏重人事管理、教学控制的局限，通过建立形成性评价制度旨在促进教师的专业发展。教师评价功能的转变必然要求以评价内容和以指标体系为核心的评价标准以及评价措施和方法等方面的改革。

（1）教师评价标准和指标体系的重建

在基础教育改革中，发展性教师评价体系改革首先得到了制度上的保障，《关于积极推进中小学评价与考试制度改革的通知》明确规定“不得以学生考试成绩作为评价教师的唯一标准”，进而强调“从职业道德、了解和尊重学生、教学方案的设计与实施、交流与反思等几个方面评价教师的工作，并在一定程度上体现新课程对教师提出的要求”①。这些评价标准主要是从教师的课堂教学行为、教师素质与能力进行分析的，具体化为课堂教学评价标准和教师资格认证体系。

课堂教学对教师专业发展至关重要，自然也就成为了发展性教师评价的重要构成。新课程课堂教学评价在促进学生发展和促进教师成长的理念指导下，确立了“‘以学论教’，以学生的‘学’来评价教师的‘教’。强调以学生在课堂教学中呈现的情绪状态、交往状态、思维状态和目标达成状态为参考，来评价教师教学质量高低”② 的理念。因此，课堂教学评价指标体系由强调教学目标、教学内容、教学策略与方法、教学效果、教师素养等，变为主要强调课堂教学中的学生学习状态和教师行为：在学生方面有参与状态、交往状态、思维状态、情绪状态、生成状态；在教师方面则提出了组织能力、注意中心、教学机智、教学态度、教学境界。例如，促进教师专业发展的新课程课堂教学评价标准大多主要分为学生和教师两部分，学生在二级指标上分解为学习目标、学习方式、学习水平、学习效果；教师在二级指标上分解为角色把握、环境营造、技术应用、基本

① 瞿葆奎．中国教育研究新进展·2004［M］．上海：华东师范大学出版社，2006：403－404．

② 杨九俊．新课程听课、说课、评课［M］．北京：教育科学出版社，2004：13．

素养①。发展性教师评价体系先在地确定一堂好课标准及其中的教师教学行为标准，由此促进了教师专业化发展。

促进教师专业发展评价的另一重点在于确立教师任职、资格认证标准。最先诞生于美国的教师资格证书制度是在教师考核的基础上针对教师行业的职业准入制度，它对于规范教师任用标准，加强教师队伍专业化建设具有着重要的意义。我国于 2000 年 9 月 23 日颁发了《〈教师资格条例〉实施办法》，这标志着全面实施教师资格制度工作正式启动。大致说来，教师资格证书制度包括教师资格证书的管理制度、鉴定制度和发放制度②。其中，教师资格证书鉴定制度是核心内容之一，它在教师资格条件、教师资格考试、教师试用制度等方面都作了较为具体的规定。教师资格认定的申请者需要“遵守宪法和法律，热爱教育事业，具有良好的思想品德，具备本法规定的学历或者经国家教师资格考试合格，有教育教学能力”，即申请者在能力上应当具备承担教育教学工作所必须的基本素质和能力，普通话水平应当达到规定标准，具有良好的身体素质和心理素质等；在学历上应当达到与所申请的教师资格等级水平相对应的学历要求。教师资格认定正逐步统一为严格的教师考核标准，其考核内容“对教师身体、道德、学力、知识、能力、情感等方面有明确的标准要求”③。这主要可以概括为专业知识、专业技能和专业情意，构成了教师专业素质和能力的主要部分，其发展水平决定了教师专业水平的高低。教师资格证书制度作为一种重要的教师评价，它是从专业素质和能力方面设计教师评价标准，以此保证入职教师的专业基础质量、教师的专业发展水平。

（2）教师评价方法体系的改变

在评价标准设计的基础上，我国新课程中的教师评价改革在理论上大量引介国外教育实践中的评价方法，以便构建发展性教师评价方法体系。这主要是为了突破传统教师评价过于偏重量化的局限，将人类学的、质性的评价方法引进并在实践中加以运用，即“要求评价者深入教师的生活，

---

① 高中新课程通识性培训丛书编写组．高中新课程改革评价改革［M］．呼和浩特：内蒙古人民出版社，2004：120.

② 教育部师范教育司．教师专业化的理论与实践［M］．北京：人民教育出版社，2003：141.

③ 同②，142.

通过观察、访谈等获取第一手资料，在与教师有过深入的交流与沟通，对教师有了比较全面的了解后再做评价”[①]。一些国外先进的评价方式与技术被引用后，新课程教师评价改革逐渐意识到并尝试着在本土化的基础上，充分考虑学校所在地区的经济发展情况、学生素质与数量、教师能力和准备状态、教育资源的配置等实际状况，以改进教师评价方法和操作方法。为了建立以教师自评为主，校长、教师、学生、家长等多元评价主体共同参与的评价体系，教师评价改革逐渐完善了传统的听课、评课的评价方式，在评价实践中基本上都是先听开课教师说课、自我反思并分析下次的行动构想，然后才由专家和教师同行共同商议、评点。

为了充分发挥评价促进教师发展的功能，必须在评价实践中提倡使用多样化的评价方式，将形成性评价与终结性评价有机结合起来。其中，案例分析、课堂观察和成长记录袋是当前教师评价改革实践中常用的评价方法。新课程实验区进行了大量的有益探索：创建教师成长记录袋，把工作计划与总结、教学成果、课堂教学录像带、教学案例分析、自我反思记录、教学日记、多主体评价记录等相关资料收集起来，以便教师在回顾、交流与反思自身发展历程中获得激励和成长；进行案例研讨与分析，即选取一些具有代表性的教育、教学案例，组织教师进行综合分析，让教师了解自己在教育实践中的优势与不足，或客观地评析他人的教育实践与学习他人的教育经验[②]。

新课程在教师评价改革上除了引入、运用国外的评价方法和操作技术之外，还对传统听课评课活动进行改进和完善，使其在功能上由教师的甄别分等转向促进专业发展，“许多实验区在听课评课中淡化评比和奖惩，转而突出其发展性价值，也就是发挥听课评课在改进课堂教学质量和促进任课教师专业成长方面的功能，并且听课评课逐渐成为一种校本教研方式”[③]。新课程的听课评课活动不提倡传统的教学基本功大奖赛、优质课评比、教学能手比赛等各种名目繁多的公开课、表演课，主张以教师专业

① 瞿葆奎. 中国教育研究新进展 · 2004 [M]. 上海：华东师范大学出版社，2006：405.

② 相关内容详见国家基础教育课程改革“促进教师发展与学生成长的评价研究”项目组. 新课程实施中教育评价改革的探索 [M]. 西安：陕西师范大学出版社，2003：38.

③ 叶禹卿. 新课程听课评课与优秀案例解析 [M]. 北京：中国轻工业出版社，2006：12.

发展为驱动的家常课、研讨课。在评课理念转化的同时，重建听课评课制度，即领导干部听评课汇报制度、追踪听评课制度、示范听评课制度、学科同步研讨听评课制度、外出学习汇报听评课制度等，用新的听课评课制度引领教师的专业发展。正是在传统听课评课改革和完善的基础上，新课程积极尝试着新的教师评价模式和制度。例如，课堂教学的“三阶段、四维度”评价模型①，即课堂教学评价应从准备、实施、收获三个阶段进行设计，在每一个阶段中都分别从学生、教师、教学内容、教学环境四个方面加以检测，课堂教学评价走向评价主体多元、方法工具多样化的轨道。

二、我国基础教育评价演进与改革历程中的积弊

在传统的选拔管理性评价功能下，我国基础教育评价在不同方面的发展及其改革过程中积累了诸多弊端。要想深入揭示这些评价积弊的根本，必须结合评价与基础教育的关系进行探讨。我们着重从两个方面来分析：就评价与基础教育中实践者的关系来说，评价积弊在表层上呈现为“应试”主义，实质是人在“应式化”评价实践中的“被动”生存，这导致了师生在评价中的有限性发展；就评价与学校日常教育实践及其变革过程的关系而言，评价积弊则又深层次地表现为“实体性”评价对基础教育变革实践的理想预设与框限，不能有效地指向学校变革过程并对此进行研究，因而也就不能实现“成事”、“成人”的统一，真正实现师生的自觉性成长。如果说“应式化”评价是基础教育评价积弊在“人维”上的内在根本，那么，“实体性”评价改革未能指向学校日常教育实践的变革过程，则是其在“事维”上的内在特征。

---

① 梁惠燕，高凌飚．课堂教学评价的反思与框架重构［J］．教育科学研究，2006（6）：22.

（一）基础教育评价积弊之一：人在“应式化”评价实践中的有限性成长

我国传统的基础教育评价，受选拔管理性评价功能支配，已经形成了以考试为基准的学生评价，并在此基础上拓展至教师评价、教学评价、学校评价等不同的评价领域。各种类型的考试尤其是中考、高考等，至今仍是最普遍的、最为基础的，也是最为人看重的评价方式。当前，在基础教育改革过程中，考试与评价的改革无论在理论上还是观念上都在经历着巨大的转变，不可否认的是，传统教育评价中形成的积弊——“应式”主义在现行评价实践及其改革中仍然大行其道。

1. 传统基础教育评价实践中的“应试”倾向

传统基础教育评价的重心是学生评价。在学生评价领域中，“应试”倾向尤为突出，与之对应的学校教育实践名之为“应试教育”，更有甚者将它与“素质教育”对立起来。“应试”倾向是评价实践中“应式”主义的集中表达。

（1）考试是基础教育评价实践中无法替代的评价工具

在基础教育评价中，标准化考试意味着“根据考核的目的，让考试对象在规定的时间内，按指定的方式，解答事先编制的题目，按其结果给予评分，是对被测人的知识、智力和技能的一种测量”①。学校教育中尤以测试学生知识的书面考试占主导地位，因此，人们往往将学校中的考试等同于纸笔测试（paper - pencil test）。依据编制者的不同和误差控制程度的不同，考试主要有标准化考试和教师自编考试之分。标准化考试（测验）是一种预先设计好的、对学生行为样本进行施测和评分的系统，科学化、标准化、系统化是其根本特征。在标准化成就测验或标准化能力倾向测验中，试题多是以选择题（单项选择题和多项选择题）为主，并且学生以笔试（纸和笔）的方式参加统一的测验。教育管理者和教师以常模为标准对学生的测验成绩进行比较和判断，进而对课堂教学质量、教师工作成效、学生所获得的知识和技能等方面做出客观的评价。而教师自编

① 杨成鉴．中国考试学［M］．北京：书目文献出版社，1995：45.

考试在本质上是与之相同的，只是由于教师作为编制者而导致考试的标准化程度不高。无论如何，基础教育评价实践中的两种类型考试都建立在测量基础上，通过测验将测评对象的知识、能力等心理特质进行量化为分数指标，“实质上是行为样本的客观和标准化的测量”①。因此，各种类型或功能的考试尤其大规模考试都具备如下特征：

行为样本：测验只能选取一组有代表性的行为来考查个体在相应行为领域的行为特征；

标准化：是指测验在编制、实施、记分及分数解释方面依据一套系统的程序；

客观测验的评价指标：包括难度和区分度、信度和效度。

显然，在教育追求科学、效率、公平的今天，对于学校教育而言，考试是最经常的、最熟悉的事件，也是当前最令人信服的测评手段。无论以高考、中考或其他层次的统考等为主的校外考试，还是以期末考、月考或单元测试、随堂测试等为主的校内考试，都成为了基础教育评价不可或缺的基本形式。

在基础教育评价中，由主管教育的各级行政部门组织的校外考试，对学校、教师和学生有着极大的高利害性，即基于学生的考试分数，直接影响学生的升学，间接影响学生的前途与命运，一定程度上决定着教师的职称、奖金与聘任等，影响着领导、外界对学校教学质量、办学水平的评价以及学校社会声誉高低和生源数量等。其中，尤以高考、中考等升学、选拔性考试为甚。大量的历史事实已经表明，在中国的社会管理公信度现有水平和学校办学水平差异极大、质量基准达成度不高的背景下，如果取消考试分数的客观、刚性选录标准，给人们自主择优录选的弹性空间，那么各级各类学校招生与录取的教育秩序必将发生混乱。在高考、中考暂时不能取消的前提下，在基础教育评价实践中呈现出了不同层次的、种类不一的“应试”倾向，这在一定程度上是不可避免的。

校内评价活动受制于校外评价——以高考、中考等为主的考试。我国自新中国成立后，学校教育及其相关体制是在学习苏联教育的过程中逐步

① 安妮·安娜斯塔西，苏珊娜·厄比纳．心理测验［M］．缪小春，竺培梁，译．杭州：浙江教育出版社，2001：2.

重建并完善起来的，学校教育内部的评价制度也不例外。当时，教育学家已经有专著①论述：

预先的考查，即在学年开始时进行预先性的考查，目的在使学生巩固地掌握上学期已获得的知识、技能、技巧，以便在巩固旧教材的基础上进行新教材的教学。

日常的考查，即经常地、系统地对学生进行考查，使学生巩固地掌握知识，这是知识检查、成绩评定的基础。

总结性考查，即在教学告一段落的时候（单元的、学季的或学期的），要对学生的知识、技能等进行一种总结性的考查，目的在于全面系统地了解学生掌握知识的要求。

考试，进行两种类型的考试，即一种是升级考试，一种是毕业考试。

其中，知识、技能的考查主要是通过口头提问、书面测验、检查家庭作业、日常观察进行的；而考试主要是通过笔试和口试进行的。

进入20世纪80年代后，西方国家的教育理论包括评价理论、方法纷纷被译介引入中国。胡森、布卢姆等人来华讲学，更是掀起了学习、研究教育评价理论的高潮，并在学校教育评价实践中进行着大量有效的评价改革和探索。这些探索改善了我国校内评价的单一化状态，例如在教育目标分类理论的基础上，通过随堂测验、单元考试等进行形成性评价、诊断性评价，通过学期或学年期末考试进行总结性评价等。

但是，校内各种类型的评价实践紧紧围绕着高考、中考改革的基本状态并未有普遍、显著的变化。在形式上，校内考试题型、题量、考试时间等都努力与高考、中考相一致，让学生在学校内部或教师编制的单元测验、月考、期末考等考试中得到足够训练。在内容及考试范围上，根据高考、中考的内容确定校内考试的内容，并进行反复操练或者分解为不同单元的考查知识点。可以说，学校内部以考试为主的评价，主要是为学生毕业时的中考、高考进行尽可能的预演和做好准备。早期，年级越高这一指向越突出，现在这种状态在下移，尤其在高中阶段，有相当部分学校的学

① 朱有瓛．学生知识的检查和评定［M］．上海：新知识出版社，1957：4－6．

生一进来就被敲了“警钟”且时时“应战”。因而，在学校内部评价实践中出现重点难点、题海战术、模拟操练、猜题押宝等“应试”现象就不足为怪了。

(2) 考试是基础教育评价中最具决定性的、前提性的评价依据和标准

在基础教育评价中，考试成为了统领一切的评价形式，不仅在学生评价领域中成为最具权威的评价手段，而且在学生考试结果——分数的统计分析基础上也极大地决定着其他的评价领域，诸如教师评价、学校评价等。在各种不同类型的考试中，“从试卷直接得出的分数，叫做原始分数，它只是关于考生知识与能力状况的初级信息，只有经过一定的处理，才能用以说明问题，实现考试目的”①。因此，学生在每次考试中分数成绩的统计分析，如平均分、及格率、升学率等，就成为了评价学生学习结果，教师教学质量和学校教育质量的重要甚至唯一的标准。对待那些高考不考科目的结业考试的态度，从另一个侧面反映了同样的问题：

对于教学效果和质量，传统的教学评价标准就是考试成绩，即“分数”。学生分数高，被重点高中录取的名额多，教学效果就好；反之，就差。而我们这里中考的科目并不包括历史，初中历史教学评价的实际状况实在令人担忧。

我们学校还算正规些，初一、初二的期末考试把史、地、生也安排进去了。但是，到了初三历史结业考试时，那考场的设置、监考的安排，却无论如何也沾不上“正规”的边了。原因很简单，有些学生的中考科目学得还可以，但由于“势利眼”心理的影响，历史课在他们心目中无关紧要，平时根本不学，但因其结业考试成绩不及格将被重点高中拒之门外，还会直接影响到班级、年级乃至学校的“业绩”和“声誉”。于是，结业考试的组织者、监考的班主任、巡视的任课老师只能采取睁只眼闭只眼的态度。可以毫不夸张地说，就是应试教育模式的教学评价制度本身，葬送了历史结业考试的可信度。至于历史老师是否认真教、学生是否真的学到了历史课程所规定的内容，在学校评先、评优、评职称时，也就无足

① 于信凤．考试学引论［M］．沈阳：辽宁人民出版社，1987：190.

轻重了①。

上述状态的存在不能说普遍，但并不少见。它的严重性不只停留在学业上，而且还败坏了学习风气，直接影响学生道德品质的发展。

高考、中考等作为选拔性考试，不可避免地充满着激烈的竞争。在各种选拔性考试中，“分数的作用有两重性，高考分数是考生文化水平的标准。分数高的文化水平就高，相反就低……高考分数又是入学权利的标志。根据招生计划，达到一定分数要求的可以入学，否则无权入学”②。这些促使人们日益重视并认为：学生在高考、中考中的考试分数或其升学率的高低，反映着教师教学水平、学校教育质量好坏，从而成为评价学校教育质量、教师教学水平的唯一标准，进而导致了考试在基础教育评价中的泛滥和错用。更有甚者，学校和教师将学校教育简单地等同于市场化的竞争，去追逐为公众所能接受的一堆数字和排名分类。在此种情况下，高考、中考等选拔性考试，必然加剧和放大了自身的高利害性，它在决定学生的升学和就业、学校的教育质量及其教育成败的同时，事实上也在使教育价值逐渐地偏离现实的基础教育及课堂教学的真实意义。

2. 当前基础教育改革中的“应试化”评价改革

在当前的基础教育改革中，几乎所有矛头都对准了考试并进行了严厉的批判，并试图从考试走向评价。一份研究报告通过调查分析指出：“目前我国中小学校内考试在类别和数量上仍存在着偏多超负的现象，除单元测验、期中、期末考试外，学生还要对付多种类别和数量的考试，反映了人们对考试的误解和滥用；在考试的目的和功能方面，中小学校内考试较多注重达标性检测和终结性评价，而忽略了考试的诊断、督导、反馈等功能；在考试内容方面，基本囿于教材和大纲，内容陈旧老化、知识面狭窄，缺乏新鲜活泼的营养和创新精神的培养；在考试方法及成绩评定等方面，方法手段单一落后，量尺标准过于绝对化，不利于中小学生素质的培

---

① 谈谈初中历史教学评价问题［EB/OL］. http://www.rzsyzx.org.cn/article/2/18/2006/20060628199.shtml. 2006-06-28/2008-02-18.

② 杨学为. 中国考试改革研究［M］. 北京：北京大学出版社，2001：260-261.

养提高和义务教育宗旨的贯彻落实①”。在此基础上，“考试中心”的传统教育评价需要进行改革的不足之处，主要归结为评价功能单一，过分强调甄别与选拔的功能，忽视改进与激励的功能；评价标准单一，过分关注学生成绩和分数，而忽视综合素质和创新能力、实践能力；评价方法单一，过分注重量化评价和纸笔测试；评价主体单一，过分注重行政性或权威性的评价主体，忽视评价主体的多元化；等等。

因此，在21世纪初国家行政推进的基础教育改革中，针对上述问题开展了全面、深入的评价改革实践。在《国务院关于基础教育改革与发展的决定》中，通过课程的全面改革，并结合传统基础教育评价考试中心的不足，提出了：一方面，建立发展性课程评价体系，即建立促进学生全面发展的评价体系、促进教师不断提高的评价体系、促进课程不断发展的评价体系；另一方面，继续改革和完善考试制度。在改革中，不同的评价理论研究以及国家相关的改革文件都在强调、倡导新的评价功能、评价标准、评价方法与手段等，有的甚至主张废除制约课程改革的“瓶颈”——高考、中考等。这些改革实践，在很大程度上给中小学带来了强烈的冲击。

但是，细究这些评价改革，就会发现其中存在着严重的“应式化”倾向。

首先，升学考试依然是学生家长、社会群体关注的焦点，家长看重分数，社会认可分数，这又极大地影响甚至决定着教育改革一线的教师实践。任何形式的评价改革抵不上一个期末考试成绩、高考中考成绩，分数比较、成绩排名在中国现实国情下仍然有着具大的市场。

2005年6月25日，山西高考成绩揭晓后，榆社县成绩大面积滑坡，与去年相比，考生人数多出近300人，但上线人数却减少了58人，为近年来最差的一次。这一问题立即成为该县街谈巷议的热点话题，很多家长因此担忧、气愤和埋怨。7月1日，榆社县委召开长达6个多小时的常委会。会议决定：当晚以常委会名义在县电视台发出公告，向全县人民道

① 汪继红. 全国中小学校内考试及选拔考试现状综合调研报告［J］. 中小学教育，2001（10）：43.

歉，同时宣布对榆社中学领导班子实行全员停职待岗①。

其次，与中考、高考等校外考试无关的评价改革大多流于形式。实践一线的教师们迫于教育改革的文件要求以及上级教育管理部门的逐级行政命令，在实施和探索被给与的评价理论与技术的过程中，相当多的人是处于应付上级检查或教学研讨状态。在评价改革实践中，大力倡导并实施质性评价——诸如成长记录袋评价，虽然它更多注重过程注重发展，但呈现出较多的复杂性、主观性，费时费力，且又与中考、高考无关。教师一开始尚能认真对待，一段时间后就开始应付，逐渐让路于各种考试；学生家长对此种评价也不太乐于接受，它也就在不受关注中日渐淡化。因此，学生成长记录袋在形式上成了什么东西都可以装的袋子，很长时间谁也不看，根本起不了评价的作用。评语、日常行为观察、表现性评价、学习日记、自我反思等质性评价也逐渐成为形式化的点缀。

目前，等级制学业评价仅仅还是在小学阶段实行，这对依然是以应试教育为主的初中教育无疑缺乏有效的衔接。从诸多来自于初中方面的声音可以判断，小学语文实施等级制后，学生的语文成绩开始“下滑”，而且已直接影响到了初中语文教学的质量。实际上，等级制下的小学语文教学所获得的积极变革以及产生的深远意义并非是像初中语文教师所作出的评判那样，如果客观地分析，或许在“语言知识”的领域里有所削弱，然而学生整体语文素养与人文素养的提升与发展显然是百分制时代所无法比拟的。

初中语文教师对小学语文等级制评价作出如此评判，其根本是两种学业评价完全对立的体系，小学层面实施素质教育下的等级制评价，而初中层面则还是应试教育下的百分制。面对现存的教育质量评估体系和升学压力，初中语文教师坦言：上级学校教育教学评估办法一直没变，如同紧箍咒一样套在我们的头上。上级评估看的是考试成绩，及格率、优秀率，来

① 山西榆社高考大滑坡 县委道歉、中学领导全停职［EB/OL］. http://news.sohu.com/20050715/n226315814.shtml. 2005-07-15/2008-02-17.

不来就是“教学质量检测”，我们要生存啊。因而，初中教师从其“利益”角度出发来审视现行的小学语文教育，则显然是不满意的。当然，这种“对立”的存在需要改革现行的初中教育学业评价体系，这是解决问题的根本。

正是由于上述种种消极现状的出现与滋长，小学语文等级制学业评价推行至今已开始派生出一些奇怪的现象，这种“异相”的出现表面上看起来似乎在应对或弥补由等级制评价所带来的那些消极局面，实际上却恰恰是“应试教育”主义在试图重新抬头。

一张语文试卷，两种评价并存。即使在小学语文实施等级制评价的起始阶段，小学语文学期末的素质测试卷私下里就出现了“百分制”与“等级制”并存的现象，即在学生素质报告单上出现的是“等级制”，而与此同时学校或教师也将其私下“折算”成分数，作为备份。那个时候之所以这样操作，主要有两种可能：一是教师自身不太适应等级制评价；二是主要为了应对家长的询问（家长对等级制的适应期无疑会更长，因而他们关心子女的语文学习情况依然习惯于问分数）。而近几年，“两种评价并存”的现象几乎公开化，似乎有“百分制”回流的倾向。一种现象是，几个相邻的学校之间会统一阅卷，统一语文试卷折算分数的标准，然后将学生的语文期末试卷统一以百分制来量化；另一种现象是在一所学校范围内的各册语文期末考试成绩都需要折算成“百分制”。这种现象的演变缘于学校评价教师的需要，即离开了“百分制”，小学层面上似乎就无法再难以寻找到评价教师语文教学水平的更有说服力的评价方式了。

两种评价方式同时存在，究其根源，一开始是为了应对“外部”的需要，而现在却是为了满足学校自身“内部”的需要了。随着“等级制”推行的时间越长，人们反而是越来越“怀念百分制”了。

……

在小学，语文始终是一门最主要的科目，或许是迫于中考的压力，也或许确实是想监控好等级制下的小学语文教学质量，因而，小学阶段尽管早已取消了统一考试，然而实际上，在期末的时候，有些地区的教研部门还是统一组织语文考试。原先是一个年级的“抽测”，抽测的区域范围不是全县，而是有代表性地选择几所学校作为抽测样本；而这种抽测“发展”至今，被抽测的年级范围扩大了，被抽测的学校数量也增加了，更有甚者还搞全县统一的小学毕业质量检测考试，而且是集中到中学考试。这实际上是一种变相的小学升初中的考试。

“抽测”的名义也好，“语文质量临控”的说法也罢，然而就其操作的形式、过程来看，实际上是应试教育的那套做法又在抬头了：每次语文抽测，教研室派相关人员分片蹲点到各校巡视，同片之间的学校相互调换语文教师监考，最后组织语文骨干教师在“指定的时间里到指定的地方”集中阅卷①。

3. “应式”主义的根本在于：人在教育评价中因积习而成的“被动”生存方式

在中国的科举考试制度中，对于将应举作为毕生事业的“读书人”来说，总是足不出书斋，眼不离四书五经、诗赋文章，以自己的苦读表达了对应举的执著、对上榜的向往、对状元的渴望情结。他们被局限于儒家经典、程朱注疏、八股章句之中，在统治者知识与思想的禁锢下，挣扎着攀爬在从童生、秀才到举人、进士的层层阶梯上，为科举功名而身心疲惫，为考中及第而悲喜交加。正是在功名追求、苦读应举的消磨下，读书人在日常生活中逐渐丧失了自主精神、创造活力，反因“应举”而塑成了一种“应式”特征的思维方式、行为习惯。正如李大钊所言：“中国人有一种遗传性，就是应考的遗传性。什么运动，什么文学，什么制度，什么事业，都带有着应考的性质，就是迎合当时主考的意旨，说些不是发自本心的话。甚至把时代思潮、文化运动、社会心理，都看作主考一样。所说的话，所作的文，都是揣摩主考的一种墨卷，与他的实际生活都不生关系……”②

尽管应举之事在今天的社会中已经不复存在，但是其中“应式”特征的被动生存方式在当前的基础教育评价实践中仍然以“应试”、“迎评”

① 李国亮．一唱三叹：小学语文等级制学业评价反思与展望［EB/OL］．http://www.hzjys.net/xkweb/xxyuwen/Article/ShowArticle.asp? ArticleID = 1956. 2006 - 05 - 30/2008 - 02 - 19.

② 转引自金诤．科举制度与中国文化［M］．上海：上海人民出版社，1990：12.

等形态延续着它的当代演进。在基础教育中，教育活动及其实践过程——包括“教育评价”，其根本指向都应当是教育活动及其实践过程中的人（主要是师生）的成长。“应式化”评价根本目的在于追求完美的评价结果，极尽达成各项评价指标之能事，迎合评价标准以满足决定利益者的评价要求。基础教育评价中的“应试”自不待言，且概览一下常见的各种“迎评”现象。教育行政管理者可以采取大规模的标准化考试、听课评课等不同的评价方法作为有效的管理监控工具。其中，评课多被视为教师评价的主要方式，学校检查或评比也更多倚重于此。在听课评课中，一些权威人士，包括各级教育领导、理论专家或教学骨干等对课堂教学进行评分并据此对教师进行排名、评优或对学校进行评比、管理。因此，基于评课的评价结果决定着教师的职称、奖金、聘任等，影响着学校的教学质量、办学水平、声誉和生源等。

此种“高利害性”的评课活动在学校教育评价实践中直接导致了各式各样的泛化的公开课现象，即在教育理念、教学形式、师生状态、教育改革趋势等方面表现得近乎完美的课堂教学。从而形成了中国特有的“公开课”现象。

概而言之，“公开课”主要表现为：“展示课”的“形式”化之倾向，为了展示学校的教学质量、教改或科研成果，安排特定的教师甚或特定的学生、精挑细选“适当的”教学内容而“量身定做”一节特殊的公开课，这只是偶尔为之而非日常化；“观摩课”或“示范课”的“模仿”化之倾向，观课教师更多关注的是具体的教学技巧和教学程序、询要具体的操作模式，进行简单地效仿而非发现问题并进行深入的理论探讨；“检查课”或“评估课”的“应式”化之倾向更为突出，被评单位大多在一片忙乱中兴师动众，应对上级教育行政部门的教育检查、鉴定或完成由其安排的教育改革、科研任务；“评优课”或“比赛课”的“封闭”化之倾向，为了对教师的教学能力进行客观、公平和合理的判断，被评者大多在身心紧张和疲惫中，仅仅依据指定的教学内容独立备课、借班上课，教学过程和内容对学生封闭，以致课堂教学成为了“教案剧”的表演，或者为了多出骨干教师、名师，学校专门成立专家指导组完全负责教学设计、精心打造（这些课往往在不同参赛级别上是同一教学内容的重复设计、精致化），多次重复甚至程序化的课堂教学，对开课教师而言实际上也丢失了自己的主动发展、生命创造；“表演课”的“作秀”化之倾向，某些“一节课主义”的名师为了个人的名利，凭借自己的“成名课”以传经送宝的名义进行“巡回演出”或“友情出演”。上述的诸种评价观念、思维方式、评课期待、行为模式等都是“应考”遗传性的具体表现，潜在于教师的思想观念中、默化于教师的行事方式中。在人的此种“被动”生存方式的影响下，“应式化”评价活动往往给学校变革带来深层次的阻力。

人在“应式化”评价中的“被动”生存方式有着多种意义的理解。就教师而言，主要表现如下：

意识意义上的“被动”。在强化教育理论学习工具价值的同时，一个在教师发展方面重要而又现实的问题——即教育理论在教师发展中的生命意义被长期地遮蔽了。因此，在教育评价改革及其相关理论学习中，教师并不关注、理解和内化全新的评价观念和理论，也未产生通过自身的理论改造，改变自己头脑中的观念和行为的愿望与行动，逐渐使自己成为自觉的、有理念作为指导的、自主的变革实践者的需要。与之相反，教师往往满足于寻要程序化的操作模式和技术性的评价指导，心甘情愿地成为评价改革的被动执行者。因此，现行的教育评价改革中存在着这样一种现象：参训的中小学校长和教师总是期望被具体地告知程序化的“怎么做”，希望培训者给予“灵丹妙药”式的操作模式；他们想通过教育培训，学习具体的评价方法、评价工具。这是将自己假定为评价改革的技术员或机器，实际上在评价改革实践中心甘情愿地进入束缚生命的架轭。

惯习意义上的“被动”。工作多年的教师都积淀了一定的教育评价思想，基本上形成了自己的评价惯习。但他如果不重视内在理论的自我反思，那么，评价活动就只能是依据经验、凭藉惯性运作之事。如果教师不能自觉地意识到自己头脑中缄默状态下的评价理念，那么，他在评价行为上即使有所变革，也会陷入到简单执行他人指令或模仿他人新做法的境地，而不能成为教育评价改革能动的、自觉的创造者，在创造性实践中实现自身的发展。教师在评价实践中极大地受制于自己的惯习，在评价活动中的所有理性行动都涉及到实践性知识，只存在于使用过程之中；通常表现在评价实践之中，表现在评价活动的习惯方式或传统之中；深深地植根于评价的知性、信念、价值观和态度之中，尚不能用规则形式表述出来。

利益意义上的“被动”。在选拔、管理性功能下，评价活动是由教育行政管理部门自上而下进行的。教育管理者事先设计并确定好评估方案及其指标体系，规定好评估等级标准，这不仅是排名分等、绩效考核、判定资格、确认达标与否等的重要依据甚至为唯一依据，也是对学校教育教学进行管理、监控的重要依据。此类评价结果具有着高利害性。教育管理者据此决定对学校或教师采取相应的具体措施，如进行奖励、惩罚、干预或补救等，这极大地决定着教师的职称、奖金、声誉、地位等，甚至是自己的工作岗位、环境等。因此，迫于利益的追求，教师自然就会对照事先规定的指标体系、标准，按部就班地完成规定动作，以至“不择手段”地争取达到规定标准。

角色意义上的“被动”。在评价实践活动中，教师总是将自己的角色定位于“无权”的一线教师，在评价实践中处于被动从属或弱势地位，相对于教育管理者没有“行政权力”，相对于教育理论者没有“话语权力”。积极改革的教师认为自己心有余而力不足，而持消极态度的教师则是在怨声载道中表达无奈，等待着高考、中考取消后的外部改革条件的完善。当然也有一些教师认为改革之事离自己很远，目前还是老办法照旧，等全面推开了再说。因此，被动地服从行政推进式的评价改革，较多停留在研讨时开展完成任务式的评价改革试验。与此同时，教师在教育理论者的“话语霸权”中处于“失语”状态，被动地执行被喻为放之四海而皆准的、适于所有教育情境的、统一而又程序化的操作模式。教师不可避免地因此而成为所谓评价技术、模式等的被规定者，被套上了束缚生命创造的思想枷锁。

能力意义上的“被动”。参与教育评价改革的教师大多只关注专业知识和技能的发展，并未深刻地认识到理论学习能转变为自己的评价理念，进而实现自行探索和创造的生命价值。他们在缺乏评价能力培养的同时，自然也就缺乏生命成长的渴望、生命创造的激情、生命能量的投入。例如，有些教师总是寻要具体的评价操作模式、普适性的评价技术以便在自己的课堂实践中模仿之、执行之，在评价实践中“生搬硬套”；有些教师根据评价改革所倡导的新观念、新理论进行新的评价活动，但最终仍然回归到考试的老路，成为“穿新鞋走老路”者；有些教师对教育改革所倡导的评价理论不以为然，或因全新评价理念的强烈冲击而感到茫然无措，坚持传统课堂教学、不怕戴“因循守旧”的帽子，等等。

4. “应式化”评价偏离了学校日常化教育实践

在“应式化”评价实践中，为了适应教育行政管理者或社会的要求，在各级各类的统一考试尤其是选拔考试中，学校竭尽所能地帮助学生在考试中取得高分数、好排名，进而获得尽可能高的及格率、升学率等。当此种目的被强化甚至无限放大至教育实践的中心，那么真正的教育目的就被淡化、边缘化了。

具体地说，“应式化”评价实践中，在标准化测验基础上，以统一的、大规模的考试为中心进行不同领域内的基础教育评价活动。这些“应式化”评价实践在很大程度上主宰着学校日常教育中师生的行为，制约着课堂教学、班级建设等学校日常教育实践。在教育内容体系与课程设置上，“一般以‘升学’为轴心设置课程，安排教育内容，重智育，轻德育、体育、美育及劳动教育。即使在智育之中，一般也只重视要考的内容，而忽视不考的内容”；在教育方式和方法上，“往往把学生当作接受知识的容器，忽视学生的主体性和创造性，习惯于满堂灌、填鸭式、题海战术、死记硬背等机械划一的、灌输式的教育方式和方法”；等等。因此，学校日常教育实践中的师生，都受到了“考什么教什么”，“怎么考怎么教”，“考多难教多难”，“不考就不教”等应考原则的极大困扰，逐渐偏离了学校日常教育实践的应然目标，课堂教学中师生生命发展也就无从谈起。

(1) 大规模考试中的标准化测验评价偏离了课堂教学的综合价值

首先，标准化测验与教学实践的综合价值相偏离。标准化测验的设计者竭尽所能地编制一些测验题目，以便测量那些被认为是最重要的核心知识和技能。这在很多程度上规约着教师在多样化的课堂情景中，必须进行着大同小异的教学实践。但是，标准化测验的重要目的之一就是在学生之间或更大范围内作出有意义的比较。如果学生的考试分数能被推而广之，那么，标准化测验只能是那些被大约一半人（或40%—60%的学生）正确回答的试题组合，而那些被多数人或少数人正确回答的试题却是不适合的。所以太难或太易的题目被删除，剩下的大多数是中等难度的题目。实际上，那些大多数学生能正确解答的题目往往体现了重要的学习内容或是教师万般强调的知识点。这样，不可避免地出现了这样的现象：在教学过程中，那些重要的知识和技能是教学重点之所在，但标准化测验为了有效地将学生区分开来，不得不有意识地筛选并去除重要的教学内容。

其次，标准化测验与学生学习相偏离。就标准化测验题目所涉及的内容来看，主要有三种不同的类型，一些题目用来测评学生在学校情景下所习得的知识和技能，一些题目是直接测评学生的先天智力水平，还有一类题目是用来测评学生在校外所习得的知识和技能。因此，决定学生标准化测验分数的主要因素是：学校内习得的知识和技能；先天的智力水平；学生的社会经验和生活背景①。

事实上，标准化测验分数只部分地反映了学生在校学习的情况，而更多的是取决于学生的智力发展水平和社会、生活的经验。众所周知，这些在很大程度上受制于家庭的社会经济地位以及学生所生活的文化氛围等非学校情境因素。显而易见，标准化测验主要是与非学校情景的学习相关。

此外，就标准化测验题目所测评的能力层级来看，主要是与学生的低层次水平学习相关。如果学生能重复学习自己还未理解的知识，或者阅读时自我提问，或者努力将正在学习的知识与其曾经所学的联系并组织起来，那么，他们是在进行积极的或高层次的学习活动；如果学生解题时仅仅是查抄答案，或者进行大量的猜测，或者跳过难题，那么，他们是在进行消极的或低层次的学习活动。实验表明，“此种浅尝辄止的学习过程和标准化测验的高分数有着显著的相关”②。无论是在小学阶段还是在中学阶段，上述情况大致相同。当然，这两者只是在统计学上有着显著的相关——十分重要的关系，但并非绝对的联系。“那些进行高层次学习活动的学生也能够获得高分，但很多的事例却与之相反”③。一般说来，在标准化测验中，分数高的学生所从事的学习可能是浅层次的。

（2）标准化测验导向的课堂教学凸现新的问题

第一，标准化测验导向会简化教学内容。在测验本位的学校教育中，

---

① Scott Thompson. The Authentic Standards Movement and Its Evil Twin ［J］. Phi Delta Kappa. 2001，89（1）：358－362.

② Kevin D. Vinson，Rich Gibson，E. Wayne Ross. High-stakes Testing and Standardization：the Threat to Authenticity ［J］. The John Dewey Project on Progressive Education，2001（Winter）.

③ 同②.

标准化测验成为一种用公开的方式对教学方法和教学内容进行控制和指导的手段，从而取消了课堂教学的现实性，与社会生活和学生经验相分离。因此，当课堂教学所具有的现实情景性被标准化的文字符号所取代时，学生主体的丰富生活和真实体验就会遭致剥离，他们所看的、所感觉到的和所喜欢的仅仅是一种正式的文字符号，或者说是学生曾体验过的现实世界的标志符号。

更为要害的是，那些被认为重要的知识和技能，以及蕴涵于知识中最具价值的方法及其真正引发思考的特征被忽略，教学内容仅仅成为一种记忆的素材。为了符合标准化测验的要求——诸如客观性、信度和效度等，学习的主题材料变得过于简单，失去了自身的特点而沦为纯粹的事实、僵死的观点；为了机械的存储和提取，它须是表征和体现绝对真理的规定的知识。此种课堂教学几乎是不可能成为高质量的。

第二，标准化测验导向会窄化教学范围。当学生的标准化测验成绩作为单一的评定指标时，当高利害性与这单一的指标相联系时，通常的后果将是窄化课程，使教学仅仅成为测验的准备过程。如果我们以测验为基础对学生、教师和学校进行评价，教师就可能花费大量的时间进行模拟测验和反复操练，他们甚至把全部的教学都基于这一点。“学校亦不得不根据测验对课程进行调整，教育管理人员就会大量削减甚至删除学校教育中至关重要但与考试无关的内容，诸如人文学科方案、选修科计划、时事论坛、班会等等”①。

第三，标准化测验导向会制约教学多样性。标准化测验本位教育改革坚持声称应当以测试分数表现合理的教学，拒绝承认和接受课堂教学中存在于知识上、价值观上、经验背景上、学习风格上、社会经济背景上等诸多方面的差异。标准化测验的分数成为了学生升留级或毕业的唯一标准，教学实践和学生行为的多样化受到了严重的挑战，本应极具动态和多样化的教学系统亦将不可避免地遭受冲击。

如果教师被迫根据测验进行教学，如果学生认为其学习的目的仅仅是为了获得满意的分数，那么，千篇一律的现象就是课堂教学的唯一特征。

---

① W. Janes Pophn. Why Standardized Tests Don't Measure Educational Quality [J]. Educational Leadership. 1999, 56 (3): 8-15.

而且，对于标准化测验导向的教育体系来说，教育内容的选择并未顾及到学生不同的生活经验背景，甚至是以一种外在的同一方式强加给每个学生。因此，测验本位教育改革必然将对课堂教学的多样性追求构成威胁。

第四，标准化测验导向会弱化学生内在的学习动机。标准化测验作为一种外在的强化物，极易弱化学生内在的学习动机。在标准化测验导向的课堂教学中，教学内容和儿童的天生好奇心相背离，使得学生失去兴趣。深究其中，原因在于学校和教师不是根据学生的需求安排课程和教学，而是依据知识在测验中的重要性对学生进行强迫性教学。

学生若是被迫要求取得高分，那么，他们体会不到这样的学习内在的价值，仅仅是为了通过考试并取得高分而学。因此，为考试作准备就成为“真正”的学习，顺利通过考试标志着学习成功。在学生看来，这就是学习的唯一的合理定义。学生对学习的内在渴望和兴趣，就会在外在要求和压力之下泯灭于对高分的追逐中。

第五，标准化测验导向会忽视学生个性发展和人格完善。在标准化测验导向的课堂教学中，为学生提供高质量、个性化的支持几乎是不存在的，所有人的精力都集中于学生应试技能的增强和提高，而非学生能力的发展和改善、情意的培养和丰富。巴西激进的教育家保罗·弗莱雷（Paulo Freire）指出，这种标准化测验本位的教育机制如同银行的存储行为。其中，学生成为知识的容器，教师用知识将学生的大脑灌满，学生几无主体性可言；其创造性不断泯灭、情感世界显得越来越苍白；学生个性和人格不仅没有得到关注，反而在一定意义上受到了严重的伤害。最终极有可能成为考试的牺牲者、成为一堆僵死知识的占有者。

5. 人在“应式化”评价实践及其改革中只能是有限性地成长

(1) 人在教育评价中的不同生存状态及其成长

教育作为培养人的实践活动，是“有意识的以影响人的身心发展为直接目标的社会活动”[1]。无论在何种时空下，有目的性都是教育不可缺少的本质特征。同时，对于教育者尤其是实践一线的教师而言，他们无论工作或生活于其中，也总是在成就教育事业的过程中成就着自己，即

---

① 叶澜．教育概论［M］．北京：人民教育出版社，2006：10.

“成事”、“成人”——成事为成人、成人促成事。如果在特定的教育情境中，上述两种发展同时相互促进、交互作用，师生就会在学校日常教育实践中共同成长，从中感受到一种无法替代的满足。可以说，教育活动中的幸福感源于活动主体在学校日常教育实践中的成长获得与满足。

但现实的情况是，人在教育评价实践中呈现适应性生存、体验生活、享受生命三种不同的生存状态。他们在成长过程中的价值追求、内在机制、发展水平与特征等方面也就存在着明显的差异。

“有限性成长”是人在适应性生存中所处的状态。在多数人看来，学校教育要么是为学生的将来工作作准备，要么是教师的本职工作。教育作为人们将来或现在适应生存的重要手段，总是被视为必要的工作或工作准备。教育也就与师生现实的整体生活分裂开来，即教育是为了达到彼岸更好的幸福生活。因此，教师或学生一旦达至或通过教育评价外部规范的要求，实现自己在外在标准参照下的有限性成长，获得必要的物质条件、社会地位等方面的满足之后，似乎就可以满足了。

在体验生活状态中实现“体验性成长”是第二种类型。在现实中，多数人是在学校日常教学生活、班级生活的细节上感受、体验到成长的快乐与满足。从师生之间的心灵交流与长期共同生活中，彼此关心、相互尊重，使他们都能够从对方的日常评价与情感表达中真切地体验到自己的价值、成长。

评价实践中人所处的第三种状态是在享受生命中实现“自觉性成长”。无论人意识到与否，每个人只要能积极参与到学校日常教育生活中，都在不同程度上进行着自己个性化的建构活动。当教师和学生清晰地认识到自己的生命意义，他们就能在日常实践中共同成长，并在交互促进中积极主动、自觉地实现自己的生命创造。评价实践同样能成为人生命潜能的激发过程，成为自我超越而享受生命的过程。人在评价中呈现三种不同状态，根本上是由人所获得的成长性质的差异所决定的。

（2）人在“应式化”评价中以外在规范为参照标准只能实现有限性成长

就人的一生成长而言，教育可以在生存意义、生活意义和生命意义上进行认识。在现实中，人们大多在生存意义上认为教育应当也确实是一种有助于适应生存的重要手段，由此可以过上美满、幸福的生活。教育生存意义上的理解，本质在于教育作为工作或谋生的手段，旨在追求教育之外的美好生活，即作为手段的教育与作为目的的生活割裂开来。人在学校教育实践中的成长过程也就被人为地分裂为教育工作与日常生活两部分。早在19世纪，斯宾塞就通过“什么知识最有价值”的提问，提出教育应该为“完满的生活”作准备，学校应当根据人类五种主要活动提供以科学知识为主的五种类型的课程。在当前的教育现实中，“知识技能的教育显然是为了服务于个体世俗的生活，增进个体世俗生活的幸福之可能性；而情感的、世界观的教育是指向个体理想世界人格完成的教育，是指向个体形式上幸福可能性的教育。显然，世俗生活才是硬道理，知识技能的教育压倒性地盖过了审美的、世界观的教育”①。在教师方面，学校教育活动、课堂教学是他们的本职工作，这一切的工作努力都是为了能够更好地适应教育工作之外的生活。从上述的分析可以看出，参与学校教育实践中的每一位教师或学生，通过自己参与的教学实践谋求生存之道、力求教育活动之外的生活，以便更好地适应社会生存的需要。事实上，这也就构成了师生现实的生存环境。

生存意义上的教育，可以被人们理解为实现外在幸福的有效工具。教师和学生依据教育实践中各种各样可测结果的评价标准，感知自己在教育活动中所获得的不同程度的幸福感。例如，学生以不同年段的学习标准、各种类型的考试成绩等作为目标判断自己的成功，并由此获得各种奖励、表扬以及声誉、地位等，这些成为了他们在学习活动中痛苦与幸福与否的主要标志。同样，教师也是以不同的评课标准、在各种评比课中的获奖或以自己所任教班级中学生成绩的高分数、高升学率、高及格率等量化指标为依据判断自己的工作绩效，并凭借自己教学工作的成功获得各种评优奖励、名师称号、荣誉地位等。教师的幸福感直接来源于此。表面上，师生通过教育活动都能获得各自的幸福，即自己的学习或教学因达到了外在规范的标准而获得成功，进而因优异的表现又获得了各种物质奖励、精神鼓励等钱物、荣耀、地位等。实质上，他们在生存意义上获得了幸福感。

深究其中，师生的发展是在外在规范的标准参照下的有限性成长。在

---

① 刘铁芳．教育与幸福的可能性［EB/OL］．http：//www.910cn.cn/teacher/news/216/358/360/109435.shtml.2007－08－31/2007－10－04.

教育实践中，无论教师抑或学生，在过分强调外部标准的要求、教学的外在动力的情况下，都会在不同程度上无意识地限定了自己的成长。原因在于，外部压力可以迫使他们达到最低的标准，取得认可的成功，但很难使他们超越外在标准，向更高的水平继续发展。教师发展过程中的职业倦怠现象、名师“成名”后的停滞不前等就是典型表现。一方面，人们通过教育活动获得幸福的同时，以外在的现实获得遮蔽了自己的努力与成长、自己内心的真实追求；另一方面，此种幸福感是有限度的，既是短暂的——目标实现后即行消逝，又是附属的——一旦外在的物质奖励、精神鼓励等有形标志获得或失去后，幸福感也荡然无存。长此以往，就会造成学生或教师可能在评价外在价值取向的强化下，在人生价值取向上趋于名利化。下面的例子可以从教育效果的意义上说明这一点。

有一个典型事例确实可以充分显示中国基础教育中存在的问题。2006年2月中央电视台《对话》节目有两期邀请中美两国即将进入大学的高中生参与。其中，美国的12名高中生都是今年美国总统奖的获得者，国内的高中生也是被北京大学、清华大学、香港大学等著名大学录取的优秀学生。

两国学生在两个问题上的表现的确代表了两国教育制度的差别：一个对比是在价值取向的考察中，主持人分别给出了智慧、权力、真理、金钱和美的选项，美国学生几乎惊人一致地选择了真理和智慧。而中国高中生除了有一个选择了“美”外，没有一个选择真理和智慧，有的选择了财富，有的选择了权力。

另一个对比是：制订对非洲贫困儿童的援助计划。中国学生的阐述从中国悠久的历史入手，歌颂丝绸之路、郑和下西洋，到吟咏茶马古道，然后有人弹古筝，有人弹钢琴，有人吹箫，三个女生小合唱，一人一句，一会儿又是一个人深情地背诵，然后是合唱。最后对非洲的援助计划轻描淡写地一笔带过：只提出组织去非洲旅游，组织募捐，还去非洲建希望小学。

美国高中生的方案，则是从非洲目前的实际情况，从非洲社会生活的方方面面，包括食物、教育、饮用水、艾滋病、避孕等一些看起来很细小的实际问题入手，对每一个方面，做什么，准备怎么做，都提出计划，并且列出每项的预算。每个人分工明确，又融成一个整体，整个计划拿来就可以进入实施阶段。

这种集体的现场对比，确实反映了中国基础教育的严重问题：一方面反映出了中国的基础教育严重脱离实际、脱离社会，使学生们手高眼低；另一方面也反映了中国学校理想道德教育的失败：中国学生的理想非常现实，就是追求财富和权力，其理想的实用性远远超过奉行实用主义的美国学生。这种对比确实具有说服力和震撼力①。

（二）基础教育评价积弊之二："实体性"评价改革与学校变革过程的析离

从教育评价改革之"事"来看，内涵于评价改革与基础教育改革的关系中的积弊，在表层上主要聚焦于两类基本问题：在教育评价改革内部关系上，选拔性评价体系与发展性评价体系之间的对立；在教育评价改革外部关系上，教育改革与评价改革之间的对立。但是，在内在逻辑上和思路上，两种对立的实质为：标准本位的实体性评价改革，只从评价改革自身层面的内部要素进行分析，脱离了学校变革的丰富实践及其内在改革过程。评价改革的实体性特征，未能从传统的"预定式评价"中解脱出来，即"把预定目标作为评价的标准，首先陈述目标，再依据目标搜集资料证据，然后查对结果与目标之间的符合程度"②。实体性评价改革既不能实现评价改革有效地推进学校变革过程，也不能在学校变革推进性评价实践中实现"成事"、"成人"的有机统一。

1. 选拔性评价体系与发展性评价体系的对立——评价改革自身的内因分析

自"应试教育"被提出后，人们普遍将学校教育改革艰难的原因归结为以高考、中考为核心的考试评价制度，认为教育评价存在着评价内容

---

① 张路雄．实现素质教育必须对高考制度进行根本性改革［EB/OL］．http：//www.chinaelections.org/NewsInfo.asp？NewsID＝94223．2006－08－16/2008－02－18．

② 李雁冰．课程评价论［M］．上海：上海教育出版社，2002：96．

的窄化、评价标准的唯量化、评价方法的单一化、评价主体的局限性等问题；更重要的是，以高考、中考为基础的教育评价制度过分地强调了甄别选拔功能。要改变此种状况，必须先改变评价制度。为此，当前在全国广泛推行的课程改革提出了评价改革的发展方向：以质性评价统整量性评价；评定的功能由侧重甄别转向侧重发展；既重视学生在评价中的个性化反应方式，又倡导让学生在评价中学会合作；强调评价的真实性和情境性；评价不仅重视学生解决问题的结论，而且重视得出结论的过程①。

（1）两类评价体系在评价功能上的对立

在某种程度上说，当前的基础教育中的课程评价改革是在与选拔性评价对立的意义上，特别强调评价改革应当弱化甄别选择功能、强化激励发展功能。在实践中更有甚者提出，取消过分注重选拔功能的、以分数或考试成绩为主要标准的传统考试评价——诸如高考、中考等。此种评价改革的认识和导向，引发了选拔性评价和发展性评价在实践中的种种矛盾。

首先，表现在课程评价改革中的形式化倾向。提倡改革者认为，我国现有的课程评价体系仍然存在着诸多问题，“如：过分强调评价的甄别和选拔功能，忽视评价的导向和激励功能；过于注重学科知识考核，而忽视对实践能力、创新精神、心理素质以及情绪、态度和习惯等综合素质的考查；评价方法单一，往往过多地倚重量化的结果，而很少采用质性的评价手段与方法，等等”②。因此，评价改革的思路受到存在问题的束缚，如为改变评价内容的窄化，就从拓展内容的角度去实施改革，想把素质教育多方面的要求充实到评价指标中去，要以学生的综合素质评价结果，来衡量学生是否达到规定要求或毕业标准；在评价方法上，针对定量评价为主的局面，改革就朝着定性评价的方向去做文章，如采用表现性评价、学生成长记录袋等积累平时表现的评价方法。此外，还采取了在学生成绩结果汇报上，不准公布学生成绩，采取等级制记分法；在评价主体上，采用多元主体，由学生本人、同学、教师和家长和学生重要他人所构成；等等。

---

① 钟启泉等．《基础教育课程改革纲要（试行）》解读［M］．上海：华东师范大学出版社，2001：286－289.

② 刘学军．课程评价的改革［EB/OL］．http：//www. zjsxzx. com/wlkc/kecheng/E－huanjing/1－2－8/mainxxnr1－4. html.

上述有关评价改革中，选拔性功能与发展性功能的对应式乃至对立式表达，导致实践者产生了这样一种错觉：只要有考试、分数等评价就意味着是选拔性评价，而采用综合素质评价、成长记录袋、多元主体评价、等级制记分等就意味着发展性评价。此种评价功能与评价形式的简单对应直接导致了形式化的追求。似乎只要运用档案袋评价方式记录了学生成长过程，就是在进行发展性评价，促进了学生发展。更为极端的表现是，有的教师都不敢采用以前已有的评价方法。例如，认为“评价不就是表扬吗”，那么批评就意味着是传统评价。故而在课堂教学中，“不管问题是否有讨论的价值，也不管小组是否在讨论，甚至也不管小组代表发言的内容，教师总是这样评价：‘好！’‘太好了！’‘不错！’‘真棒！’‘掌声鼓励！’平平淡淡，错误多多，却也好评如潮；没有真情激情，没有亮点精彩却也掌声阵阵”①。显而易见，当评价改革之“魂”不清晰时，评价改革只能在可见之“形”上做文章了。其结果不仅无助于改革的推进，同样无助于学生的真实发展。

其次，在课程评价改革实践中还出现了应付的倾向。在高考、中考仍然存在的前提下，终极的评价事实上依然是以考试为中心，发展性评价常常会成为点缀课程改革的“形式”。为理论界所大力推崇的发展性评价，在实践中大多处于“应付式”状态。例如，档案袋评价在学期中间阶段可以搞得有声有色，但是学期结束阶段对学生“成败”判定具有决定意义的依然是期末考试；原本应是对学生在初中阶段的学习过程进行常规评价的综合素质评定，但是在一些学校教师、学生却往往“共同协作”，在毕业前进行突击考察。“正因为如此，我们在综合测评中，经常会看到学校突击、老师突击、学生突击的现象，使综合评价流于形式，导致测评结果的失真。更重要的是没有真正发挥综合测评对教师教育观念转变的引导作用，没有发挥测评对学生全面发展的指向作用”②。这种“应式化”改革的存在还较普遍，尽管它的表现形式和方面会有所不同，但实质上都表

---

① 王保兵．课程评价误区及对策浅探［EB/OL］．http：//202.115.80.173：8080/was40/detail？record＝111789&channelid＝3240&back＝－2.

② 尹璐．关于初中生综合素质评价的几点思考［EB/OL］．http：//www.hfyhjy.com/ReadNews.asp？NewsID＝488.2006－06－05/2006－09－18.

现出评价改革的必要性和要求，没有深入到学校改革的主体之中，没有成为他们自觉的需要，它还是作为外在的、带有一定行政强制性的要求存在，在已成为强大传统的选拔性评价方式的压力前，显得苍白而无内动力，成为只是为应付而做的事情，故而不能实现期望的效果。

再次，问题还表现为选拔性评价的“变脸式”改革。传统的考试评价在课程改革中可以“改头换面”，如在有些取消统一考试的地方，以“抽测”或“质量监控”的名义进行变相的统一考试；在普遍要求等级记分制的评价改革中，很多学校采取“两种记分制并行”的方式，学校或教师为了应付各种选拔的需要，在学生素质报告单上采用等级制，私下仍采用百分制备作考选之用。这些问题的存在表明评价改革尚有很大阻力，并非一朝一夕可了之事。

（2）两类评价体系在课堂教学指向上的对立

选拔性评价体系和发展性评价体系由于在评价标准和评价内容上存在着差异，所以在课堂教学的评价指向上，也表现出了一定程度的对立。一般认为：以高考、中考等为典型代表的纸笔测验和考试，更多关注的是学生学业成绩，易忽视学生的综合素质发展以及多方面的发展潜能；主要考查的是学生的知识技能，难以评价其情感、态度、价值观；考查了学生的学习结果，忽略了其学习过程与方法。就学生的认知领域而言，选拔性评价大多测评的是基础知识和基本技能，不是高级思维能力、社会实践能力、动手操作能力、创新能力等。而课程改革中所要构建的发展性评价体系的着力点恰恰相反，它企图通过建立知识与技能、过程与方法、情感态度价值观的三维目标，全面评价学生素质，体现出评价的过程性、形成性和发展性。

因为考试评价的“指挥棒”导向作用，“考什么教什么、怎么考怎么教、考多难教多难”，所以两种评价体系给课堂教学打上了明显不同的“烙印”，以至被认为这是不同功能评价所决定的必然结果，甚至是其各自独具的课堂教学特征。在以选拔功能为主的考试评价体系下，课堂教学会表现出“应试”形态：基础知识的满堂灌输和死记硬背，教学重点、难点的强调和“题海战术”式的反复操练，以教师为中心的讲授式教学，对教学目标和教学进度完成情况的检测，等等。而发展性评价体系则期望课堂教学呈现出另一番景象：通过师生互动、小组合作等形式，营造宽松、激励的学习环境，注重学生的思维能力、创新能力、交往能力、合作能力的培养，注重学生积极参与学习、主动交往等情绪情感的养成，期望学生自己动手、动口、动脑并能够进行主动思维和自主学习。可见，在人们的认识中，两种不同的课堂教学状态分别对应于两类评价体系：只要存在着选拔性考试评价体系，课堂教学就必然处于“应试”状态；相反，只要有了“以学论教、以学促教”的发展性评价体系，课堂教学就能达到课程改革的标准、满足素质教育的要求。

上述种种认识上和现实中存在的矛盾在评价改革实践中或者显露于外或者深藏其中。深究之，它们所共同具有的简单对应原则，使得以教师为主要构成的实践者们“合理”地认为：完成了评价体系的转变，即评价标准、评价方法或方式、评价内容、评价主体等方面的评价改革，评价功能也就完成了转换，课堂教学也自然而然地相应发生课程改革所欲求的变化，学生、教师也由此而实现了发展。

实际上，发展性评价体系是在心理激励、信息反馈、自我反思的意义上实现发展功能的，而且也只是在教学导向、过程调控和条件支持的意义上促进课堂教学改革。如若脱离了教学过程本身变革，仅仅依靠评价功能的转换以及相应的评价改革，并不能保证学生真正地实现发展，课堂教学也不会自发地实现所期待的变革。因此，发展性评价功能不能和外在的评价形式简单地对应起来，而是应作为评价改革之“魂”渗透于评价改革之“形”中。而且，只有与学校教育改革或教学改革紧密结合，才能发挥促进评价的发展功能。同样，评价体系的改革与课堂教学改革也不能简单对应起来，当作线性的决定和被决定关系。

2. 教育改革与评价改革的对立——从评价改革的外在关联来看

评价改革尤其是高考、中考的考试改革，在学校教育改革中是“牵一处而动全局”的敏感神经。不仅如此，评价改革一开始就被推上了学校教育改革的风头浪尖，成为了矛头所向。在学校教育实践者看来，要在以高考为核心的选拔性考试评价制度存在的前提下，开展各种教育改革，就如同让人们“戴着镣铐跳舞”。因此，“取消了高考，才有真正的素质教育”、“评价不改，课改无法改”等，就成为了相当一部分人的强烈呼声、共同感受甚至是普遍认识。例如，“高考等于评价，而且是最权威的终极评价；高考有碍于课改，课改无助于高考；取消了高考，就可以放心大胆地搞课改和进行有价值的教育评价了”[①]。此种关于评价改革与各种教育改革关系的认识逻辑，又可细分为几种不同的观点。

（1）教育改革与评价改革关系的“龙头”说

随着基础教育改革的深入和推广，评价改革被认为是这一系列改革的“龙头”，人们把学生评价、教师评价的改革视作“动力杠杆”，想以此开启全面的教育改革。这是“龙头”说所关注的问题。实际上，近些年来，特别是基础教育新课程改革实施以来，我国基础教育在招生考试制度尤其是中考方面进行了一系列的改革探索。“从综合评价录取、等级呈现成绩、拓展考查范围，到合理分配招生名额、关注学生个性特长，再到改革考试内容等等”[②]，都旨在“打破以部分学科考试分数简单相加作为唯一录取标准的做法，关注综合素质和发展性目标，让学生有自我展示的机会和平台；为了引导创新精神和实践能力的培养，考试要关注研究性学习的成果，考查学生发现问题、提出问题以及分析、解决实际问题的能力。通过改革，要构建一个侧重发展、侧重综合、侧重过程、关注质性评价和多元评价的多元化、发展性的考试评价体系”[③]。总之，“龙头”说强调的是：教育评价的标准、内容的改变能规定教育、教学改革的方向。

（2）教育改革与评价改革关系的“瓶颈”说

“龙头”说是从积极意义上肯定了评价改革对于教育改革的导向作用，而“瓶颈”说则从消极意义上分析了现有评价体系对教育改革的制约作用。我国基础教育改革的逐步推进，使淘汰性和趋同性的考试评价制度存在的问题日渐凸现出来。滞后的评价标准、评价内容、评价方法与技术等不仅不能跟上课程改革的步伐，而且还与其要求背道而驰。《中国教育报》载：“一项对全国 30 个省份 246 位地县教育局长的调查显示，高达 78.33% 的局长认为，推进素质教育遇到的最大难题是‘考试评价制度改革’，改革现行考试评价制度是推进素质教育的‘最佳突破口’；有

① 王保兵．课程评价误区及对策浅探［EB/OL］．http：//202.115.80.173：8080/was40/detail？record = 111789&channelid = 3240&back = -2.

② 考试评价：多元改革期待“破冰”［EB/OL］．http：//www.edu.cn/20051116/3161070.shtml.

③ 同②.

74.38%的局长认为，在现有考试评价体系下推进素质教育，理论上可行，但操作难度很大，其中有五分之一的局长甚至认为根本行不通。”① 现行的考试评价体系因自身在评价标准、内容、方法等方面相对于教育改革的滞后性，被当作制约教育改革的“瓶颈”，甚至是改革难以顺利进行的“罪魁祸首”，所以，评价改革是课程改革的前提性条件，最好是取消现行的高考、中考等统一性、选拔性的考试制度。

（3）教育改革与评价改革关系的“后腿”说

与“龙头”说和“瓶颈”说不同的是，“后腿”说是在评价对教育改革负面后果意义上，表明了评价改革是教育改革的前提之关系。具体言之，在现行的以高考、中考为核心的考试评价制度不变的形势下，课程与教学若进行了改革就会使学生在考试上不能获得高分数，进而拖了学生发展的“后腿”、拖了教育发展的“后腿”。此种论说自“南京高考之痛”以后被社会日趋认同，颇有市场。高考之“痛”主要是“痛”在学生的考试成绩上、高考的升学率上。高考所施行的纸笔考试偏重于知识、技能的考查，故而以“加班加点”、“死记硬背”、“满堂灌”、“题海战术”为主要特征的、被称为“县中模式”的教育，反而有助于学生在考试中获得高分而进入高校。在一些人看来，不管用什么手段，能取得好成绩考上大学对于学生的发展是至关重要的。这是持“后腿”说的基本逻辑。

教育评价改革内部的两类评价体系的对立、评价改革与教育改革的对立，虽有内、外因不同之分，但两类对立中体现了它们共同的指向：评价改革的走向是通过弱化甄别选拔功能，凸现发展激励功能；试图主要通过评价标准、评价内容、评价主体、评价方法与技术等方面的改革，来促进学生、教师、学校的发展，促进教育与教学改革。更有甚者，将评价改革看作是教育改革的前提性条件；或者认为评价改革实现了，教育改革就没有问题了。但事实已经告诉我们并非如此，评价改革与学校教育改革的关系，依然是一个值得进一步深入探讨的问题。

3. 实体性评价改革中预设性思路及对策

上述评价改革问题的分析表明，当前我国有关教育评价改革倾向性认

---

① 考试评价：多元改革期待“破冰”[EB/OL]. http：//www.edu.cn/20051116/3161070.shtml.

识所存在的问题，在于人们将评价改革视为教育改革的前提条件，视双方关系是前后关系、决定与被决定的关系。这势必将评价改革与教育内部变革过程割裂开来，孤立地分析教育评价内部要素的结构性重组。人们采取了标准本位的实体性评价改革的研究思路和对策，并未在与教育改革的关系中进行评价改革的考察。因此，形成了以“标准本位——方法中心——制度保障”为内在逻辑的实体性评价改革。

（1）标准本位

从国家层面的招生考试和毕业考试中的考试科目、内容范围、题型规定等，到学校内部的学生评价和教师评价中的课程标准、评价内容、发展目标等，所有层面的教育评价改革实践中，首当其冲的往往是预先重新构建一套评价标准、指标体系，这种现象在当前的基础教育改革中普遍存在。例如，为了使教育评价改革能够对课程改革进行指导，发挥导向作用，课程标准、考试标准、课堂教学评价标准等迫切需要在改革之前进行预先设计。这些标准通常主要是借鉴和追随发达国家现成的、固定的标准，或者通过对教育理想和目的进行演绎推理形成要素化、条目式的标准，或者通过增删、修订已有的评价；大都是依据分项测评理论对教育目标进行逐层分解，通过标准的变换或增删，形成具体化可测量和可观察的行为化指标体系或评价表。如此的新评价标准就会出现“拿来主义”、“千人一面”、“过分柔性”、“不切实际”、“目的模糊”、“不甚理解”①等问题；更为要害的是，预先设定的评价标准是潜在地将评价对象作为固化的、定型的实体性存在，先在地框定了学生、教师的发展。因为发展性评价设定了“指标—量化—判断”的评价模式，强调评价指标体系的行为化和可测性，注重数量化的结果，所以学生、教师都是逐项对照评价指标检查目标达成度，并由此走向由评价标准所规设好的发展模型或成长轨道。

（2）方法中心

教育改革中评价标准可以具体表现为考试纲要规定的考试科目、内容范围、能力水平、题型设计等；也可表现为理论抽象层次的评价内容、目

① 王斌华．教师评价：绩效管理与专业发展［M］．上海：上海教育出版社，2005：74－77.

标规定，具体实践层次的评价范围及其构成部分、具体要求，实际操作层次的评价指标、评价准则、行为特征等。这些标准都决定着评价资料的性质和收集方式，甚至直接渗透于评价方法的具体要求之中。因此，评价标准的改变必然引发评价方法、操作技术的更新，形成一种新的评价方法体系。这在学校教育内部的学生评价和教师评价中表现尤甚。

在国家层面的考试改革实践中，高考的标准化改革使得考试对学生成绩评定、学业判断更为客观、科学。在学校教育内部的发展性评价体系构建中，为了全面测查教师和学生的发展状况，多渠道收集大量的反馈信息，学生评价和教师评价都在积极突破传统评价量化为主的局限，尝试着由国外引进的质性评价方法及其具体的操作技术，构建新的评价方法体系和模式。首先，评价主体的多元化，被评价者也应当成为评价主体，因而除了他评之外还可以进行自我评价，以进行自我反思、自我完善。其次，评价方法的多样化，进行量化评价与质性评价的统整，因而除了考试、依据评价表进行评分之外，还可以运用档案袋评价记录和反思自身的成长过程、课堂观察描述行为特征以明晰自己的优缺点，通过个案分析进行深入诊断或交流讨论，等等。这些是评价方法体系改革的主要方面。在学校内部的评价改革实践中，新评价方法的过分强调和极度推崇，使方法中心主义时有发生，好像方法或以方法为中心的评价模式的改变，就能彻底实现评价功能变革以至教育改革。当然，方法中心主义还极端地表现为对量化传统的固守，将所有纳入评价指标体系的定性描述的质性评价资料都简约为分数或等级。

（3）制度保障

实体性评价改革更多强调的是以评价标准、评价方法为主要构成的评价制度建设。“教育评价制度是以某种教育评价模式为核心而建立起来的一种严密的对评价对象及评价自身进行价值判断的规则体系”①，主要是由规章系统（即以一定的理论基础为依据规定某种评价活动的宗旨、目的、评价主体和评价对象以及评价范围）、操作系统（为人所普遍接受的科学评价方式、方法、程序和工具）、组织系统（具有一定约束力的管理或指导机构）、再评价系统（对评价活动的科学性、有效性、适宜性和现

① 瞿天山．教育评价学［M］．武汉：武汉工业大学出版社，1992：314．

实性诸方面进行系统评判）四个层次系统有机构成的。发展性评价体系建设就是通过评价制度，保障在评价标准和评价方法改革的基础上实现评价活动各个方面的变革，建立以促进学生发展为目标的、有利于促进教师职业道德和专业水平提高的评价体系。如，为了规范初中毕业考试和普通高中招生制度改革，要求通过制度建设来体现公正、公平、公开，通过严格的公示制度、诚信制度、监督制度和评估监控制度等予以保障。

4. 实体性评价改革在功能上难以满足推进学校变革的实践需要

基础教育转型时期，学校整体变革（学校管理）中和班级层面改革（课堂教学和班级建设）中的各种内外关系，都被置于学校教育中的主体（如教师、学生、校长等）及其变革实践之中。新型学校和课堂教学的新质因此在变革实践的各种复杂关系中逐渐显现。同时，基于实践思维的改革思路，既要研究新型学校、课堂教学等方面的特质和基本原理，也要探究蕴涵于其中的复杂的内外关系。基础教育转型必然向现有的教育评价功能体系提出极大挑战，它首先聚焦于评价功能的转换上。

学校转型时期的评价功能应该是什么？此问题深刻表达了基础教育中的改革者、研究者对评价的实践需求。在学校转型性变革过程中，各级教育行政管理者、教育理论工作者、以教师为主体构成的教育实践者投入地参与学校变革实践，在研究变革过程的协商、互动关系中，逐渐成为名副其实的教育变革者和教育研究者。因此，参与学校研究性变革的实践者们基于研究变革的评价目的，迫切需要教育评价能够直接指向学校变革过程，发挥推进转型、成事成人的新评价功能。

但是，实体性教育评价改革的内在逻辑在很大程度上决定了结果指向的评价作用机制，其中也深刻表明了实体性评价功能变革思路的局限：即认为促进学生或教师的发展，可以孤立于学校变革过程而取决于标准本位的实体性评价改革。发展性评价体系的功能发挥需要预先设计评价标准，据此将评价活动直接指向全程性的总体结果或阶段性的局部结果，并在比较的基础上进行全面分析，以在心理上对教师和学生进行激励和学习动机的激发，对他们的发展过程进行监控，形成他们的自我意识。这一切都需要关注评价内容的全面性、评价方法的多样化、评价主体的多元化和评价的教育性与发展性。这一结果指向的评价作用机制，继承了实体性评价改革思路：在割裂教育评价与教育改革的基础上，只需要通过教育评价自身内部的评价标准、评价方法、评价内容、评价主体的改革就能实现发展性评价体系的功能转换。

尽管发展性教育评价功能系统已经发生了结构性变化，但是，相对于学校变革而言，其功能系统并未能在评价改革和学校变革的交互作用、双向建构中，产生为教育变革者、研究者所需要的推进性功能转换。具体言之，这主要体现于以下三个方面。

（1）在评价目的上没有真正体现教育评价的“成事”、“成人”的统一

实体性评价改革在标准导向、方法科学的基础上，通过教育评价内部的标准、方法、内容、主体的改变和重组，试图实现人才选拔、教育管理、学校教育的评价目的。但是，与学校变革割裂的实体性评价难以进入变革实践，不足以揭示学校变革过程中课堂层面的教学变革和班级建设中存在的问题，对于推进变革而言，缺乏针对性、缺乏基于实践可行的建设性、缺乏过程与关系的把握；不能研究变革过程中的教师、学生、研究者以及他们之间在研究变革过程中所形成的各种关系。学校转型时期的教育评价改革，尤其应当关注学校变革过程并研究其中的各种关系，在与学校变革的随程推进中实现其“成事”、“成人”之目的。

（2）在功能主体上没有真正体现改革实践中变革者和研究者的评价需要

就评价功能主体而言，其构成主要有教育需求者、教育管理者、教育实践者、教育变革和研究者五类人员。在实体性评价改革中，各种社会利益团体或个人，各级教育行政管理者、教师、学生、教育理论工作者，都能以功能主体的身份进入评价功能体系之中，但他们却只能成为教育需求者、教育管理者、教育实践者，表达了人才选拔和资格认定、教学监控和教育监督、自我意识和促进发展的评价需要。他们因未能在学校变革的实践中真正成为教育变革者和研究者，故不会产生指向变革过程的研究变革及推进转型的评价需要。

（3）在功能对象上没有真正关注学校整体性变革过程

在实体性评价改革中，评价功能对象主要集中于社会利益团体或个人、学校教育内部的教学或其他教育活动、教师和学生。更为要害的是，实体性评价改革将上述的所有功能对象，视为与学校变革过程不相关联的

实体性存在（具体表现为用预设的评价标准来规定其发展模型和理想的最终结果），并采用静态性的结构分析对孤立的功能对象进行要素式分解；只能关注功能对象的结果状态——主要是全程性的整体结果和阶段性的局部结果，在与预定标准比较的基础上，发现和诊断教学过程或师生发展过程中存在的问题，继而作出信息反馈、过程调控。因此，学校变革过程及其中丰富的交互作用和互动关系未进入评价功能对象之中，学校变革过程中涌现出来的新质和新形态要素，教学过程展开的新内在逻辑，教师在变革中的成长过程以及师生在校生存方式的转变等都不能成为评价功能对象。

在发展性评价改革中，结果指向的评价作用机制和割裂式的评价改革策略，在很大程度上不能直接作用于学校变革。因为评价改革脱离了学校变革实践，评价功能也不是作用于学校变革过程，所以，评价改革往往游离于教育改革过程之外，不能触及深藏于学校教育中的传统评价观念、行为习惯，往往成为传统评价之上的改革“负担”；难以形成推进学校转型的变革研究作用机制，难以成为学校变革过程的重要构成和学校转型性变革过程的推进力量和策略。

三、我国基础教育评价积弊根源的多维剖析

我国基础教育评价积弊的形成既有评价发展历程中的历史承继，也有评价改革中的当代演变；既有评价理念的理论引导，也有评价实践的现实情势；既有评价自身的内源性操作，也有评价环境的外源性条件，等等。诸多因素在不同程度上促成了基础教育评价积弊的表象及其问题实质。为了能在根源上探究评价积弊的深层原因，有必要从不同维度，在不同层次上对此进行解剖。

（一）基础教育评价积弊的根源之一：工具理性评价观念的移植

在科举制下，我国的基础教育评价有着丰富的实践和经验。但是，被誉为“科学”的教育评价、教育测量的理论体系是在近代才从西方国家传入中国的。随着多年的评价改革与发展，我国在介绍、引进国外的评价

理论、评价技术后，逐渐完成了教育评价的科学化改造。在此过程中，西方评价理论与实践中的“工具理性”也随之被移植过来，逐渐植根于评价思想的深处，潜移默化于人们的思考、行动之中。这是基础教育评价积弊形成的思想根源。

1. 教育评价的科学化历程

在科学化历程中，考试作为一种教育评价被引入了教育领域。它是有效地实施教育选拔和管理的不可或缺的评价方式，并已成为各国教育的普遍现象。大多数国家都在实行着大规模的标准化考试，诸如毕业（证书）考试、学位考试制度和大学入学考试制度等，于中国则被称之为基础教育评价和高考。它们凸现了标准化考试作为一种教育评价对教育选拔和管理的关注。正因为教育选拔和管理的需要，教育评价应当公平化、客观化和科学化，由此进入了测量和测验时期、描述时期。细究其中，旨在选拔和管理的教育评价在注重终结性评价中力求工具性的效力——客观性、准确性、可比性、信度、效度等，以实现对被评价对象进行有效的选拔和管理（在一定意义上实为控制），积极模仿和采用自然科学的实证方法，以“纯粹价值中立”为依规，但对这一信念的过分强调，使评价实践在一定程度上走向了极端：数字在评价中的滥用，以量性评价排挤质性评价，以确定性研究范式解释不确定性现象，然而正是基于此，选拔性评价和管理性评价在推崇量性评价中树立了“科学主义”的权威。

（1）考试的早期演进

为了能更深入地理解教育评价的科学化历程，我们首先须考察社会选拔性考试，它在一定程度上可以被视为教育评价在社会层面的延伸。众所周知，考试肇始于中国。在上古时期，“考”、“试”旨在举贤能之才。其后，中国的选士制度由征辟和察举制、九品中正制逐渐发展和完善为科举考试制度。科举制进行分级和分科考试，根据成绩选拔人才，因此它作为“量才尺”杜绝了“人事因缘”和“属托之冀”，能更为公平、合理地测度甄别人的知识和才能以选贤举能，被视为“至公”的评价制度。经过不断的发展，英国于16世纪借鉴科举制的经验，建立了文官考试制度。考试成为能够衡量物体长短的“准绳”一样精确、客观地测量人才的知识、能力水平。此后，在自然科学尤其是数理统计学的支撑下，考试逐步走向科学化的道路，从而在教育评价中获得了支配的地位。

（2）大规模的标准化考试

大规模的标准化考试是一种运用预先设计好的标准方式，对学生的行为样本进行施测和评分的系统，在组织考试范围、方式、数量、影响等方面超过了其他的一般考试，能很好地满足选拔性评价和管理性评价的要求。标准化考试一经创制就受到教育管理者的推崇。他们以常模为参照对学生的考试成绩进行比较和判断，进而对教育方案、学校和教师的工作或学生所获得的知识和技能作出合理的评价。

标准化考试在教育中的作用是相当明显的，它可以用于追求教育的公正，也可以用于改善学校和教师的教学，提高学生的学习成绩。但在“为了评价的教育”中，标准化考试往往因教育选拔和管理的需要而被滥用于评价学校的教育质量、教师的教学水平以及教育的其他方面，作为唯一的评价手段，被视为解决教育问题的万灵药，又给教育带来了诸多的负面影响。基于大规模的标准化考试因着“应试教育”的需求，在一定程度上损害了高质量的课程与教学，使课堂教学仅仅成为考试的准备过程，成为学生进行大量模拟测验和反复操练的场所。

2. “科学主义”教育评价中的工具理性

（1）教育理性化及工具理性

在后现代思潮的影响下，教育领域中的后现代思维和批判方兴未艾，直指教育的理性化——即一种与教育现实相联系的、以（合）理性为基本特征的思想态度和行为方式。马克斯·韦伯（Max Weber）认为，“所谓理性化，其基本含义是指理智的思考与计算”①。韦伯在对社会行动进行分析时，进而将合理性行动区分为工具（目的）合理性和价值合理性两类。关于工具（合）理性，即“目的合乎理性的，即通过对外界事物的情况和其他人的举止的期待，并利用这种期待作为‘条件’或者作为‘手段’，以期待实现自己合乎理性所争取和考虑的作为成果的目的”②。因此，工具理性行动是根据目的、手段和附带后果作为行动的取向。

---

① 陈嘉明．现代性和后现代性［M］．北京：人民教育出版社，2001：140.
② 同①.

如果理性化被视为一种过程，那么，教育理性化实为工具理性逐渐扩展直至压倒价值理性并占据教育各领域的主导地位的过程。在教育实践中，教育理性化实质上内蕴着强大的逻辑推理之力量，推崇以数学和准确而又合理的实验为基础的自然科学。当教育科学与技术结合起来时，理性机制化了，从而导致了教育的科学世界观图景，并成为决定理性教育命运的力量。在教育理性化的过程中，工具理性已不知不觉地成为教育评价的一个深层的理论基点。基于教育理性化的工具理性评价观深刻影响着基础教育评价实践。

（2）工具理性评价观

工具理性评价观只关心教育评价的工具领域，追求教育评价的工具效率，关切教育评价的手段适用性。“随着人们对科学、技术的一定掌握，对自然界和社会有了一定的改造能力，人们日益关注对自然、社会进行控制，这是20世纪人类文明的一大痼疾，即工具理性（又称科技理性）的膨胀”①。可见，工具理性的教育评价体现的是一种权能，无论这是个人权能，还是社会权能，其共同点都是追求通过评价技术手段来进行控制，并将某一教育评价理论或实践的价值判断归于是否有用，是否满足个人或社会的要求、欲望。杜威在其工具主义的“真理”论中就说：“所有概念、学说、系统，不管它们怎样精致，怎样坚实，必须视为假设，就已够了……它们是工具，和一切工具同样，它们的价值不在于它们本身，而在于它们所能造就的结果中显现出来的功效。”② 工具理性评价观注重教育评价的工具作用，只考虑怎样有效地完成目的，而不会对所要达到的目的进行价值判断。工具理性评价观将基础教育评价视为一种目的——结果取向的评价，理解为评判和监控学校教育教学的工具。

工具理性关注评价的工具作用和有效性，极大地推动了教育评价的科学化进程，评价由此也就变得简便易行、适于操作、公平合理。但是，基础教育评价中工具理性的最大缺陷为：不关心评价目的之合理性，在实践中使基础教育评价的真实目的发生了异化，深层次地体现为人的客体化。“社会生活越来越技术化、效率化，人成了技术的一个环节，而不再是历

① 钟启泉．课程设计基础［M］．济南：山东教育出版社，2000：150.

② 同①，70.

史、传统和文化的创造者，不再是具有超越意识的主体”①。工具理性在理解和使用不当的情况下，也会使基础教育评价带有技术控制和理性化的特性，缺乏主体性的关怀；进而将其所作用之物，乃至人都纳入了客体之中，并对此进行改造、控制。由是观之，工具理性很容易注重基础教育评价的表象目的，并由此将基础教育评价视为控制工具，忽视人的主体性和创造性。

3. 基础教育实体性评价的目的迷失

如前所述，工具理性的特点在于不对目的进行价值判断，只强调和关注工具的功能和作用的发挥。纵览我国基础教育评价实践及其改革历程，就会发现这一点不仅没有引起实践者的关注与反思，而且在一定意义上完成了真实目的之异化。作为行政管理手段的基础教育评价合理的真实目的是什么、手段是否能满足实现真实目的的需要、手段是否指向并有效地服务于真实目的，在多大程度上实现了真实目的……所有这些在很大程度上，不是被忽略，就是被扭曲了。因此，在基础教育评价实践中，人们总是有意无意地将教育视为取得良好评价结果的手段，进而获得物质利益、社会地位以至改变命运的手段。这一切使得评价倒置为目的、教育倒置为手段，进而成了“为了评价的教育”。

迷失了真实目的的基础教育实体性评价，或者被狭化为价值中立的工具，热衷于工具自身技术指标的追求，热衷于工具效率和手段适用性的追求；或者被当作管理控制评价对象的一种有效手段加以运用。在评价实践中，为了获得一组可使用的行为目标，评价人员需要选择并制定适当的目标。很明显，一个方案的所有目标是无法完全被评价的。因此，要对目标进行选择和规范：包括初步的目标选择，即应该从课程、学习以及发展理论的观点；将方案最重要的部分加以明确，并以行为动词表达出来；把模糊的一般目标细化为可测量的行为目标是关键性的步骤等。但是，以行为词语叙述目标大部分是认知领域的教育目标，并且是那些能够外化为行为、被观察和测量到的目标，这些目标又往往局限于认知领域中的低层次目标。而一些重要的目标，特别是教育教学中不易被行为化的部分，如态

---

① 钟启泉．课程设计基础［M］．济南：山东教育出版社，2000：158.

度、情感、欣赏、鉴赏、反思等往往被忽略。如果评价目标选择所受的限制太多，那么，一种更实际、更开放的评价就没有机会出现。结果，评价就只在最初选出来的目标内打转，导致教育、教学只偏向选出的目标去发展。最后，又为了评价上的一些要求，不得不缩小教育方案，扼杀了教育活动中的创造性。

缺乏对工具理性的反思，使基础教育评价偏重了工具价值，而忽视了主体价值。但从根本上说，主体价值与工具价值都是不可或缺的，两者应有机地统一起来。如果我们在反省状态中全力以赴地发掘基础教育评价的真实目的，那么，就能有理、有据、有节地走出工具理性的樊篱。基础教育评价的改革也就因此而成为有源之水，充满生机和活力。

（二）基础教育评价积弊的根源之二：实体思维的评价体系规设

1. 基础教育评价中的“实体思维”

工具理性的评价观念在评价实践中以“实体思维”渗透于评价体系，以“预设性”思路和对策对评价标准、评价方法等方面进行规设。在实体思维下对评价体系进行预先的理想设计，自然导致了评价改革及其发展与现实的教育改革实践互相裂离，而且在很大程度上框限了学校变革的进程。

基于科学主义的“为了评价的教育”的实体思维方式的总特征为：“二元论或主客二分，即把主体和客体、人与自然或心灵和世界先在分开，认为二者处于彼此外在、互相封闭、各自独立的对立关系中。”① 在选拔性和管理性评价中，人们抽象掉了评价对象中的一切精神的东西，一切评价实践之物所附有的文化特征。基于科学主义的教育评价，此种抽象结果是使其中的事物成为没有人或精神的纯粹物体，这些物体被当作具体的实在的客观评价对象，而它们的总体就是评价所要追求的量化或数学化的教育世界。这造成了为了评价的教育世界的特有的分裂，教育评价对教

① 李文阁．回归现实生活世界——哲学视野的根本置换［M］．北京：中国社会科学出版社，2002：38.

育生活的遗忘和抽象，即把从教育现实生活中抽象出来的东西作为教育的本质、真实，而把评价的现实生活世界贬为现象、虚幻。可见，在“为了评价的教育”中，基于科学主义的教育评价的主客二分就是对教育生活的遗忘，因为它割裂了在教育评价生活中原本内在统一的主客体关系。

2. 基础教育评价中的标准预设

在不同领域的教育评价实践中，评价标准都具体地表达为相对完整的评价指标体系。“指标系统是目标的具体化，是对目标的分解。设计指标系统的问题说到底是对目标的分类与把目标加以具体化、行为化的问题。规定评估的指标就是规定评定哪些因素，不评哪些因素”①。为了使指标与目标相一致，可以通过分解目标的形式以形成指标系统，即组织经验丰富的理论专家和业务骨干对构成目标以及影响整体目标实现的各种因素及其关系系统逐层进行细致分析，把总目标尽可能地分解开来，同时在分解目标形成指标的过程中还可在目标与指标之间设置若干中间过渡环节。具体言之，“分解教育目标，形成标准体系的具体方法是：首先是把总体目标作为最高层次的因素，从这一因素，分解出层次因素；尔后依次分解，一直到末级因素达到直接可测的要求为止；最后将这些一级一级的因素组合起来，就形成了一个标准体系”②。在此基础上，相关人员或评估组据此草拟出评价标准，并通过召开座谈会、访问调查、问卷调查等方式进行修改、增删、合并以使其完善起来。

以上过程集中体现了结果指向的评价标准设计思路：理论研究者和实践工作者在教育改革之前主要通过“目标分解”方式，在自己的观念中预先设计、逻辑推演出变革或发展将要达到的理想状态。因此，在不同时空背景下开始新的教育改革之前，只需参考已有成功经验就能预先设计出评价标准，而不必考虑此次改革所处的社会、历史条件以及实际实施过程，即评价标准设计在时间维度上可以“沿袭旧制”，在空间维度上可以对别国经验采用“拿来主义”，在不同情境中可以进行“统一化或标准化”处理。它们都在本质意义上寻求普适性的一般性特征或要素。总之，

---

① 陈玉琨．教育评估的理论与技术［M］．广州：广东高等教育出版社，1986：45．

② 翟天山．教育评价学［M］．武昌：武汉工业大学出版社，1992：151－152．

结果指向的评价标准设计，完全可以在变革开始之前通过理论演绎预先构建。然而，任何教育改革都体现了特定时期的社会、经济、政治和教育的要求，而作为改革者的价值追求以及在此价值取向下新“型”教育之特质，都是在变革过程中逐步呈现或创生出来的。预先设计的评价标准在脱离变革的实际状况下，就可能在理论层面上成为一种理想状态。如此评价标准难以内涵变革者自身所亲历的、丰富的实践创造和理论研究。标准向实践者提出的是外在要求，而非他们日常教育、教学实践的内在标准和行事依据。脱离了变革实践的评价标准设计，通过预设结果先在地用逻辑思维规设学校变革的实践思维，就可能限制教师的生命创造，甚或使得他们在学校变革中“主动”地进入束缚生命的架轭。教师往往只是对照着标准的各项要求，在课堂教学中进行着“应式化”的逐项落实。当前教育改革中众多的“形式化”倾向就是这一弊端的集中表现。

（三）基础教育评价积弊的根源之三：“人”、“事”分离的评价机制运作

在基础教育评价中，旨在选拔与管理的传统评价无疑特别强调高利害性的评价结果，诸如个体的考试分数或成绩、排名等级，群体的平均分、升学率等，以此从不同途径作用于被评者或学校教育中的实践者。就其内在机制而言，主要是通过评价结果的比较，让人们在心理上能够激发自信，并由此获得精神动力；或者通过评价结果的信息反馈，促进自我反思以前的教与学的过程是否存在可取之处或不足之处。此外，在当前的发展性评价体系构建中，尽管作为价值客体的学生、教师处于被评者地位，但是他们既可以成为评价主体也可以成为价值主体，自主地进行着自我判断、价值选择，即依据共同协商的评价标准进行比较，以考查自身的现实状态和目标达成度——这可能是结束阶段的结果也可能是中间阶段的结果，进而由此产生心理激励、过程调控、自我反思的作用，故称之为结果指向的评价作用机制。

1. 教育评价的心理激励作用机制

教育评价本身不是目的而是手段，即通过评价建立心理激励机制，激发教师和学生的积极性。美国管理学家 Berelson 和 Steiner 给激励下了如

下的定义："一切内心要争取的条件、希望、愿望、动力等都构成了对人的激励……它是人类活动的一种内心状态。"① 人的一切行为都是由某种动机引起并受其支配，它对人的行动起激发、推动、加强的作用，因此称之为激励。

教育评价除了物质、金钱、名利等外在奖励外，更重要的是内在激励，即自我激励。当将评价结果与预定的评价标准进行比较，若发现与别人和理想目标的差距，获得否定性评价，从而认清自己的不足，能"知耻而后勇"；若发现优于他人或达成预想的目标，获得肯定性评价唤起个体强烈的成就感，激励自己争取向更高标准前进。此外，教育评价可以形成教师和学生的发展需要并使之得以满足，从而成为一种心理激励过程。其作用就在于：依据评价标准对教师和学生的良好发展状态给予及时肯定、及时强化；对他们在发展过程中存在的问题给予及时否定，及时纠正。这恰恰能满足教师和学生的发展需要。因此，教育评价可以帮助教师和学生根据绝对标准、相对标准和内部标准对自己发展过程中的各阶段结果进行持续不断的比较、判断，充分地调动自身的内在积极因素；而评价者也可以由此充分肯定成绩，诚恳地、恰当地指出缺点，中肯地提出建设性意见。

2. 教育评价的过程调控作用机制

教育评价是提供信息反馈并据此进行决策和监控的过程，正如斯塔弗尔比姆所言"教育评价不是为了证明，而是为了改善"。其实，泰勒早在"八年研究"的过程中就将目标确定、内容选择、内容组织、教育评价视为课程与教学计划的信息反馈、不断修订的循环回路。因此，"课程设计是一个连续的过程……它有一个重新设计、重新开发和重新评价的过程。在这个连续中，课程与教学计划就能年复一年地得到改进"②。可见，教育评价就是在预先设定评价标准的基础上，将学生在学程结束后的学习结果和发展状态与之进行比较，由此描述两者之间的差异程度以形成信息

① 陈伟功．发挥发展性教师评价的激励功能［J］．教育理论与实践，2003（10）：17.

② Ralph W. Tyler. Basic Principles Of Curriculum and Instruction［M］. Chicago：The University of Chicago Press，1949：123.

反馈。

尽管这是典型的终结性评价，但其中的信息反馈机制却也适合于形成性评价。形成性评价与终结性评价的最大区别在于，它将评价活动置于人的发展或计划形成过程之中，指向了中间阶段的结果。就形成性评价而言，信息反馈机制具体化为“目标—实施—评价”三者之间的相互联系、相互制约。“目标不仅是实施的指南，也是学习评价的重要依据。教学实践活动一方面为评价提供了样本（对象），另一方面也充实、完善了目标。评价既可以判断目标的正确性、可行性和实现的程度，也能反馈控制整个教学活动，并起到调节的作用”①。因此，形成性评价中的信息反馈机制能够有助于学生调整学习活动、发现存在的问题、获取矫正学习的处方等。教育评价通过信息反馈进行过程调控，无论是形成性评价抑或终结性评价都是在结果和标准比较的基础上描述目标达成度、与标准的差异或偏离程度等，将此信息反馈至人的发展过程或教育、教学活动中，使得主体的活动在不断矫正、不断调整中持续朝向预定的标准发展。

3. 教育评价的自我反思作用机制

自我判断的教育评价就是个体依据一定的价值标准进行选择、比较和协商、建构，是个人进行自我反思、自我完善的一种自我意识活动。就教育评价而言，自我反思机制的形成需要个体在主体参与和交互作用、关系互动中，凭藉他人评价进而内化，学会自我评价。在教育评价活动中，教师和学生要积极参与相互之间的交流以协商评价标准设计、评价任务选择、评价方法分析，参与评价任务中的问题解决过程、同伴评价和自我评价、评价结果的解释和原因分析以便进行相互学习并多方面认识自己。

可以说，个体作为主体参与及与不同个体之间相互交流（应成为个体的一种自主行动）为实现评价内化提供了重要的前提。在他人评价或同伴互评中，每个人都是依据相应的具体标准对别人的发展状态进行评析、问题诊断、结果分析等活动。这实质上是内化外在标准和评价程序的过程，是清晰自己头脑中的评价标准和评价方法并加以结构化的过程，是形成自我评价能力的过程。在评价内化、标准形成的过程中，教师和学生

---

① 翟天山．教育评价学［M］．武汉：武汉工业大学出版社，1992：49.

逐渐依据已经内化的评价标准设立明确的发展目标，适时地将自己的阶段性结果与之比较以分析自己的优势、存在的问题，并采取合理的措施或加以解决或修订，从而实现自我更新。

综上所述，结果指向的评价作用机制是在对评价结果进行信息处理的基础上，通过不同途径直接作用于被评者——学校教育日常教育实践中进行主体参与、自我判断的人，以此达到促进人的发展和提升的目的。事实上，人的发展更重要的是他在“做事”的过程中通过理论学习与思考、实践参与、总结提升、反思重建等活动而努力实现的。这显然是结果指向评价机制难以企及的。

（四）基础教育评价积弊的根源之四：“行政主导”的评价制度沿革

“行政”一直是中国基础教育评价制度中的主要特征，它是基础教育评价外部环境的重要基石。从历史来看，科举制度是封建社会人才选任的主要方式和途径，集中体现了国家治理的政治需要。无论科举制度与学校教育评价制度采取何种结合方式，国家相关部门都通过行政方式体现了对学校内部的评价活动的强力控制。直至现在，尽管基础教育评价制度中的行政控制已经在体制意义上进行了合理的改变，但是“行政”仍是评价制度中的主导因素，集中地体现于评价组织结构、评价实践活动、评价人员关系之中。评价制度中“行政”根源的剖析是从外源因素解读基础教育评价积弊不可缺少的维度。

以选拔、管理功能为主旨的基础教育评价是建立在“行政主导”评价制度的基础之上的。即使在当前的基础教育改革中，发展性评价体系的构建仍然未能有所改变。就评价制度而言，它意味着评价活动中，各种类型或性质的组织（机构）以及相关人员在交互作用与相互关系中所遵循的约定俗成的行为规范、规则、法律等。在行政主导的评价制度中，教育评价主要是由教育行政部门组织的自上而下的各种类型的评估、鉴定、督导、检查等评价工作。显而易见，基于教育行政的权力、管理、控制、选拔等无疑是行政主导的教育评价制度的根本之所在。

1. 行政中心式的评价组织结构

在基础教育评价实践中，政府部门、学校教育、社会中介机构等共同构成了组织结构体系。但是，此种评价组织结构的内在特征就是“行政中心”。就评价实施者而言，尽管各级教育行政管理部门、教育评价中介机构、学校都可以在一定程度上承担着评价工作，但是评价中介机构和学校都是行政隶属于教育行政部门的。第一，学校行政隶属于教育行政部门，必须在评价实践上接受教育督导部门的办学监督、指导，以及教育行政部门指令安排的各种检查、评比。第二，教育评价中介机构未能独立于行政管理部门。我国随着评价制度的建设，逐渐形成了教育评价研究协作小组、教育评估事务所、教育评估院等评价中介机构，成为了政府进行宏观管理以及缓解政府与学校之间矛盾与冲突的监控、协调结构。但是，它们仍然是受到政府支持的半官方机构，与各级教育管理部门有着行政隶属关系。第三，即使在学校实施的评价活动中，校长及中层领导对教师的评价也有着强大的行政影响力。

行政本位的评价组织导致了教育评价的非专业化，这是“行政中心”的最本质特征。在各种评价活动中，作为评价者的评价人员多为管理部门的行政领导。他们可以保持着对被评者的行政权威，但却没有达到专业评价人员的从业知识、技能、态度、伦理和行为准则的要求，也没有形成某一方面的专业知识、能力，因而缺失了专业权威。因此，评价活动也就不能成为专业化实践，即不能依靠专业人员在专业理论指导下，通过专业技术和工具，按照专业化的程序设计有效、合理地开展评价活动。

2. 行政指令式的评价实践活动

现有的基础教育评价活动，主要是由行政部门通过工作计划或指令自上而下推动的。此种行政指令式的评价活动安排，其本质就是“管理者的权能”。第一，管理者的意志表达。往往依据统一的工作计划、管理需要，开展相关的督导、检查、评比等评价活动。在此过程中，管理者通过各种方式将自己的意志转化为评价目的、评价标准，进而通过评价程序安排掌控评价活动，他们并不谋求学校或教师的共同参与。因此，学校或教师在评价实践中总处于被动应付的地位，主动参与的积极性受挫，表面参与而实为敷衍应对。第二，基于利益驱动的奖惩决定权。为了通过评价活动实现有效的管理，教育行政部门将评价结果和物质利益有机结合起来，通过利益调整推进评价工作。对学校或教师进行评价时，等级评定、优劣区分就与奖惩挂钩，由此以评价结果的高利害性增加评价的外在驱动力，使人们在实际利益的追求下进入教育管理体系中。第三，统一规范、强制性推动。在评价活动中，管理者总是根据管理工作的需要，制定了统一的评价方案、指标体系等，以便规范评价活动。但这显然脱离学校的实际情况，缺乏针对性。如果评价实践不能从学校的发展现状出发，制定个性化、专门化的评价方案，那么评价带来的将更多是无效、约束、工作负荷以及对发展的阻碍。

3. 行政服从式的评价人员关系

评价人员即评价活动中的所有参与者，主要包括各级领导、行政人员、教研人员、专业实践者、教师、学生等；与此同时，他们当中有的是评价委托人，有的是评价者，有的是被评者等。可见，评价活动中各种类型的参与人员，由于不同的身份，处于不同的地位，在交互作用中构成了复杂关系。但是，最具决定性的也是最具威慑力的是因行政权威而致的服从关系，这是行政主导评价制度的基础。多数情况下，管理者作为评价者处于评价的主导地位，而教师等实践者作为被评者处于被动地位。这就构成了评价活动中主要是以命令与服从为原则形成的自上而下的控制关系，导致评价者与被评者在评价过程中难以实现有效沟通与交流，评价者往往忽视被评者的存在，忽视被评者的主动性、创造性；被评者则易在行政权威前表示服从，而在专业权威上、业务指导上表达了质疑，这不可避免地产生了评价中的敷衍、应付现象，甚至发生冲突以致强烈抵制。

美国评价专家古巴与林肯关于评价实践中的“管理主义”① 倾向的总结与批判，能够有助于更加清晰地具体理解此种行政服从式的评价人员关系。他们指出：管理者总是通过行政权力提供资助控制着评价，决定着评价的范围和任务，决定着评价的对象。因此，“管理主义”首先表现为管

① Egon G. Guba，Yvonna S. Lincoln. Fourth Generation Evaluation [M]. California：SAGE Publications，Inc.，1989. 32－33.

理者无过失。由于管理者处在评价范围之外，他们的质量、过失无从咨询，若存在问题，评价结论一定指向其他人、其他原因；管理者与评价者的关系有失公平。第二，表现为评价者处于无权地位，尽管评价的问题、对象、收集资料的方法、如何公布结果等，通常都经管理者和评价者协商，但实际上，一旦出现分歧，最后决策权掌握在管理者手中。第三，由于这种关系的存在，其他与评价有利益关系的人就更无法在评价中维护自己的利益、阐述自己的见解，也无法按评价建议，采取有效的改进行动；这种关系还会导致一种有害的默契。第四，管理者用各种办法保护自己不受损害，评价者则保证使用管理者认可的方法，以换取合同的兑现，保证评价的经济收入。

（五）基础教育评价积弊的根源之五："为了考选"的评价文化积淀

在基础教育评价实践中，人们的评价观念、思维方式、评价期待、行为模式等都是评价文化的具体表现。评价文化潜在于人的思想观念中，默化于人的行事方式、话语方式以及人际关系中。它以内隐的力量渗透于各种各样的评价实践及其实施过程中。如果从基础教育评价的外部系统进行分析，评价文化是对评价积弊进行剖析的另一重要维度。

在很大程度上，我国的传统评价文化影响并维持着评价积弊，构成学校变革的深层次阻力。在我国社会选任为主导的评价功能指导下，科举制在带来公平、效率的同时，也形成了考选文化传统和选拔性、管理性的评价文化。考选评价文化的根本就在于人们在"目的"意义上理解评价，在"手段"意义上看重教育，目的与手段的倒置形成了"为了评价的教育"之传统，在文化源流上远离了"为了教育的评价"之根本。此种文化表现在人们共同认可的关于评价的态度、价值、信念、假设和行事方式，以及在该文化影响下人与人之间所形成的具有典型意义的相互交往关系。它们以整体性的综合方式渗透于各种学校教育评价活动中。

1. 历史上的"功名追求"

对于中国传统文化而言，儒学显然是其根基，正是有此基础，因而不可避免地决定着人们对科举登第、考试选拔、读书做官等的根本性理解。

《论语·子张》“子夏曰：仕而优则学，学而优则仕。”中的“学而优则仕”与“仕而优则学”两种思想观念，无论是作为警世名言，还是从在现实生活中实际受重视的程度看，“仕而优则学”都远没有“学而优则仕”那样流传广泛。“学而优则仕”的“官本位”观念，让几千年来的中国读书人时刻铭记于心。尽管有人认为，这句话中“优”字的含义是“有余力”的意思，但人们一直以来仍然喜欢约定俗成地将其理解为“优秀”。书读好了就去做官，做官成为历代读书人孜孜以求的人生目标。

由于科举制度的施行，官场与仕途向平民开放。在幽暗的专制社会里，“科举制度”的横空出世，无疑给平民“以学取仕”提供了微弱的理想和希望，使社会各阶层人士，特别是给了下层文人进入仕途的机会，结束了魏晋以来世家大族对仕途的世袭垄断。

“企求功名富贵是多数士子学习的根本动机。以才学为录取依据的科举制利诱士子刻苦学习，形成了中国社会重视教育，希望靠读书来出人头地的传统”①。古语云：“富家不用买良田，书中自有千钟粟；安居不用架高堂，书中自有黄金屋；出门莫恨无人随，书中车马多如簇；娶妻莫恨无良媒，书中自有颜如玉；男儿若遂平生志，六经勤向窗前读。”字里行间无不暗示：读书考取功名是人生的一条绝佳出路。

在科举制主宰的“考选”文化下，对于知识分子而言，科举考试、及第登科俨然成了他们社会升迁、追求功名的唯一希冀与可能之“工具”。虽然真正通过科举进入此门的人甚少，但希望被鼓动起来的人却甚多。这就难怪在流传极广的蒙学读本《神童诗》里能见到如下诗句了：“天子重英豪，文章教尔曹。万般皆下品，惟有读书高。”从隋唐一直延伸到明清的科举制度，虽然因在这条漫长而拥挤不堪的羊肠小道上，演绎出了层出不穷的追求功名的艰辛困苦之故事，但对中国“读书做官”、“官文化”的积淀起了重要作用。

2. 现实中的“状元文化”

状元文化是科举制度对求学者影响的又一突出表现，即要通过“苦读”才能“应举”，苦读又以诵读记忆为主要途径，真正有才华的人要中

① 刘海峰．科举考试的教育视角［M］．武汉：湖北教育出版社，1996：249.

举反而不易。这种文化的积淀在我国当前的学校教育和考试实践中烙上了深深的印记。

几乎从小学一年级开始，学生就有了考试排名的意识。老师对“好生”、“差生”的评价也常以此为据。幼小的儿童心中就留下了“考出好成绩”十分重要的烙印，也成了家长关注的核心问题，其流行语为“不能让孩子输在起跑线上”。中小学经过12年日积月累的强化，“考高分”这种“类似考状元”的心理、氛围成为无形的压力笼罩在学生、教师、家长心中，似乎天经地义谁也不能免俗。

每年的高考则是状元文化集大成式的爆发。许多学校进入了“沙场”式的状态，课桌上各类复习资料堆积如山，盖过学生的头。练习卷每门学科一日一张是基数。家长以各种方式“应对”自己的孩子，只要能“上榜”，什么都愿意做，且经常交流经验。一到考试前后，有关考试的报道几乎成为各类报纸的热点，从复习指导到考题分析、“状元”报道，众人无不津津乐道。

当然，由于僧多粥少，考生并不能都如愿升入大学。我们单说考上的，其中还可以分出三六九等，某一地区考分最高者，便会被人们称作高考状元，如省状元、市状元等。不管状元文化与素质教育符合与否，今天的高考在文化传统上还是有着科举考选文化的影子，1300年的旧学与100年的新学，千丝万缕的历史承继不是一刀就能断绝的。

一个在入学教育的过程中，从小学、中学到大学本科，直至大学后的硕士、博士必须经过逐级选拔。虽有近年来的高校扩招，但是，全国尤其在农村仍然只有相当低的比例的孩子能升至高中，而在高考时，又要淘汰一半左右，能真正步入大学殿堂的学生也只是少数人而已。这表明今天的高考与昨天的科举考选依然有些许相似。

第 2 章

西方教育评价功能变革的历史考察

回顾教育评价功能变革的历史，可以发现教育评价及其改革都是在教育实践中特定的评价目的下展开的。教育评价功能变革既有外在形态——评价体系的改造，主要包括评价主体、评价内容、评价标准、评价方式等，也有内在依据——评价观念、价值系统和评价关系的更新。在教育评价发展的不同历史时期，各种性质评价功能因其在功能体系中的中心地位转换而相应地成为功能主旨，这决定着评价体系的改造方式。实质上，评价功能结构中的功能主体和评价需要、评价主体和价值关系是教育评价的内核，即评价改革内在的价值论基础。因此，在教育评价改革历程中，通过整体性的分析框架主要考察了以价值系统为核心的功能体系的更新：评价功能形成的背景（社会需要、教育需要等）、功能主体的构成及其需要、功能对象的变化、评价需要形成的条件以及不同性质的功能变革影响评价体系改造的内在作用机制及其在评价体系的外在操作化形态上所体现出来的特征、历史局限性。

在教育评价理论与实践的发展历程中，我国和国外有着不同的特点。我国早在隋朝时期就已经建立了社会性的科举制度，并在此背景下进行着大量的学校教育内部考试及学生评价实践，自 19 世纪末 20 世纪初新式学堂纷纷成立和新学制引入后，又逐渐以国外的教育测量与评价代之，及至

20 世纪 20 年代后则强势引导着我国基础教育改革中的评价改革。而西方国家于 18 世纪（美国则于 18 世纪中期）的教育评价改革在笔试取代口试的基础上，开始了教育评价的科学化历程，并由此进入严格科学意义上的教育评价理论的建设与实践；在 19 世纪末 20 世纪初，美国（其中也包括 20 世纪 70 年代后的英国）的教育评价学者在评价理论与实践建设、发展过程中起到了研究的引领和主导作用，一直持续至今。鉴于此，本章主要通过对西方国家尤其是 20 世纪以来美、英两国的评价理论研究、评价改革进行系统的历史考察和价值论分析，试图在一般意义上阐述教育功能的变革历程。其目的是为我国的基础教育评价改革提供国际视野的参照与借鉴。

一、前理论时期：教育评价管理功能形成中口试到笔试的更替

在西方古代学校教育中，作为传统评价方式的口试发挥着促进发展、资格考核的基本功能。但是，随着学校教育规模的扩大、国家对国民教育的接管和监控，教育实践中的管理性评价功能需求愈益强烈，比较有效率的、能大规模使用的笔试逐渐取代了口试，管理性评价功能也由此逐渐形成并得以强化和拓展。

（一）口试在西方学校教育中的基本功能

1. 口试是西方学校教育中的传统评价方式

西方教育评价可以溯源至苏格拉底（Sokrates）的口头测验和柏拉图（Plato）所创办的“学园”中的学生评价①，即在古希腊谈话式教育中自然地发挥评价功能的口试——一种初始形态的非正式评价。所谓口试，即“由主试设问或追问，被试作出口头回答，主试根据被试一系列回答，对照一定的参照系，将被试的学力水平以分数或等级的形式反应出来”②。

① 罗黎辉，高翔．教育测量与评价学［M］．昆明：云南教育出版社，1996：8.

② 同①，69.

"希腊时期的教师，诸如苏格拉底，将口头形式的仲裁和评价（verbally mediated evaluation）视为学习过程的一部分"①。苏格拉底、柏拉图均在教学方法上强调并运用问答法，此种谈话式教学通过与学生共同讨论，不断提问诱导对方认识并根据其回答作出适时的调整，不自觉地成为了诊断学习状况、评定学业成绩的评价方式，逐渐形成了学生评价的口试方法。口试在当时作为一种恰切的学生评价方法在学校教育中得到极大的推行，并被人们有意识地用来适时调整教学进程、判定教学结果，发挥着指导教学的功能。

及至13世纪，以口试为主的学生评价方式已经大为发展并被运用于大学教育，如1215年的巴黎大学已实施口头论文测试②，1219年的古波兰大学也已在法学考试中采用口试③。当时中世纪大学形成的那套学位制度，实际上也是学校教育中的学生评价制度。中世纪"大学"不同于现代意义上系统的、有组织的高等教育机构，它是仿照当时的手工业者行会或商人行会方式组成的教师或学生团体、协会，同其他行会一样严格执行行会团体共同认可的"由学生成为教师"的职业标准。这客观需要采取有效的评价方法以决断学生是否达到规定标准，申请教师资格。因此，中世纪大学制定了严格的三级学位制度，包括bachelor（大学第一阶段学业结束，现大多译为学士）、licentiate（教师资格的许可）、master（教师资格）。此种学位制度"在制度指向上并非是单纯意义上的学历标志，而更多的是一种职业资格和职业等级的标志"④。它作为学校教育评价的方式发挥着教育管理的功能。

根据学位制度，学生必须遵循一定的程序、在满足一定要求的基础上，依次通过考试（主要是辩论会形式的口试）申请获得相应的三级学位——bachelor、licentiate、master。在bachelor取得上，学生获得了申请

① Blaine R. Worthen, James R. Sanders. Educational evaluation: Alternative Approaches and Practical Guidelines [M]. New York: Longman Inc., 1987: 12.

② 利恩．测量史上的主要发展阶段［G］．陈玉琨，译//瞿葆奎．教育学文集·教育与教育学．北京：人民教育出版社，1989：2.

③ 戴忠恒．心理与教育测量［M］．上海：华东师范大学出版社，1987：1.

④ 吴式颖．外国教育思想通史（Ⅲ）·中古时期的教育思想［M］．长沙：湖南教育出版社，2002：508.

资格后，“还必须参加一个由逻辑学教师和文法教师组织的名为 determination 的辩论会。在辩论会上，学生必须就一个论题展开阐述，并且接受来自教师和其他反对者的提问和诘难，时间有时长达数天之久”①。在此基础上，学生通过公开课、辩论申请 licentiate。最后，他们还得通过辩论、讲授获得 master 的资格，并真正成为一名教师。可见，以辩论（会）为主的口试在大学学位管理制度中成为了评定学生成绩、决定职业等级的评价手段。

2. 口试在学校教育中是实现教育评价个体功能的方法

在西方传统学校教育中，首先，以口试为主的评价是为了学校教育内部的管理——如成绩评定、资格考试、毕业考核等。“中世纪的大学里，实际上通常是由一批名师设帐授徒，把那些有接受能力的、称心合意的人经过一段时间的教诲，吸收到他们的行列中去”②。可见，教师通过口试的方式对学生的能力进行测试以便作出录取与否、成绩评定等方面的教学决策。不仅如此，学校还可以口试为主要评价手段授予学生学位，中世纪大学的学位制度表明“学生修毕大学课程，经考试合格，可得‘硕士’‘博士’学位”③。教育评价的管理功能主要是通过口试方式实现的。

其次，口试具有锻炼学生能力、促进发展的功能。口试产生于谈话式教学过程之中，教师和学生在积极、深入的对话中既完成了教学又进行了评价活动。口试只有整合于谈话式教学过程中，才能发挥其自身所固有的本质性功能。此外，口试作为“取得资格的考试”还可以辩论会的形式出现——如中世纪大学的学位“答辩”，教师提出问题并不断地追问，而学生则被要求在教师和其他同学面前对自己的逻辑和理论观点进行详细的解释和辩护。教师既能对学生的知识、能力深度和广度进行评定，也能了解学生的形态与举止、性格、自信心、心理成熟度等方面的发展；同时，学生在此过程中也经受了理智训练和情意锻炼。口试时主试（主要为教

---

① 吴式颖．外国教育思想通史（Ⅲ）·中古时期的教育思想［M］．长沙：湖南教育出版社，2002：509.

② 罗伯特·蒙哥马利．考试的新探索［M］．黄鸣，译．南宁：广西人民出版社，1984：14.

③ 吴式颖．外国教育史教程［M］．北京：人民教育出版社，1999：123.

师）和被试（学生）处于一种积极互动状态，这是它在作为考试方法专门使用时实现本质性功能的重要基础。

口试作为学生评价的主要方法，尽管是一种主观性、个别化的考试方式，但却长期能够得以存在于西方传统学校教育中，并积极发挥着不同的评价功能，这既是当时条件下学校教育的需要，也是由其自身优势所致。总体而言，17—18 世纪以前的西方社会，对科学、效率的要求还不明确，竞争意识也不强烈，学校教育规模不大，尤其在中世纪，西方学校教育并未形成初等、中等和高等教育内部衔接一致的教育体系，学校处于教会的控制之下而国家政府却没有领导权，国家政府或其统治者并未产生通过教育评价对学校教育进行统一管理、质量监控的需要。相比之下，学校教育中的教师和管理者则有着更为强烈的评价需要，期望通过学生评价有效地进行教学管理、及时地调控教学过程，并从中锻炼学生、促进其发展。

（二）笔试在学校内、外部评价管理功能的强化与拓展

在西方传统学校教育中，口试存在着主观性强、误差大、效率低等自身固有的不可克服的缺陷。相对说来，笔试的优势在于不仅可同时运用同样的试题或试卷，进行大规模的客观测试，而且，能够使被评者得到公正平等的对待，避免偏袒或不公。笔试的运用极大地拓展了教育评价的运用范围，进而催生了教育评价的管理性功能。故“在近代的欧洲从方法论上对教育评价进行重新检讨时，首先就否定自古以来一直占据教育评价中心位置的口试，主张用笔试取而代之”①。从我国科举考试制度中借鉴的笔试评价方式符合西方资本主义社会的时代精神——科学民主、客观公平、效率追求、能力本位等，以及文艺复兴以来学校教育的大规模发展趋势。因此，我国科举制度被介绍至欧洲后，对西方各国公务员考试产生了很大影响，并渐次深入至学校教育领域。教育评价也因此在 19 世纪拉开了全新的实践改革、理论发展的序幕。

1. 学校教育评价中笔试对口试的替代

1702 年，英国剑桥大学首次用笔试取代了口试。为了满足青年人在

---

① 梶田叡一．教育评价［M］．李守富，译．长春：吉林教育出版社，1999：23.

学习或生活中竞赛的需要，剑桥大学依托笔试在1747到1752年间率先实行“数学荣誉学位”考试，学生自愿参加且应试者的姓名都列入“光荣名单”。“在开始时，这仍然是一种竞赛，而不是必不可少的专业学习，因为年轻人只是尽力使自己在同辈中赢得声誉”①。这样，学生既能在竞赛式考试中锻炼和发展自己的才能，同时也能“体验一下嫉妒的悲痛、深沉的失望、强烈的情爱或胜利的喜悦”②。就竞赛式考试精神而言，竞赛是一种荣誉，成功是一种光荣。以笔试为基础的荣誉学位考试实质上是对学校正常学习的一种重要补充，只要学生能够自愿投入其中，就能接受全面的锻炼和测试。

但是，在随后的发展中，荣誉学位考试逐渐背离了早期竞赛式的考试精神，成为了对学生进行奖励、发放助学金或成绩排序的基础，“考试成绩优秀者获得助学金，并且12名成绩优秀者按成绩高低次序公布”③。自愿参加、丰富体验、发展和展示才智的竞赛式考试在学校教育管理的需要下，正日益成为学生能力水平和学习成绩加以区分的选拔性考试。学校管理部门为了能将学生成绩和才能进行比较以便从中做出合理、公平的选择，举行大规模的全校性考试，要求每位学生都要参加，不得缺考。笔试在当时被认为是“一种以最少的劳动和时间的代价，去鉴别成绩的完全有效的方法”④。显然，它能够在学校教育中成功实现此种评价功能。教育评价通过以笔试为基础的评价改革形成了新的评价功能——区分性、选拔性功能。

2. 笔试在国家或政府的教育管理中盛行

教育评价的区分性、选拔性功能在学校教育中的极大成功，激发了教育工作者的实践探索，欲将教育评价管理功能的范围拓展至更广的社会层面，以满足国家或政府部门介入学校教育并对其进行管理、控制的要求。“传统的英国教育的领导权一直不在国家手中，而是操纵在罗马教廷属下

---

① 罗伯特·蒙哥马利．考试的新探索［M］．黄鸣，译．南宁：广西人民出版社，1984：17.

② 同①.

③ 同①.

④ 同①，18.

的英国天主教教会手中”[①]。进入19世纪后，资本主义工业革命给西方社会的经济、政治、科技等带来了巨大冲击，进而影响了学校教育。国家或政府介入学校教育的管理、控制已成为当时的迫切需要。国家介入教育事务后，出于单纯的行政目的和管理需要，对那些成绩优秀、有才能的学生或教育质量显著的学校增加资助；按照成绩将学生分配至合适的学校。这些都要求以笔试改革为基础的教育评价在国家教育管理中发挥区分性、选拔性功能。这促成学校考试制度的建立，并把考试同升学、就业、奖学金、学校排名、经费资助等联系起来。

就教育评价而言，在英国主要通过两种途径来实现。一方面，学校内部“取得资格的考试”被拓展至国家教育管理层面，演变成为社会认同的资格证书考试。尽管英国政府一向不主办教育考试工作，但是牛津大学、剑桥大学、伦敦大学等大学先后设立了地方考试（local examination）——意指上述大学在各地举行考试，凡考试合格者即发给证书。依靠那些维护着学术标准而不受政府管辖的大学的威信，政府用这种被人们所普遍接受的考试方式去评定学生的能力水平、比较教师的教学成效和学校的教育质量。进一步演化的是，“三所大学的考试（local examination），渐渐演变成中学离校考试。之后，其他大学也相继参与，终于有了7个具备大学背景的考试局为中学15岁至16岁的学童提供不同的考试”[②]。政府依此对学校教育和学生的知识与能力进行监控，选拔性考试也由学校层面进入了国家教育管理。为了适应普及义务教育的要求，政府在拨款补助初等教育事业后，不久就设立了“按分数拨款”的制度以便督导之。为了监控教育改革，政府实施了“‘根据结果给予报酬’的方法，即依据每年对学生的阅读、拼写、写作和算术测试的结果决定教师的工资”[③]。在美国，为了判断学校教育质量，政府采用了大规模考试测查学生各科学习成绩并以考试分数作为重要依据的方法。鉴于美国学校教育的迅速发展、学生日益增多，当时大部分学校以口试为主的考试制度已不能有效应对之；此外，口试自身也存在着诸多不公正之处。美国教育家贺拉斯·曼

---

① 戴本博．外国教育史（中）［M］．北京：人民教育出版社，1990：448.

② 康乃美，等．中外考试制度比较研究［M］．武汉：华中师范大学出版社，2002：27.

③ 吴刚．现代教育评价基础［M］．修订版．上海：学林出版社，2004：33.

（Horace Mann）于1845年将笔试——主要为论文式考试引入了波斯顿文法学校后，该市教育委员会相继采用笔试以考查其所属学校的毕业生；收集学生成绩的相关数据，进行校际比较以决定对校长的年度任命。"这个事件在评价史上是重要的，因为它形成了一种传统，即运用小学生的测验成绩作为评价学校效率或教学方案的主要数据"①。

尽管论述式笔试确实朝着评价的客观化迈出了一大步，但它仍不能满足教育评价功能在国家教育管理上加以拓展的更高要求。教育评价功能范围的拓展又提出了如何提高考试客观性的新问题，评价功能的需求作为内在驱动推动了评价改革。首当其冲的是评价标准的明确化。因评价者对试卷进行评分时因缺少统一、清晰的评分标准，不可避免地存在着主观臆断或评分不一致的现象。鉴于此，欧美一些学者为了追求评分的客观性，排除评分上的主观经验性，着力于对学校教育中的考试进行改革，进一步明晰评价标准。其中，具有代表性的研究者就是英国格林威治医学校校长菲奢（G. Fisher），"他努力收集许多学生成绩样本，分别优劣，作为评定学生成绩的客观标准"②，即于1864年以具体明确的形式编制了评分标准表（scale - book）。其主要包括了与习字、拼写、数学、圣经以及其他科目质量水平相对应的实例和说明，以此为标准设立五级评分制。这是评价标准明确化的最初尝试，也促成了教育评价测量时期的到来。

尽管西方传统评价在20世纪以前的学校内、外部教育管理中有着大量实践，但是缺乏系统研究、理论总结与指导，因而未能进入严格科学意义上的现代教育评价时期。必须提及的是，传统评价时期口试到笔试的更替深刻体现了评价管理功能已经逐渐形成，并在不同领域的教育管理中不断强化和拓展。这是对现代教育评价时期的评价功能变革历史进行理论考察不可或缺的"引子"。正是在此基础上，下文将以教育评价价值系统的结构性变革为分期标准，逐一对现代教育评价每一发展时期的评价功能系统和外在操作化的评价体系改造过程进行具体分析。

---

① 马道斯，斯塔弗尔比姆，斯克里文．方案的评价：历史的概观［G］．文新华，唐玉光，译//瞿葆奎．教育学文集·教育与教育学．北京：人民教育出版社，1989：73.

② 王汉澜．教育评价学［M］．开封：河南大学出版社，2004：6.

二、价值认识时期：旨在提供客观证据的管理性评价的科学化改造

随着管理性评价功能的形成，教育评价在笔试取代口试的基础上，经由教育测量发展至完备的标准化测验。实质上，这是教育评价在管理性功能方面要求达到合理的选拔、准确的区分、客观的描述、公正的决断等，最终导致教育评价的科学化的走向过程。其要解决的核心问题就是通过评价体系的科学化改造为评价者提供作出价值判断的客观证据。管理性评价功能变革的实现在很大程度上以评价方法科学化为基础，渐次形成了操作简便、量化分析的、适用于统一的大规模使用的标准化测验体系。

（一）从教育测量到教育评价

1. 在学校的外部调查和质量监控方面开展教育测量运动

教育评价改革也有着复杂的外在促进因素。19世纪末，西方国家在资产阶级革命的冲击下，社会现实、思想观念等都发生了深刻变化。在资本主义社会，个人社会、经济地位的确立打破了出身门第的界限、血统家族的世袭；强调能力本位的公开选拔、同等机会下的自由竞争。资本主义社会的发展迫切需要科学、客观的测评或考试方法和合理的人才选拔制度。而当时的科学进步也为此提供了重要的理论基础和技术条件，如德国心理实验研究提供了测量方法、英国个别差异研究提供了统计分析技术、法国智力测验研究提供了测验量表的编制原理和方法等。这一时期内相关学科的理论研究和发展，孕育了科学化教育评价理论与实践的新突破。与此同时，资本主义国家的产业革命、经济快速增长使得初等教育发展迅猛、在校人数急骤增多，这是教育评价改革的直接动因。国家或政府对学校教育质量进行监控、对学校教育中的人事和资金进行管理，需要科学的、客观的、大规模的评价。实际上，教育评价改革正是在由教育测量或标准化测验逐渐替代论文式笔试的科学化过程中，强化了教育评价管理功能并拓展了其范围。

在教育评价的科学化过程中，赖斯（Rice，J. M.）的拼字实验和测

验发动了始于20世纪初的美国“教育测量运动”。他1897年在教育部门的支持下通过实验设计开始了对教育方案的评价，即对拼字教学训练的价值进行一种跨学区的比较研究。通过学生学业成绩测验并将此作为评价拼写教学的标准，结果发现，每天进行40至50分钟拼写单词的教学与每天进行10至15分钟拼写单词的教学，在提高学生与智力相关的学业成绩方面无显著差异。就教育评价功能变革而言，赖斯的拼写实验研究使得教育评价由对学校教育的管理和监控转向为对学校内部的教学方案之间的优劣比较与选择。但是，为原有评价改革思路——通过评价方法改革来强化已有的评价功能并拓展其范围——所限，后人所关注的更多的是评价的比较研究和实验设计方法，以及大规模的、统一的校际间的成绩测验及其中平均分的计算等定量分析方法，而忽略了该实验在评价功能变革上的意义，即用许多学科测验来研究课程、时间分配、教授法等课程与教学问题，以及评价功能对评价改革或评价方法改革的指引作用。

赖斯的评价实验设计及其中的成绩测验开始了以客观化、科学化为追求的教育测量运动。桑代克（Thorndike，E. L.）就是在赖斯拼写实验的基础上，进一步开展了大量的教育测量理论与实践研究。他在1904年的《心理与社会测量导论》一书中介绍了统计分析方法和编制测验的基本原理，并于1908年用科学方法编制了第一个标准书法量表。“它为教育测评在本世纪初的发展实际起了方法与原则上导向的作用。以后出现的各种标准教育测验事实上都是循着桑代克的方法和原则发展的”①。随后，算术测验、拼写测验等教育测验日益增多；后来由于学校教育调查的需要，初期所编的单科测验被集合编制为综合测验，即集合几种主要学科的测验组合而成，用来调查各校学生的学业水平。直至1922年斯坦福成就测验出版并风行于世。在此期间，教育测验由小学各科测验扩展至中等以上学校各科测验；“不仅仅限于学生学力测验方面，教学诊断测量、课程调查测验、学生个性测验、升学或就业的倾向测验也在这一时期涌现出来”②。其间的教育评价改革主要体现在测验的客观化上、评价方法和技术的研究和完善上，诸如考试的常模、题目的客观化、试卷或试题分析、标准

---

① 罗黎辉，高翔．教育测量与评价学［M］．昆明：云南教育出版社，1996：15.

② 同①，16.

化等。

尽管教育测量运动受到了猛烈的批判，但是教育测量在完善和深化教育评价方面的成绩是有目共睹的，同时在国家或政府方面的管理功能方面使得教育评价客观化和标准化。在19世纪，教育评价是以论文试题为主的笔试，作为资格考试和选拔性考试进入了国家或政府的教育管理层面。英、美两国各自设立了皇家专门调查委员会或总统调查委员会、白宫专家小组等，通过笔试收集相关证据来评价各项教育改革方案；各自设立了由校外视导员检查和评价学校工作的制度，“学校视导员每年访问学校并提交关于学校的现状和学生成绩的报告”①。但是，因为笔试的评价方法存有依据主观判断进行评分、学生成绩缺乏比较标准等缺陷，上述国家或政府管理性的教育评价都是象征性的，教育评价的管理功能明显受制于当时的评价方法和手段。到了20世纪初期，教育评价则进入了效率与测验时期。此时期所编制的各种测验除被各级学校自行用作诊断儿童及各种实验外，还被广泛用于学校调查运动（school survey movement），运用了各种标准（如费用、学生退学率、升级率等），对全国的学校和教师教学效率进行规模较大的调查，对各阶段的教育活动进行综合性调查。这些调查在算术、拼音、书写和作文方面运用了客观性测验，有些大学区甚至建立了专门机构以编制这些测验旨在提高本学区的学校效率。从中可以看出，“学校调查对于教育测量运动有两种关系：（一）学校调查鼓励教育测验之编制与推广其用途；（二）教育测验使学校调查能确实测验学生之成绩与能力”②。这其实表明了教育评价通过教育测验运动充分完善了其在学区层面的教育管理功能。应当指出的是，教育评价对学校教育质量、教师教学效率进行监控的功能在很大程度上仅限于地方学区层面。

2. 在教育（方案）改革结果鉴定方面的“泰勒模式”

从根本上说，教育测量或测验是“无人”的描述式评价。在主要由

① 马道斯，斯塔弗尔比姆，斯克里文．方案的评价：历史的概观［G］．文新华，唐玉光，译//瞿葆奎．教育学文集·教育与教育学．北京：人民教育出版社，1989：72.

② 王书林．教育测量之历史［G］//瞿葆奎．教育学文集·教育与教育学．北京：人民教育出版社，1989：57.

施测者和受测者（学生）所构成的描述式评价系统中，价值主体是抽象的社会，而社会需要是以测验题目、所要测查的知识和能力潜隐地表达出来的，故价值主体在教育测量中虚无化了。为了科学、客观地测量学生的学习结果，施测者需要将学生视为具有知识、能力等社会特性的客体，即使有情感、需要也是作为客体性质进行处理，进而将学生客体置于标准化测试情境中以控制无关变量或误差。与此同时，施测者自身也应当如同测量机器一样抛弃个人的情感和价值取向，按照给定的程序进行测量。描述式评价认为，通过科学的方法和程序获得的测验结果是客观的，在此基础上作出选择是公平的。正因为如此，失却了价值需求的评价主体和评价客体都沦落为了"物性客体"。人也就在描述式评价中被遗忘了。

在20世纪30—40年代，以教育测验为基础的描述式评价招致了众多的批判。第一，人们认为无论是知识测验，还是智力测验和人格测验等，其测量结果都是片面的，不能全面反映学生的知识与能力、人格发展之过程。第二，记忆式测验只要求学生记忆专门知识，而不能由此显示学生是否掌握了教师所期望的高级思维能力或达到学程目标的程度。第三，选拔性或贴"标签"式的测验必然养成个人主义的学习态度和被动式的学习方法。鉴于此，以泰勒（Ralph W. Tyler）为代表的改革者们在"八年研究"中尝试着一种新的评价理论和实践研究，并运用教育评价代替了盛行当时的教育测量。在他看来，"评价过程在本质上是确定课程和教学大纲在实际上实现教育目标的程度的过程……评价是一种确定行为发生实际变化的程度的过程"①。其中，包含着如下的最核心的解释：教育目标是指学生在行为模式中产生某种所期望的变化；至少在方案实施前后须进行两次评估，有的甚至需要进行追踪研究（follow - up studies）；需要选择恰当的评价方法，诸如纸笔测验、观察、交谈、问卷等以便测查不同方面的学习结果。就评价功能变革而言，这也是课程编制者在教育改革中对评价功能的新需求。在教育方案结束时，根据预先设计的目标对实际结果进行客观描述并将两者进行比较，通过目标达成度判断方案成功与否。

值得一提的是，泰勒在教育实践中也欲图通过比较预设目标（标准）

---

① Ralph W. Tyler. Basic Principles of Curriculum and Instruction [M]. Chicago: The University of Chicago Press, 1949: 105 - 106.

和实际结果之间的差异以便提供信息，促进课程方案更好的修订。他早在1929 年应俄亥俄州立大学之邀主持该校教育研究所成就测验部门的工作时，就致力于开展大量的学业成绩测验的实践和研究工作，从中清楚地认识到传统的记忆式测验只要求学生记忆专门知识，却不能由此显示学生是否掌握了教师所期望的重要行为或达到学程目标的程度。为了改进本科教学工作，他力图通过明确界定教育目标、选择恰当的测验程序或评价方式等途径编制新的测验，对学生的学习结果进行评价以便获取教学信息。事实上，泰勒在生物课的教学实验过程中就已认识到评价是改进课程一个十分有用的方法；更为重要的是，他意识到了方案制定者们在教育改革中的一种新的评价需要，即需要对方案结果进行证明以及由此获得重新修订方案目标的根据。此种教育评价观在他主持“八年研究”的评价工作中得到了进一步深入地研究和完善。他提出了普适性的课程原则或曰计划程序方法，其中的教育评价或方案评价成了不可缺少的部分。“以评价获得的证据使我们能够进一步研究学习目标、学习经验及其组织。可见，原则中的基本问题是循环程序而非线性程序的一部分”①。但遗憾的是，在追求效率的时代，基于结果鉴定的教育管理、质量监控成了教育评价功能的主旨，而依据结果对方案进行修订的功能却被忽略了。

（二）基于目标模式的评价改革

严格地说，“泰勒模式”并非等同于目标模式。但是，由其所提出的评价观——教育结果与预定教育目标进行比较——正是目标模式形成和发展的理论基础。而且，随后的评价理论和实践是在不断地对其进行完善和精确化。目标模式的评价改革表现为两种思路，即在学校教育的内部管理方面实施标准化测验，在教育（方案）改革过程调控方面的“差距模式”。

1. 在学校教育的内部管理方面实施标准化测验

以美国的布卢姆（Bloom，B. S.）、梅杰（Mager，R. E.）为代表的

① 泰勒. 方案评价原则［G］. 龚伟民，译//瞿葆奎. 教育学文集·教育评价. 北京：人民教育出版社，1989：258.

教育目标运动强调预定目标的设计，在教育目标分类和行为化表述上展开研究。目标模式的核心在于从“行为”和“内容”两个维度并用具体的、可观察的、可测量的行为动词描述学生的学习结果或行为变化。为此，布卢姆及其同事共同合作完成了教育目标分类框架，即把学生的学习结果划分为认知、情感和动作技能三大领域；每个领域内的目标被分为不同类别而且每一类别又进一步细分为不同的亚类，例如认知领域依层次水平和累积程度划分为知识、理解、应用、分析、综合、评价，知识目标又包括具体知识、方式及方法的知识、普遍和抽象的知识，等等。正是通过将教育目标分类框架和测验结合起来，在学校教育中有效实施着形成性评价、诊断性评价等。梅杰在教育目标的行为化表述上提出了教育目标“必须包括三个组成部分：第一，学生外显的行为表现；第二，能观察到的这种行为表现的条件；第三，行为表现的公认的准则”①。这些都为各种类型的标准化测验设计或评价标准提供了重要的基础。

美国在20世纪60年代时，国民对公共的学校教育给予了积极的信任和认可：学生进行着成功的学习，教师也进行着有效率的教学，一切都如愿以偿。“但是，在60年代末到70年代初，关于学校教育的私下抱怨、公开不满开始甚嚣尘上”②。当时的新闻报道了那些获得了高中毕业证书的学生不能正确地填写工作申请表，学生尽管没有达到初级水平的读写能力却依据上课时间（seat time）决定其升级，等等。这一切都被归因于不成功的学校教育和低效的教师教学。为此，教育行政管理者和决策者力图通过以大规模的、统一的标准化测验作为手段加强对学校教育、教师的课堂教学质量进行监控。一些州的教育管理者设计了基本技能测试方案或曰“最低能力测验”（minimum competency tests），通常集中于学生应当掌握的基本的读、写、算等上。在“最低能力测验”中，评价公司聘请一些教师、课程专家形成评估小组，在教育目标分类理论指导下确定测验所要测查的基本知识、技能。以此为评价标准，教育管理者根据学生在这些大规模的统一测验上的考试成绩或分数，判断学生的学习结果及其目标达成

① 张华．课程与教学论［M］．上海：上海教育出版社，2000：159.

② W. James Popham. The Truth about Testing：an Educator's Call to Action［M］. Alexandria, Va.：Association for Supervision & Curriculum Development，2001：4.

度，以决定学生的升留级或毕业与否，判决教师教学质量的优劣、学校教育质量的高低，等等。

在美国联邦政府层面上，1965 年国家通过的《初等和中等教育法》（the elementary and secondary education act，即 ESEA）强调了学校教育质量的判断取决于学生在标准化测验上的考试分数。其中，该法案制订了联邦政府的教育改革资助计划，并建立了一套相应的保障措施。其中，接受该法案经费支持的学校被要求“证明这些资助经费正被有效地投入和使用着，即通过评价报告证明他们接受联邦政府经费支持的教育方案取得成效”①。为了证明受 ESEA 法案资助的教育改革方案的成功，学校选择当时由信誉好的评价公司所开发的、广泛认可的、技术一流的标准化测验对学生进行考试测查。基于考试结果的分析，显示学校或教师通过教育改革在提高学生的基本技能等方面的努力和成效。此外，新闻媒体纷纷介入，每年根据学生在标准化测验上的考试成绩在报纸上公开学区内的学校排名甚至州内的学校或学区的名次。这些都让人们形成了一种认识：学生在标准化测验上的分数是表明教育质量的依据性指标。在此种氛围下，“大多数教育者已经接受了标准化成绩测验的考试分数显示了教育效果的观点，报纸媒体也认为根据分数的学校年度排名反映了教育质量”②。

正是在联邦政府的 ESEA 法案和社会新闻媒体极其关注学校教育质量的推动下，各州再一次制订了行政命令性的全州范围内的考试计划，以加强对学校教育的质量监控。有些州改变了以前的最低能力测验的评价标准，向学生提出更高的学习要求；有些州选择全国发行的标准化测验，诸如 CAT（california achievement tests）、CTBS（comprehensive tests of basic skills）、ITBS（iowa tests of basic skills）、SAT（stanford achievement tests）、MAT（metropolitan achievement tests），等等。教育行政管理者和决策者据此分析学生的学习结果，以判断教师教学工作的优劣、学校教育质量和效能的高低，进而达到教育管理、质量监控的目的。

---

① W. James Popham. The Truth about Testing：an Educator's Call to Action［M］. Alexandria, Va.：Association for Supervision & Curriculum Development，2001：8.

② 同①，11.

2. 在教育(方案)改革过程调控方面的 “差距模式”

美国学者普罗沃斯(Provus，M. M.)则主张将结果与目标的比较运用于方案实施的不同方面，试图在方案实施的不同环节、在不同层面上比较标准(standards)与表现(performance)[①] 之间的差距(discrepancy)，以便促进课程改革的发展。在普氏看来，“方案评价实际上就是一种过程，藉以界定方案的标准；确定方案各层面与有关标准之间是否存在差距；使用所获得的差距资料来改变表现或改变方案标准”[②]。在“差距模式”中，方案评价包括如下五个环节：对设计方案的评价、对已装配方案的评价(装配评价)、方案实施过程中的阶段目标评价(过程评价)、方案实施最终结果的评价(结果评价)、不同方案实施效果比较的评价(效益分析)。其中，除了效益分析外，每一环节都包括标准和表现之间的比较及其之间的差距分析。可以看出，此种模式的方案评价实际上就是在方案实施的不同环节中通过比较找寻出分析标准和表现之间的差距，作为信息反馈提供给课程编制者以便做出适当的选择：“(1) 如果符合预定目标，则进入下一阶段；(2) 如果不符合预定目标，则或者重复此阶段的工作直到达成目标，或者返回前面的阶段修改预期目标或修改设计，或者终止此阶段。”[③]

学校教育评价随着目标模式的发展，完成了比较式评价对描述式评价的突破。相对于描述式评价而言，比较式评价通过目标明确了教育评价中的价值主体地位。学校教育中众多群体的教育需要都可以在客观研究的基础上统一化为教育目标，能鲜明地体现价值主体的合理性需要。因此，教育价值应当在教育目标和学习结果的比较中进行理解、评判价值主体与价值客体的关系，并进行教育选择。可见，比较式评价尽管以目标的方式明确了评价系统中的价值主体地位，并在价值主体需要和价值客体属性的关

① “标准”是对方案应当具有的性质或特征的一系列描述，即意味着方案应当达成的状态；“表现”则指方案实施的实际状态。具体内容详见 Andres Steinmetz. The Discrepancy Evaluation Model [G] //D. L. Stufflebeam, etc. Evaluation Models: Viepoints on Educational and Human Services Evaluation. Boston: Kluwer Academic Publishers, 2000: 128.

② 李雁冰. 课程评价论 [M]. 上海：上海教育出版社，2002：80.

③ 同②，81.

系中分析教育价值，但是，评价主体在比较价值主体和价值客体的关系中仍然要保持客观的姿态，而不能涉及自身的需要、情感和态度。

（三）评价功能转向下的评价改革

1. 通过系统的评价或系统调查提供信息以便完善方案

在教育改革实践中，被冠之以目标本位、总结性或预定式等特征的目标模式评价，仅仅依据预定目标对实际结果进行描述以及通过方案结束时实际结果的证明提供信息反馈、促进方案的取舍或修订是不足以满足课程编制者的评价需要的。他们需要评价通过系统调查搜集和使用信息，并用于改进正在实施中的教学或课程方案。“为对教程改革产生影响，当编制者本能地为被想象已完成的一组教材与技术感到勉强时，证据必须在课程编制的中途就能利用，而不是在编制的结束”①。为此，美国学者克龙巴赫（Lee J. Cronbach）首先从评价目的的视角提出了新的评价概念：“为使我们能注意到评价的全部作用，我们可把评价广义地定义为，为作出关于教育方案的决策，搜集和使用信息。”② 评价者应当将结果反馈给课程编制者以指导进一步的教程改革，以便使用评价进行教育决策。使用评价的决策可以分为这样三种类型。第一，教程的完善（course improvement），即确定何种教材、教学方法是令人满意的，以及何处需要改革。第二，关于个体的决策（decisions about individuals），为规划教学而辨明学生的需要；为选择与分组而判明学生的长处；掌握有关学生的进步与缺陷的情况。第三，行政的调控（administrative regulation）：判断学校系统的优良程度，教师个体的优良程度，等等③。这一切可以通过各种评价方法进行系统的评价，利用过程研究关注发生在课堂中的事件，通过水平测量和态度测量分析学生在知识、能力、情意和态度等方面的变化，通过追踪研究调查参加该项教程改革的学生以后的职业生涯和发展状态。

---

① Lee J. Cronbach. Course Improvement Trough Evaluation [G] //Daniel. L. Stufflebeam, etc. Evaluation Models: Viepoints on Educational and Human Services Evaluation. Boston: Kluwer Academic Publishers, 2000: 239.

② 同①，235.

③ 同①，236.

而由美国著名评价学者斯塔弗尔比姆（Daniel. L. Stufflebeam）提出的CIPP模式作为改进教育系统的策略，并不只是局限于确定目标是否达到，而是“为决策提供有用信息的过程”①。它通过背景评价（context）、输入评价（input）、过程评价（process）和成果评价（product），集中于持续不断地为机构决策者提供评价信息。其中，就背景评价而言，主要考察现在的目标与重点是否与使用者的需要相一致，对评价标准进行价值判断，即“使用系统分析、调查、文件探讨、听证会、晤谈、诊断测验”等不同方式，“确认对象及其需求；满足需求之可能方式；诊断需求所显示的困难；评断目标能否满足已知的需求”②。背景评价旨在通过主体需要的分析以明晰方案目标确定的依据，并藉此进行调整。而CIPP评价模式中的输入评价、过程评价、成果评价则是以此为核心进行相关的资料收集，以便各自对应地指向修改方案或比较方案的结构性决定、方案具体实施的实施性决定、指向判断方案最终实施结果的决定。这样，四个方面的评价在主体需要和方案的价值关系中被整合起来。同样，就全貌模式的教育评价（countenance of educational evaluation）而言，评价不仅要确定目标达成度，而且，还通过大量使用正规的评价方法获得学校中所发生的事情的资料，从而完整地把握方案的全貌。因此，在全貌模式的评价中，首先，要区分评价过程中的描述和判断，进而构成评价的两个矩阵——描述矩阵和判断矩阵并为此收集资料。其次，在每个矩阵中又细分三个方面：先在因素——教学的前提条件；实施因素——教学中学生与有关的人和事物之间的际遇；结果因素——教学所产生的全部影响。并从这三个维度收集资料。全貌模式成了能在充分占有资料的基础上反映完整性、复杂性和整个计划重要性的评价方法。

2. 通过系统的“事实判断”提供信息以便决策方案

在以价值关系为评价对象的教育评价实践中，对手式评价（adversary evaluation）和司法式评价（judicial evaluation）是最典型的代表模式。

---

① 斯塔弗尔比姆. 方案评价的CIPP模式［G］. 陈玉琨，译//瞿葆奎. 教育学文集·教育评价. 北京：人民教育出版社，1989：301.

② 黄光雄. 教育评鉴的模式［M］. 台北：台湾师苑有限公司，1989：202.

"对手式评价采用了'斗争'理论，靠相互对立的评价者通过出示更好的，也就是更有说服力的证据……去努力获胜"①。其中，争执者双方构成了不同的价值主体，他们依据各自的价值需求去搜集证据，选择、访问及准备证人以确定证据的要点，这其实就形成了争执双方的不同价值关系。而陪审团和法官在听取了各方证词后做出成功和失败的裁决，这是评价者对上述价值关系的判断。同样，司法式评价也是借用了法律领域中的诉讼程序和行政听证方法，使得关于同一计划方案呈现出两种明显对立的观点。赞成者和反对者通过实情调查、人证、反诘问、问题发现以及审议等，分别明确各种不同问题和观点。教育决策者则是"希望对一项复杂的计划能听到两种截然相反观点的解释，以便决策能建立在更加可靠的基础之上"②。司法式评价就是通过此种评价方式促进对教育计划的广泛了解，明晰其中不易理解的复杂问题，并提供合理的建议和指导。这两种评价模式都借用了法律领域中的相关程序和争论方式，尽管评价目的不同，但是他们都强调了作为决策者的评价主体对教育计划中的不同价值关系的判断，即在事实判断的基础上做出适当的价值判断。

上述分析表明，学校教育评价在评价关注重心上实现了突破，打破了因片面关注方法而导致的评价的狭隘性，从而形成了目的关注评价，即从评价活动中人们的价值需求分析关注评价的目的何在。目的关注评价在评价发展中的重要意义就在于激发了评价者的兴趣、需要和创造性，进而由"评价机器"成为真正的评价主体。因此，目的关注评价中的评价主体根据不同需要，除了强调预期的效果和目标达成度，同时还关注非预期的结果；不仅对结果加以评估，而且还要对先在因素、实施因素进行分析或进行背景评价、输入评价、过程评价；强调形成性评价促进教育完善的功能，不只是在方案结束之后才进行评价以决定其优劣，而是在方案实施过程中就不断提供各种有利于改进的信息反馈。

---

① S. Clyne. Adversary Evaluation [A]. Herbert J Walberg, Geneva D Haertel. The International Encyclopedia of Educational Evaluation [C]. Oxford: Pergamon Press plc, 1990: 75.

② R. L. Wolf. Judicial Evaluation [A]. Herbert J Walberg, Geneva D Haertel. The International Encyclopedia of Educational Evaluation [C]. Oxford: Pergamon Press plc, 1990: 79.

（四）管理性教育评价功能变革的价值论分析

1. 管理性教育评价是在主客二分的基础上进行客观的“价值认识”

（1）教育评价是客体价值属性的客观描述

历史表明，教育评价于19世纪末和20世纪初进入了教育测量时期。此时，教育评价和教育测量、测验、考试成了同义词。人的各种心理品质或学习成绩的测量、测验是教育评价走向科学化的重要方法之途，何以能与评价等同起来？这源于对教育价值的哲学理解。客体价值论认为“价值就是客体属性”[1]。价值是事物的一种属性，可以称之为“价值质”，那么评价活动就是采用不同的方式或手段描述出此种事物所固有的客观的价值性质。因此，心理实验、统计技术和智力测验、量表被创造出来后，教育研究者们就积极地将此引入教育领域并编制了大量的教育测验、量表，用以测量学生的各种心理属性并赋予相应的分数，即数字或符号。此种对学生心理属性或学习成绩的测量就构成了当时教育评价的主体，此种价值属性的描述也就成为教育评价观念和理论的主要理解。显然，以教育测量、测验等为基础对教育或学生价值属性进行分项描述，排除了评价者或其他人的主观情意因素。

随后，泰勒用“教育评价”概念代替了“教育测量”，促进了教育评价理论的重要发展。泰勒评价观的实质是依据预先设计的行为目标且通过各种方法对学生在心理和学习方面的“价值属性”进行客观描述，以便准确地判断目标达成度，故其价值论的哲学基础仍然是客体价值论。克龙巴赫和斯塔弗尔比姆则将上述评价观视为目标模式并进行批判，认为教育评价是为作出关于教育方案的决策而搜寻和使用信息，它能完成的最大贡献是确定教程需要改进的方面。可见，为决策提供信息的评价观主要是在评价目的和评价结果处理方式上对目标模式进行了深刻的批判，它也是以“价值就是客体属性”为前提假设的，只不过描述的是事物发展过程中所呈现出来的价值属性，即课程开发过程中关于达标与否的相关证据，并将

① 陈新汉．评价论导论——认识论的一个新领域［M］．上海：上海社会科学出版社，1995：75.

此作为课程改进的信息提供给决策者。

教育评价观念若以客体价值论为基础，就将各种教育价值视为学生、教师、学校等所具有的价值属性或“价值质”，故而评价无非是通过各种教育测量工具或其他资料搜集的科学手段对此进行客观描述。必须指出的是，把价值看成客体属性的观点，重视了客体属性在价值中的作用，但把价值凝固在客体上，就看不到主体在价值形成中的作用。显然，此种教育评价观在保持评价的客观、公正的同时，却忽视了人的主体需要，以致将预设目标作为铁定不变的评价标准而不加以任何批判。

（2）教育评价是“事实判断” + “价值判断”

为了纠正教育评价中因片面追求客体价值属性的客观描述所致的方法中心主义，人的主体需要日益受到重视。教育评价不仅要求如实地客观描述教育现象的实际状态，而且还应当对价值主体的需要进行分析，如调查所有与评价方案有利害关系的人的需求、了解评价听取人的信息和决策需要，等等。因此，价值判断进入了教育评价领域后，与事实判断紧密结合起来，并对人的主体需要表达了极大关注，从而使得评价成为了教育中各种价值关系的反映。美国学者格朗·兰德（Gronland，N. E.）运用一个公式概要式地表述了此种教育评价观，即“教育评价 = 测量（如测验）和/或非测量（如非正式观察） + 价值判断（如学习进展的良好状态）”①。这其实表明了教育评价的价值论哲学基础发生了变化，由“属性说”转向了“关系说”。价值关系说认为“所谓价值，就是客体与主体需要之间的一种特定（肯定与否定）的关系”②。价值属性既不能归结为价值客体也不能归结为价值主体，而是永远介于主客体之间，存在于主体需要与客体属性之间的一种特殊联系状态。在关系范畴中，“价值的特点在于：这种统一必须是符合主体需要与内在尺度的，是客体为主体服务，是主体性占主导地位的统一”③。在教育评价中，评价主体就是以价值主体和价值客体之间的价值关系为评价对象。具体言之，评价者通过事实判断

① Norman E. Gronlond，Robert L. Linn. Measurement and Evaluation in Teaching［M］. New York：Macmillan Publishing Company，1990：6.

② 李连科．哲学价值论［M］．北京：中国人民大学出版社，1990：62.

③ 李德顺．价值论——一种主体性的研究［M］．北京：中国人民大学出版社，1987：125.

力求全面、客观地描述被评者的知识、技能、思维能力等内在心理特征，在此基础上结合价值主体的不同需要作出公正、合理的判断。事实上，教育实践中的价值主体和价值客体之间的各种价值关系相对于评价主体而言是客观的价值事实。此种评价观在CIPP模式、对手式评价、司法式评价中体现得最为明显。

在上述教育评价观念中，教育价值无论是被视为不同客体的价值属性抑或不同主客体间的价值关系，评价主体都需要以其为评价对象且客观反映之。实质上，这就表明了教育评价就是进行客观的“价值认识”，评价主体将教育价值视之为评价客体，客观地描述价值主体的需要和价值客体的相关属性，在此基础上进行价值判断。当然，价值判断进入教育评价领域后，一方面深入关注和分析了人的主体需要，为评价主体和价值主体相互作用提供了前提条件；一方面因主体需要、欲望、兴趣的强调，也逐渐导致了教育评价的主观理解倾向。

（3）在“客体化”的基础上进行价值认识

在描述式评价中，学生被视为评价客体，评价者如同测量机器一样进行客观测量，并以此为依据作出教育选择；在比较式评价中，评价者依然保持价值中立，用可观察的行为动词陈述教育目标并作为评价标准，根据目标搜集教育结果，然后比较和描述教育结果与目标之间的差距；在目的关注评价中，评价者的兴趣和价值需求尽管在评价目的的分析中得以表达，但他们仍然是作为教育价值的旁观者审视着价值主体的合理需要，测量着价值客体的属性，并以他人的价值需求对客体的属性作出客观的价值判断。从上述的评价观可以看出，它们都是在主客二分的思维方式下追求着客观、科学的评价。以主客二分思维来考察教育评价，即在评价系统中把评价主体和评价客体分开，认为二者处于彼此外在、互相封闭、各自独立的对立关系中。教育价值无论是被视为因价值客体的社会特性而固有的，还是被视为价值主体和价值客体之间的关系，它都是静止不变的、实体性的存在，其中的价值主体仍是抽象的人，而在教育价值之外预设了一个旁观者，这就是评价主体；评价主体不以自身的兴趣、需要和价值取向进入价值关系，和价值主体之间不存在交互作用。因此，教育评价意味着评价者在描述、比较、判断客体的社会属性以及价值关系的实质中进行教育选择。基于主客二分思维方式的评价实质上就是价值认识性评价关系。

在客体化的评价关系中，评价主体因与价值主体相隔离而未进入价值关系中。在评价对象客体化的基础上，评价主体也由此成为一位旁观者或局外人，一位进行客观描述的价值无涉的程序执行者。这些在教育测验或考试中，目标本位评价中体现得最为明显。首先，教育测验中的评价主体是价值无涉的。在“评价就是测验或测量”的时期，各种智力、学业成就、人格等方面的测验工具纷纷问世，“评价者的工作就是测量技术员的工作——选择测量工具、组织测量、提供测量数据”①。其次，目标本位评价中的评价主体是价值中立的。在以“描述”为标志的评价时期，“评价”一词取代了测验或考试，并在评价实践中引入了可测量的、可操作的行为目标以至教育目标分类体系。布卢姆（Bloom）曾经用公式“目标＝行为＝评价技术＝测验问题”表明，用具体的、外显的行为动词表述教育目标，以此为基础使用问卷、观察、产品样本和测验描述学生的学习结果，以便进行客观的评价。可见，评价主体的工作主要就在于根据预定教育目标对教育结果进行描述并将两者进行比较以评判目标实现的程度。

价值认识意味着评价主体通过客观的评价工具或方法对评价对象进行复合式的客观描述。在价值认识性评价关系中，客观化的“镜式反映”是其根本的追求。因此，教育领域中的价值关系都被客体化进而描述价值主体的需要和价值客体的相关属性，并在此基础上进行价值判断。就客观化的评价关系而言，首先，它表现在价值关系的客体化，即价值关系无论是在“属性说”上还是在“关系说”上皆为客观实在。如此，价值客体可以进行要素化分析。如学生的智力可以依据不同的心理学理论或分解为不同的构成因素或细分为不同的智力类型；价值主体需要可以运用的行为目标进行表达，如用可观察的、可测量的行为动词设计和表述课堂教学目标。其次，它表现在方法科学化以及基于此的量化分析上，科学的方法和技术是评价主体和客体化的价值关系之间的作用方式。评价主体在价值中立的状态下，通过标准化测验或教师自编测验、课堂观测、问卷调查、访问谈话、自我报告等方式对评价对象进行量化或测量，即依据一定规则给事物属性指派数字或符号。相对而言，物理测量是直接的，但教育与心理测量则是通过测查人的外显行为特征或表现而间接地测量个体的内在心理

① 张华．课程与教学论［M］．上海：上海教育出版社，2000：383.

特质。基于客观的量化数据或等级符号，评价主体据此可以对评价对象作出区分、分级或达标等方面的价值判断和选择。因此，价值认识性评价关系最后也就表现在统计分析基础上的评级分等、合格认定、资格鉴定等方面。一方面，依照常模（大多为平均数和标准差）进行相对评价，以进行排序分等、区分选择；另一方面，依照预定的目标或标准进行绝对评价，以进行达标程度、合格与否的评判。

2. 价值认识性评价关系：人在“物化”世界中相互隔离

（1）管理性教育评价是可以“物化”的世界

在学校教育评价改革中，笔试取代口试的重要目的之一，就是力图改变传统评价中口试的非科学性评价方法和程序，以及由于评价者的情意因素而致的主观随意性评价结果。笔试一开始时采用的是论文式考试，仍未能很好地达到科学化、客观化评价的要求。但是，随着实验设计、统计分析和测验量表被引入学校教育评价后，教育测量或教育测验就成为当时处于支配地位的评价方法和评价思想，进而形成了描述式评价观，它集中体现于标准化测验。它是有效实施教育选拔和管理不可或缺的评价方式，并已成为各国教育的普遍现象——大多数国家都实行着大规模的标准化考试，诸如毕业（证书）考试或学位考试制度和大学入学考试制度等，于中国则具体为高中会考和高考。它们凸现了标准化考试作为一种教育评价对教育选拔和管理的关注。正因为教育选拔和管理的需要，教育评价应当公平化、客观化和科学化，由此进入了测量和测验时期、描述时期。细究其中，旨在选拔和管理的教育评价在注重终结性评价中力求工具性的效力——客观性、准确性、可比性、信度、效度等，以实现对被评价对象进行有效的选拔和管理（在一定意义上实为控制），积极模仿和采用自然科学的实证方法，以“纯粹价值中立”为依归，并进而在一定程度上走向了极端：数字在评价中的滥用，以量性评价排挤质性评价，以确定性研究范式解释不确定性现象……基于此，选拔性评价和管理性评价在推崇量性评价中树立了“科学主义”的权威。

实质上，大规模的标准化考试是一种运用预先设计好的标准方式对学生的行为样本进行施测和评分的系统，在组织考试范围、方式、数量、影响等方面超过了其他的一般考试，能很好地满足选拔性评价和管理性评价的要求。标准化考试多以选择题、填空题等客观题为主，并且是统一的纸笔考试。大规模的标准化考试以科学的量化方式搜集信息，以统一公认的标准作为衡量的准绳，从而改变了评价的主观臆断。正是因为测量的结果是客观的、公正的，又容易引起公众的注意，标准化考试一经创制就受到教育管理者的推崇。他们以常模为参照对学生的考试成绩进行比较和判断，进而对教育方案、学校和教师的工作或学生所获得的知识和技能作出合理的评价。

在追求“客观性”和“科学性”的管理性教育评价中，人在科学主义、技术理性下被抽象化、实体化、要素化。第一，学生因抽象人的假设而被分裂为心理特质和外显行为，这在实体性思维上表现为现象与本质的分离。不仅如此，此种心理特质是普遍的，是所有学生（抽象的人）所共有的。因此，教育与心理测试理论就可以假设通过学生在标准化情景下的直接、可测量的外显行为（主要为学生的考试成绩）来间接推断其内部的心理特质。第二，所有学生都遵循着共同的心理发展阶段，并且在每一阶段的发展状态都是同一的。在抽象水平上，所有人的心理特质都是相同的，且都可进行同样的要素分解，诸如认知、情感和动作技能领域，在此基础上还可进一步细分。因此，在教育评价中，可以用统一的评价标准来衡量所有人，用统一的标准化方式来要求所有人。第三，当根据由共同的、普遍的心理特质而建立的评价标准施行评价时，个体（学生）的实测结果和自身恒定的、且客观固有的心理特质水平之间的不相符合之处就被称之为误差，而这又源于评价时的当下情景中的客观因素和主观情感、情绪的影响。

（2）管理性教育评价中的隔离现象

在方法中心主义的倾向下，价值认识性评价很容易陷入工具理性的窠臼，关注评价的工具效用，以及它对评价对象的有效控制——管理性评价功能的重要特质。对教育管理者来说，诸如标准化考试、实验设计等评价形态理所当然地被教育行政部门视为监控学校教育教学的一种最佳的管理手段，被视为检查教学质量的一种适当的评价方法。因此，教育评价在实践中已成为对教育教学进行有效控制的工具。当教育评价将评价视为监控的手段时，当它拒绝、否认评价是一种自我参考的活动时，它就由此引发了隔离现象。为保证考试的“有效性、公正性”，教育评价借助于行政的手段，将评价的标准和考试的内容、形式、方法等限定由外部机构来完成，以维持评价者的独立性，确保评价报告不致流于偏见。其结果是，学校、教师、学生被隔离于评价的计划和方案之外，教育评价制造了由于隔离评价而使得评价者与被评者之间很少甚或没有联系。这样，被评者常常处于被动的、受威胁的状况，无法获得必要的评价信息；教育评价与被评者、评价者与被评者之间由是形成对立以及不协调。

• 被评者在教育评价中处于被动地位

教育评价为了使自身成为有效的监控手段，需要将被评者置于整个评价方案和过程之外，只让被评者接受评价，只有这样才能获得客观、公正的评价结果。可见，教育评价仅仅满足了管理者的需要。在制订评价标准中，与被评者的隔离尤为突出，表现在评价标准完全由专家进行选择和确定，选择的依据主要为国家、省、市等不同层面管理单位统一的各科教学大纲；在此过程中，也不与被评者进行直接交流。这就造成了被评者的需求被隔离于整个教育评价的方案之外。

教育评价在处理学生成绩时，也与被评者缺乏信息交流。教育评价以二分法（即区分为合格或不合格）对分数进行处理，致使学生最终获得的仅仅是一个鉴定，而不是学业成就的具体分析。这样，学生就不能从考试结果中得到更多的信息以提高自己。而且，被评者因为无权在考试中作出选择而处于一种被动状态，这也是教育评价将被评者隔离开来的表现。

• 评价者在教育评价中忽视了自我评价

教育评价中的隔离评价否认自我评价，因为评价者不能对评价方案作出客观的评价；强调评价者要独立于评价之外，以除去可能存在的偏见。所以，隔离评价中的评价者只评价他人，却不寻求、甚至抗拒评价自己所从事的工作。他们会因此而失却重要的评价信息。

教育评价中的隔离评价不仅反映了评价者回避自我评价，也反映了评价者在教育评价中占有绝对的优势，拥有评价的主动权。他们或是专业人员或是专家，由他们所设计的评价方案和实施的评价活动都被假设为正确的。因此，在整个教育评价中只有单向的评价活动，即所有方案都针对被评者，被评者只能接受评价，但评价者则不接受评价。

• 教育评价中不同利益者间的冲突

当外部的教育行政部门利用教育评价对学校、教师进行监督时，评价者（外部的教育行政部门）和被评者（学生、教师、学校）之间常常会发生利益冲突。外部的教育行政部门实施教育评价更关注规定的教育教学目标的完成情况，而被评者却追求他们所认为的更有价值的目标。两者对于教育评价的价值认识存在着冲突，而此冲突如果得不到解决，往往使评价者和被评者价值认识相互割裂，导致整个评价活动的不协调。

教育评价中的隔离还会导致“管理主义”倾向，往往会形成一种有偏见的、有利于评价者或管理者的评价报告。事实上，这表明了评价者和管理者之间的内在关系，即“评价者通常就评价活动与管理者达成协议，在设定的（指标）参数和范围内进行研究以便服从于管理者或向其进行（评价结果）报告”①。由于行政管理者的权威和职能，许多评价者情愿提供管理者所期望的、有利的评价报告。在管理性评价中，评价者往往为了维持行政管理者和自己的地位而提出有利的报告，或者提出的报告至少不会对行政管理者的利益造成损害。

三、价值建构时期：旨在提供有用信息的服务性评价的价值化改造

在管理性评价功能变革的推动下，教育评价在方法科学化历程中已经形成了完备体系，能够使得各种评价结果更为客观、更为公正，以至得到社会的承认。但是，教育评价的科学化体系存在着固有的问题，“特别是对于那种将评价客观性本身加以目的化，以致造成了和使教育活动取得更大效果这个大目标相矛盾、相对立的现象，以及在考查教育成果之际经常以难以把握为理由而不去顾及那些在教育目标中应占有核心位置的内容的现象”②。

正是在教育评价追求公平、客观的科学化历程中，选拔性评价和管理性评价日益中心化，而其他评价功能则渐趋边缘。事实上，教育评价体系科学化只有在有助于教育活动朝着富有教育意义或正确方向发展的情况下

① Egon G. Cuba，Yvonna S. Lincoln. Fourth Generation Evaluation［M］. California：Sage Publications，Inc.，1989：32.

② 梶田叡一．教育评价［M］．李守福，译．长春：吉林教育出版社，1988：29.

才有现实价值。这应当在批判评价体系科学化改造的方法中心主义倾向的基础上，对其进行价值化改造。在教育评价中，所有的人都可以有权力表达自己的价值需求，需要有用的建设性意见、理解教育方案中的内在关系、深刻揭示教育事件的意义等。因此，教育评价可以提供有用的信息，服务于教育实践中有着不同价值需求的人。

（一）教育评价体系科学化改造中的方法中心主义倾向

1. 对教育评价中“科学主义”倾向的反思

在工具理性的强大影响下，科学化的教育评价往往陷入“科学主义”的偏执之中。“科学主义”倾向使评价为了获得更精确和实实在在的资料，有意识地把自己和生活世界划分开来。这种教育评价只看到客体的外在表象及数学逻辑所创造出来的形式结果，看不到主体及评价科学的原本目的，忽略了人生的意义和价值问题在教育评价中的重要地位。而且，在带有“管理主义”和“科学主义”色彩的教育评价过程中，人的非本真状态呈现得往往比较严重。原因在于，“在日常生活中，此在往往不能领会到这种为自身之故的存在。它要么沉溺于操持所及的在者，要么以他人身份进行自我筹划”①。这种情况导致了教育评价中的“此在之沉沦”。换言之，传统教育评价是外在于人之存在的事物，故人在其中失却了本真的生活、丧失了存在的意义。

值得一提的是，教育评价体系的价值化改造对传统评价中的“科学主义”倾向的批判并未停留在现象的、常识的水平上，而是直接指向现代科学技术的世界图景。因为教育评价中的科学技术首先是一种世界观，然后才是一种社会现象。这就是说，科学技术将评价中的一切事物都抽象为主体与客体，使人的最切近的生活世界被对象化了。于是乎，传统教育评价中的人失去了自己的家园，处于毫无保护的状态，进而跌落在无根基和非本真的生活中，沉沦为存在的非本真状态。而且，评价体系的价值化改造进一步揭示了传统教育评价中科学技术的客观世界实质上是从生活世

① 涂成林．现象学的使命——从胡塞尔、海德格尔到萨特［M］．广州：广东人民出版社，1998：164.

界发展而来的，是以“生活世界”为基础的。基于“生活世界”的分析，评价体系的价值化改造，从容地从实证理性的偏见中解放出来，明白了评价理论和实践只有服务于人，只有相对于人而言才有意义和价值。显然，在评价体系的价值化改造中，“生活世界”之理论对教育评价中的唯科学主义和实证主义的批判抓住了它们的客体和主体的割裂，只强调客体和见物不见人的片面性。

总而言之，评价体系的价值化改造对传统教育评价中“科学主义”倾向的反思，深刻揭示了人在评价世界中迷失了自我、失却了自身的意义和价值的问题。传统教育评价的“科学主义”倾向必然会导致教育评价中人的“非生活化”。

2. 对教育评价中“控制化”倾向的批判

评价体系的价值化改造在属于人的评价世界中、在主体的建构中高扬着人的解放的旗帜。从根本上说，人的解放源于主体的反思和批判。评价体系的价值化改造高举“人的解放”之旗帜展开了对传统教育评价中“控制化”倾向的批判，并以此为动力奋求着处于解放状态中人所内含的自我意识和存在经验。

因此，评价体系的价值化改造在对传统教育评价的深入分析中洞察到了科学技术的世界图景不仅将人对象化，而且导致了极权统治或“控制”。在传统教育评价中，人们极其严肃而又认真地在“价值中立”的科学技术的各种成就和状况中去寻找、证明人的自由与建立新的评价理论的各种可能性，这正是科学技术占了统治地位的标志。而科学技术在教育评价中占据统治地位并扩展开来时，个别人的个别看法与意见早就被弃之不顾了，多元价值的存在从根本上遭到了忽视。“海德格尔将人们的日常生活与平均状态相等同，认为它是一种无形的超级‘独裁形式’。在这种生活中，此在失去了自己的个性和独立性”①，而且完全把本己的此在消融在“他人的”存在方式中而沦为“一般人”。教育评价中的一般人的存在方式就是将一切都维持在平均状态。这种平均状态像一个看守者，监控着

① 涂成林．现象学的使命——从胡塞尔、海德格尔到萨特［M］．广州：广东人民出版社，1998：164．

任何一个可能出现的例外。因此，教育评价中的这种平均状态规整掉了一切创造性、独立性和自主性。对科学技术的世界图景的反省从一个方面凸现了传统教育评价对人的控制。

不仅如此，评价体系的价值化改造还深入地批判了传统评价中的工具主义理性，从另外一个角度剖析了教育评价的“控制化”倾向。教育评价中的传统理性在强调理性的重要性的同时，忽视乃至贬低、压抑了人的非理性、情感和意志，以至理性成为自我封闭的主体用以主宰自然的技艺。更有甚者，他将人作为客体，也纳入了控制的视野。基于此的教育评价就成为了工具理性评价——只将评价手段关联于目标，却没有去反思这些目标本身是否合理、是否公正。它的核心就是追求对评价对象的有效控制，因为教育评价中的工具理性只关心工具领域而不关心目的，追求对评价世界的改造和控制。在传统教育评价中，工具理性体现的是一种权能，无论这种权能体现的是个人权能，还是社会权能，其共同点都是追求通过技术手段来进行控制。不言而喻，传统教育评价中“控制化”倾向使得臣服和被臣服的控制关系日益扩张。

（二）以主体建构为基础进行评价体系价值化改造

处在教育评价发展过渡时期的 CIPP 模式和全貌模式都是在对传统教育评价（教育测量、实验研究、目标模式等）进行批判的基础上发展起来的。但是，在一定意义上可以说，CIPP 模式和全貌模式整合了之前的测验与实验研究、泰勒模式以及由此演变出来的目标模式、决策取向模式等传统评价，将价值认识评价推向了极致。与此同时，它们又代表着教育评价理论在思维方式上寻求新的突破——从人的价值需求的维度来研究评价系统中不同人或主体间的相互作用，以及价值关系的生成，从而成为了向价值建构评价转向的中介。价值认识评价观认为教育价值是实体性存在。因此，教育评价意味着评价者在描述、比较、判断客体的社会属性以及价值关系的实质中进行教育选择。基于主客二分思维方式的评价实质上就是价值认识评价观。但是，价值建构评价观却认为教育价值是在主体间的交互作用中生成的。以此种价值论为哲学基础的教育评价纷纷体现于 1972 年后由“新潮流评价者们”（new wave evaluators）所提出的教育评价理论和模式中。

1. 评价主体通过与价值主体的协商交流进入价值关系

在教育评价发展历程中，美国学者斯太克（Stake，R. E.）提出的回应性评价（responsive evaluation）标志着新的理论诞生。教育评价本质上是在坚持价值多元信念的基础上通过“协商”而形成“心理建构”。斯太克首先批判了传统目标模式的“预定式评价”（preordinate evaluation），指出其缺陷是“难以反映课程方案本身的合理程度和变化、学生在目标之外的感受、各方面人士对目标和课程实施等方面的不同观点等”①。为了回应不同利益相关者对课程方案的各种观点和需求，使得教育评价更加有效地服务于评价结果听取人，以便提供他们所关心的信息，评价者需要在与评价委托人的交流沟通中充分理解他们关注的问题、兴趣和焦点。事实上，回应性评价模式中的评价主体自始至终都在同所有与方案有利害关系的人进行实质性沟通，了解对方案感兴趣的各界人士所关注的价值需求，以此为据选择搜集资料的手段，提供其所需要的相关信息，解答他们的疑问，探究课程计划的特点。回应性评价中的沟通显然是为了在自然状态下进行观察、描述和解释人的行为和相关事件以了解真实自然的情况，所以它在方法论上是自然主义的，通过个案研究、随机取样和观察、多方听证、叙事等方式使得评价者在开放状态中成为一个“反应者”（response）而非“刺激物”（stimulus），深入和发现新问题，进而使得“评价者能像对待预先已予以考虑的问题一样去对待不断出现的新问题”②。实质上，回应性评价就是通过一种自然主义的、动态的评价运作方式，具有相当弹性和应变性的评价程序，使得评价主体和价值主体之间的协商沟通贯穿评价全过程。评价者作为方案实施中自然发生的事件的反应者，“开始越来越充当一个仲裁人的角色。在同评价委托人和评价听取人的关系中，他越来越显得重要，他应最终激发这些人思想，并将他们的经验融合进自己的报告之中”③。评价者正是在与不同利益相关者的反复沟通和

① 李雁冰. 课程评价论［M］. 上海：上海教育出版社，2002：56.

② 斯太克. 方案评价的特殊方法——应答评价［G］. 龚伟民，译//瞿葆奎. 教育学文集·教育评价. 北京：人民教育出版社，1989：329.

③ 同②，333.

及时反馈中，进入了复杂的、多元的价值关系中进行“价值建构”，不断明确新问题，随时据此调整计划，从而使评价逐渐逼近价值主体所关注的问题焦点。

显而易见，斯太克所提出的回应性评价是从评价主体、价值主体甚至价值客体之间的交互作用关系来分析教育价值的生成过程；从价值认识评价中解脱出来，主张评价的主旨是为特定的人们提供服务，评价者应该充分了解评价结果听取人所关注的问题、兴趣、焦点等，为他们提供所关心的信息，那么评价才是大有裨益的。回应性评价正是在批判预定式评价的基础上突出了教育或评价中人的价值需求，指出评价需要回应特定人群的需要和关注的问题。为此，评价者与相关人员的实质性沟通贯穿于整个评价过程中，而且在服务于不同人们的需要和关注问题的基础上随时调整评价进程。这就使得回应模式给评价理论的发展带来的革新性力量和观念：向与方案有关的人员提供有用的服务以便回应人们的需求；关注教育多方面的价值需求、潜隐的长期价值和内在价值；提倡自然主义的、动态的评价方式；引入多元价值观。可见，强调有用性，即为特定人群提供服务的回应模式不需要一套严格的评价程序，而是根据不同的问题和目的要求选择相应的评价方式；回应性评价实质上是“一种调和的、完全的、统整的评价”①，适合于一个多元的、复杂的客观世界。

2. 评价主体通过对价值客体的现象解释和意义赋予进入价值关系

在以自然主义评价（naturalistic evaluation）和解释性评价（illuminative evaluation）为代表的教育评价观念中，评价者主要运用自然主义评价方法，通过观察、师生访谈、问卷与测验、文件和背景资料分析等质性评价方法，与定性研究、个案研究、软数据、生态学、描述和说明等联系起来。因此，评价者在对不同主体需要进行反应的基础上成为价值主体，并通过上述的种种质性评价方法对事件中的内在因果关系进行整体性解释，同时随着事件调查的深入而不断形成新的问题和价值需求，并据此对整个事件进行意义赋予。具体说来，此种教育评价观具有如下特点：“（1）在

① D. W. Dorr - Bremme. Naturalistic Evaluation [G] //Herbert J Walberg, Geneva D Haertel. The International Encyclopedia of Educational Evaluation. Oxford: Pergamon Press plc, 1990: 67.

调查及报告过程中最初强调的是参加者的观点；（2）有一个整体的方法，即当事件在参加者所了解的相互关系网中发挥作用时，努力去理解和描述整个事件；（3）评价者对于把自己作为收集、分析资料的工具这种做法的看法是：这是一种信念，即只有在计划安排中实际地进行工作的人才能层层‘剥开’并理解现象中的前后关系、意义、系统的相互依赖关系。”①评价主体就是通过现象解释和意义赋予进入价值关系中，对教育变革、教学和课程方案的优缺点和贡献（价值）进行系统调查、实际判断。

英国教育评价学者帕勒特（M. Parlett）和汉密尔顿（D. Hanmilton）提出的解释性评价则在系统方法（system approach）和整体视野（holistic in outlook）② 的基础上，认识到教育方案不是个别效果的机械相加，而是行动和结果的有机组合，因而特别关注教育方案发生作用时整体性的、具体的情景，关心的是描述、诠释而非测量、预测。因此，解释性评价提出了两个基本概念：教学系统（instructional system）——教育方案在整体性的、具体的教育情景中的实际运作情形；学习环境（learning milieu）——教师和学生交互作用所处的社会心理和物质环境。为了叙述和说明其中的一系列复杂问题，向所有方案参与者提供理念和信息，解释模式依据具体评价情景选择评价的目的、方法等。它提供了一种一般性评价策略：第一，在观察阶段，找寻发生于学习环境中复杂的交互作用，并记录其中的实践和活动类型；第二，在探究阶段，渐进聚焦并确定环境中的重要因素，收集相关资料；第三，在解释阶段，在质性资料的分析和解释中识别因果关系类型，并对整个方案，包括理论基础、过程、运作、成效和困难问题等进行整体而深入的研究。解释性评价“不再是对某些变量的预测和测量，而是对整个课程方案及其背景的描述和阐释。显然，这种范式是一种文化人类学的范式，它重视历史、文化和社会等因素对方案的影响”③。

解释性评价“特别考虑到教育方案发生作用时的整体脉络，因此主

① 许建钺，等．简明国际教育百科全书·教育测量与评价［M］．北京：教育科学出版社，1985：69.

② M. R. Parlett. Illuminative Evaluation［A］. Herbert J Walberg，Geneva D Haertel. The International Encyclopedia of Educational Evaluation［C］. Oxford：Pergamon Press plc，1990：69.

③ 李雁冰．课程评价论［M］．上海：上海教育出版社，2002：106.

要关心的是描述（description）和诠释（interpretation）”[①]。评价者通过参与性观察、师生访问、非正式的会议等方式对个体进行描述和反应，从有关实际的学习过程和环境搜集重要信息，在形成的最初观念的基础上，随时调整计划并制定更深入可行的持续调查策略。这就意味着评价者需要使用“全景取景器”把新的课程和相应的变化“描绘”成复杂的整体，主要包括“教学系统”和“学习环境”，当然，参与者的抱负和所遇到的困难也是其中的构成部分。由是观之，评价者需要从学习者和学习情景中的参与者的需要出发，以明确、叙述和说明一系列的复杂问题，协助变革者及其他价值需求者。为此，评价者更多关心的是力图全面了解和分析研究情景中的日常生活的真实情形，从整体性的宏观研究入手着重整个网络中的内部联系，由此揭示其中有组织的复杂现象、事物之间的相互联系以及可能存在的多种因果关系。评价主体就是要形成总体模型或图样把系统描述和理解为一个有组织的、协调的整体，由此解开一种由原因和结果组成的复杂网络。评价主体正是在此过程中成为价值主体并进入价值关系之中，完成对价值客体的意义赋予的。究其根本，此种教育评价观实为评价主体是基于主体需要的价值建构。

3. 评价主体作为教育价值或意义的揭示者进入价值关系

20世纪70年代末，美国学者艾斯纳（Eisner, E. W.）在质性研究中极力推崇艺术家使用的鉴赏与批评方式，并将其运用于教育评价之中，从而提出了教育鉴赏和教育批评（educational connoisseurship and educational critiisim）的评价模式。此模式在评价理论和实践中的影响日盛。在艺术领域中，艺术批评家的一项重要工作就是将艺术作品中内蕴的不可言喻的特质翻译为有助于他人更易深刻理解的语言，让那些缺乏批评家鉴赏素质的人更加全面地理解作品。在此意义上，批评执行着理解的中介职责，讨论和揭示作品的组成特质。因此，教育批评中评价者的首要任务不是进行判断，而是揭示教育方案、课程与教学实践中的价值意义，执行“撩开遮住视线的面纱”这一艰巨工作。

教育鉴赏就是“有见识的感知行为，亦即鉴别对象的精妙、复杂及

① 黄光雄. 教育评鉴的模式［M］. 台北：台湾师苑有限公司，1989：331.

重要特质的洞察过程”[1]。作为一种个人行为，它是由评价者对某一教育现象的特质进行认知和欣赏的过程。这需要评价者能够鉴别某一课堂教学所内涵的特征，即进行一种感觉探究以体会其与同类事物的特殊之处，而非按既有框架对其中发生的现象进行归类认知。“鉴赏是对事物特质、细节的感觉、体悟，而批评则是用适当的语言形式把感觉、体悟到的特质、细节揭示出来”[2]。因此，教育批评就是将内蕴于课堂教学、教育实践中的价值意义揭示出来并加以翻译，从而帮助人们能进行更加深刻、更加全面的理解。评价者进行教育批评需要“对经验敞开”，植根于批评所针对的学科领域中的丰富实践经验，它是质性的、联系的而非孤立的、抽象的；可以将教育实践中任何事物视为批评对象，但这并非意味着对事物进行否定性判断，而是由此阐明其中所独有的特质和价值。可以说，教育鉴赏和教育批评是评价者作为价值意义揭示者进入价值关系的两种主要方式。进而言之，评价主体作为价值主体通过教育批评，即从描述、解释、评价[3]和主题等交织在一起的四个维度对教育实践中的各种现象进行特质表达、意义揭示并加以各种形式的翻译。

第一，评价者通过语言界定、描绘、叙述或者表达教育生活的有关性质、课堂生活中发生的具体事件，从而写出自己认为重要的、有倾向性选择的东西；第二，运用各种各样的理论揭示课堂教学中发生事件的意义，并对事件的性质、情景、结构以及支持它们的价值观进行适当的解释；第三，将自己所坚持的价值标准和选择贯穿于其中，并依据自己的历史和哲学知识、学校实践经验对自己所认同的教育价值保持警醒，而且对自己反对的价值观同样如此；第四，从中提炼出主要思想和结论，这不仅为人们提供了一种促使其能抓住关键点的总结，而且也能促使其把批评也作为理解其他教育情景的一种方式。显而易见，评价者主要通过教育批评成为价值主体，进而揭示了自己融入其中的价值关系。

究其根本，回应性评价、解释性评价、教育鉴赏与评价等评价观念具

---

① 李雁冰．课程评价论［M］．上海：上海教育出版社，2002：171.

② 同①，173.

③ Elliot W. Eisner. The Educational Imagination：on the Design and Evaluation of School Programs［M］．New York：Macmillan Publishing Co.，Inc.，1979：203－212.

体地表达了“价值建构性评价观”，主张评价主体进入教育价值关系之中，积极地与价值主体甚至价值客体进行多维的、多层次的交互作用。在多向互动的过程中，价值建构评价体现出了如下特征：第一，价值关系的多元化、生成性。评价主体、价值主体和价值客体都有着自己不同的价值需求，教育评价的价值建构就是在他们的互动关系中产生和存在的。第二，评价活动的具体化、个性化。教育评价强调对评价情景的理解，关注具体的个人及其需要的特殊性、评价方法的适切性等。第三，评价过程的开放性、动态性。评价不是执行预设方案，而是处于开放状态积极吸纳新质因素，随着互动的深入，在交流和协商中随时调整评价设计和评价活动。事实上这也是评价者根据自己的标准和概念框架进行意义创造。

（三）服务性教育评价功能变革的价值论分析

1. 服务性教育评价是在主体间性的基础上进行价值建构

综上所述，“新潮流评价者”在主体需要的基础上提出了回应性评价、启发性评价、教育鉴赏和教育批评等教育评价观念和模式，其中的评价主体通过协商交流、教育事件或现象的描述和解释、教育价值和意义的揭示等途径成为价值主体，进入各种价值关系中积极进行着价值建构。基于主体需要，教育评价的内部结构发生了重要的变化，评价主体能够与评价客体交互作用，即评价主体不是单向的在认识论意义上客观反映价值关系，而是通过各种方式进入价值关系中进行价值建构。这其实意味着价值论哲学基础又一次发生了转向，从认知性评价论转向了建构性评价论。在建构性评价论中，评价主体和价值主体实现了重合（或者价值关系中的主体一分为二为价值主体和评价主体或者评价主体和价值主体合二为一），评价活动成为了主体对主客体之间价值关系的认识活动。因此，评价活动总是评价者对一定事实与自己之间的价值关系进行建构，此时评价者成为了价值主体并与价值客体形成了价值关系。这就意味着评价的本质在于评价主体应当进入价值关系中进行价值建构。

实质上，教育评价观从“价值认知性评价”发展至“价值建构性评价”，深刻表明了评价主体在价值关系中从客观“反映者”变成了“建构者”，成为了价值关系中重要的组成部分。此种教育评价观在实践中走出了教育测量和目标模式预定性评价的框束，开辟了一个全新的视域：将评价视为基于主体需要的建构过程，通过质性研究方式“如实描述”教育实践过程及其中的优点或价值，并将其置于评价主体的解释框架、价值观念之中。但是，价值建构性评价并不存在所谓的“如实描述”，只存在依据评价主体的内在尺度和概念框架进行意义赋予、价值的心理建构，其根本原因在于评价主体在价值关系中的价值建构脱离了教育实践或教育变革过程——这是教育价值和意义的不可或缺的创生过程。

基于主体建构的价值建构性评价尊重主体的差异性、价值的多元性。因此，人在价值建构性评价的积极建构中，能充分表达自己的个性，能自由地选择属于自己的独特的教育评价。与价值认知性评价关系不同的是，价值建构性评价倾向于将价值关系主体化，即评价主体进入价值关系之中，以价值主体的身份与价值客体进行对话和协商，赋予价值客体以平等地位并由此在共同的心理建构中达成价值共识。从根本上说，价值建构性评价关系试图以经过纯化、清洗了的人的存在来张扬人的价值和意义，着意追求人的独特性与创造力，由此确立新的教育评价理念。最为根本的是，在价值建构性评价中，只有人之为人，教育评价才能被视为主体协商建构的过程，才能被视为主体全面发展的过程；只有人之为人，教育评价才能被视为人的“存在经验”，才能被视为人的“生活体验”。

(1) 价值建构性评价中人的主体间性

价值建构性评价中，人的主体是被构造出来的。“构造”意味着，要在价值建构性评价的“对话”中实现说话者和听者之间交往和理解的目的，就需要对其语境即可理解性条件进行构造。只有满足了这些条件，相互之间的交流和理解才是可能的。

在价值建构性评价中，当听者被纳入语境或情景的构成条件之中①，一并作为“主体”来加以构造时，教育评价中所谓的“主体性”就开始意味着一种“主体间性”。在价值建构性评价的协商和对话中，主体间性首先认定有两个以上的主体自我的存在；其次，主体间通过语言媒介而构成了交往共同体，并在言语行为中实现其交往关系；最后，主体间性消除

① 语用意义的构成理论将言语的主体（包括说话者和接受者）同时也理解为构成意义的情景条件。

了主观和客观的二元对立，从而在主体间的认同和约定中重新理解教育评价的概念。可见，价值建构性评价的协商建构是以“我”和“他人”的共同在场为前提的，所以，任何个体想要成为主体都必须以其主体现实的或可能的在场为前提，并且任何个体同时既是主体，又是客体。

除以上条件外，价值建构性评价的主体性还必须满足共同构造的要求。共同构造可以理解为教育评价中的不同主体的互动过程。在这个过程中，每个主体都将自己客体化，从而共同地构造出为任一个主体都能共享的情景。价值建构性评价的主体通过彼此间的互动过程进行协商和对话，从而实现共同的构建，“主体间一方面互相理解对方的意思，从他人的观点中看到并认识自己；另一方面各自劝说对方接受自己的观点，同时也被对方所劝说。另外，不同主体间的互动行为于其情景之间也存在着一种交互关系，一方面各自的行为无疑都受到情景条件的制约；另一方面，他们之间的互动行为又不断形成和修正着情景条件，主体间的互动行为及其语境就构成了通常所谓的交往共同体”①。而这样的共同体也正是价值建构性评价所寻求的。基于语用学的协商和对话以及共同建构，价值建构性评价世界呈现着同一面貌，表达了一种新的普遍性——社会的、共同的、分享的。

价值建构性评价将主体间性构筑于交往理性基础之上，从新的理性范式丰富和推进了主体间性的内涵。价值建构性评价尊重交往理性以保持主体性中的共识、解放、团结等价值。在价值建构性评价中，交往理性是商谈的非强制性的主体间性；而且，交往理性如被看作社会的相互作用，其潜能必定在日常生活的交往实践中被认识到。价值建构性评价依据哈贝马斯的交往理论主张：普遍性是通过交流、交往和沟通，通过人们之间的协商、商谈以及相互理解和相互宽容而达到的，这样的普遍性就使人真正在思想上有着共识和一致，在行动上形成友好和合作。显而易见，主体间性中的普遍性与压迫、统治和话语霸权截然相悖。事实上，在以社会交往为基础的价值建构性评价共同体中，一个主体能在与另一主体的关系中认识自己，从而发展自己。

---

① 盛晓明．话语规则与知识基础——语用学维度［M］．上海：学林出版社，2000：16.

（2）价值建构性评价中人的主体建构

基于人的主体性，价值建构性评价成为了评价者和被评者“协商”进行共同心理建构的过程。评价方案与标准乃评价的关键要件，它们的形成具有明显的意向性结构——包含着三个要素，即意向性活动的主体、意向性活动和意向性活动的对象，集中体现了人的意识在自身活动过程中构造出种种对象的能力。究其根本，价值存在于万物与自我的关系之中，是主体意识的结果。当评价者建构其评价依据时，评价标准自然有着浓厚的自我色彩。可以说，每个人都在各自建构着自己的评价标准，同时，社会的交流和合作消弥着个体间的差异，从而达成了一致。实质上，评价标准是主体间的不同价值取向的协调，是经验自我升华为先验自我的构造结果。

值得注意的是，主体在真实评价情景中的学习性建构同样重要。人在价值建构性评价中往往需要以不同性质的主体角色出现。人作为评价者，他们以主体身份投入评价的整个过程；作为被评价者，他们亦以主体身份进行着积极的意义建构。而且，价值建构性评价主张在人解决真实的问题、完成真实任务，创造性地、主动地建构知识、能力和情感中，去评价或接受评价。因此，人的学习性建构，一方面成了价值建构性评价的重要内容和特征，另一方面也成了价值建构性评价中主体性建构的重要组成部分之一。在价值建构性评价中，任何人都因能动地参与其中而成为主体，主体的存在过程就是自我意识的能动过程，是用自我的心灵解释和创设自己的世界的过程。无疑，价值建构性评价从根本上说是主体的建构过程。

价值建构性评价是主体建构的过程和结果。主体总是在创造着自己的教育评价，评价标准的建构折射出了主体的价值取向和对价值建构性评价的自我理解。不仅如此，真实评价任务的设计、资料搜集方法的选择以及评价结果的解释也都是主体的自由选择和自我判断。建构时期的价值建构性评价不仅建构了人的主体意识，而且还发挥了主体的能动性。

2. 价值建构性评价关系：人在“意义”世界中多向沟通

（1）服务性教育评价是可以“意义化”的世界

建构性评价在质性研究范式基础上使自己超越了评价的“科学主义”误区，确认了评价中人的主体建构和价值判断，确立了人在教育评价中的意义和价值。

从生活世界观进行哲学分析，价值建构性评价当然不是外在于人的、本质既定的，而是与人内在统一的，是生活世界的有机部分。以生活世界观为奠基的价值建构性评价与选拔性评价和管理性评价相比也就“面目全非”了：教育评价并非远离生活、在人的生活之外、可摆脱主观性的以追求客观的过程，而是人的一种生活形式。以非正式评价为主的价值建构性评价不仅是人在教育评价中的一种相对独立存在的生活形式，而且也是最基本的生活形式。进而言之，生活于价值建构性评价中的人，他和教育评价过程须臾不可分离，因为价值建构性评价成为了一个现实的人生活于其中并与之打交道的东西，是人化了的世界。可以说，价值建构性评价乃是人自身的一种性质，是主体生活的一部分。这也表明了价值建构性评价的存在是以人为根据而被赋予的一种意义。从此在“在世界中”的思路出发，价值建构性评价中的所有具体存在者以至整个教育评价世界的存在都依赖于人的存在。因而，价值建构性评价被视为人的存在的自我延伸、自我扩张的产物。

在价值建构性评价中，“理解”是主体的生存方式，它遍及人和教育评价世界的一切关系并发生在评价生活的一切方面。理解着也就存在着，生活着；理解对价值建构性评价中主体的生存是根本的，也是普遍的。归根结底，在价值建构性评价中，理解是人生存的基本方式，理解是人的生活本身的原始特性。所以说，价值建构性评价也就成了属人的世界，是人的存在意义展开的过程。理解首先是人的一种“筹划”，也是人在教育评价中生存的一种方式。在价值建构性评价中，人作为此在只要存在着，他就理解着存在。理解或领会是此在的构成因素之一，人借它获得生命力，成为可能性，而不是像别的存在者那样是固定的现成的东西。可以说，价值建构性评价中人的理解是人存在的最基本的生存方式，从存在的意义重新审视人的可能性——人生与教育评价，关心着人与教育评价的最基本状态和关系。事实上，价值建构性评价并非通常意义上的那个离开人的主观意识独立存在的客观物质世界，一切实在物的总体，而是在人与之打交道的过程中得以揭示和把握的世界，是一个关系、意义和可能性的领域。所以，价值建构性评价的世界本质上是随着人的理解而展开的。由是观之，价值建构性评价向我们显示了更深层次属于实在的模式。这是一个主客体还未发生分裂的世界，是一个可能性的世界，一个人类存在原初的世界。

传统教育评价中的普通语言、科学思维和逻辑使人远离了这个世界，成了“无家可归”的漂泊者；而在价值建构性评价中，理解作为人的生存方式使人重新看到了这个世界，开始了自我回归、自我认同、自我理解的旅程。

在价值建构性评价中，语言游戏“具有形式各异的‘家族成员’，其中有对话、商议谈判、会谈、论辩等等”①。它们都“把语言知识和科学放到人类生活实践的语言中来考察，并把它们看成一个‘pragma’的问题”②。其实，这也清楚地表明价值建构性评价的语言游戏不是将语言作为手段来使用，而是将其看作是我们都参与其中的活动或生活形式。这就意味着只有在本质上把语言理解为说话活动，它才能成为生活形式中的有机构成部分。正是通过语言的用法，价值建构性评价才有可能把意义与人的谈论联系起来，并且最终与人的整个“生活形式”联系起来。在价值建构性评价中，说话活动是主体间交往的行为。谈论活动无时不有、无处不在，是最基本、最常见，也是最典型的生活和交往形式。价值建构性评价将主体的建构置于“谈论”的平台，强调“作为说话者，人才是人”。而基于语境或情景条件的说话达成有效交往的目的，成为了有主题的谈论。通过谈论，互动出人彼此间的价值共鸣、冲突、震撼……达到彼此的价值吸收与重构。因此，价值建构性评价从人的谈论出发，实现着人的价值回归。

正是在人的主体建构和自由选择的基础上，价值建构性评价积极寻求着人的意义和价值。此时，价值建构性评价的主体开始以不同的方式解读着教育评价与人生的基本关系。深入地分析发现，主体地位的确立、主体意义的展现、主体价值的认同是价值建构性评价的基础。

（2）服务性教育评价中的对话关系

价值建构性评价将人置于能动建构和自由选择教育评价的环境之中。因此，在价值建构性评价的“生活世界”中，人在“理解”评价“文本”中充分体验着存在的意义，人在参与评价的“语言游戏”中自由“谈论”着自己的独特思想。不言而喻，价值建构性评价建立了人的主体

① 盛晓明．话语规则与知识基础——语用学维度［M］．上海：学林出版社，2000：29.

② 同①，7.

地位，实现了人的主体意义，尊重了人的主体价值，从而真正成为人的评价。基于人的评价之理念，价值建构性评价以巨大的努力完成了人的意义和价值的重建。与此同时，教育评价中主体的价值建构自然就出现了价值多元，为了避免价值相对主义，需要在尊重差异的基础上通过协商、对话达成共识，寻求价值一致性。

首先，内部评价与外部评价的有机结合。价值认识性评价主体作为局外人更多进行的是外部评价（external evaluation），因为他们在方案评价中不是规划人员，或在人事评价中不是被评者。但是，价值建构性评价受"多元主义"价值观的支配，将教育评价视为民主协商、主体参与的过程，而非评价者对被评者的控制过程，故而被评价者也就成了评价的参与者和主体。内部评价（internal evaluation）与之相吻合，并因此逐渐形成。斯克瑞文（M. Scriven）以方案评价为背景对此进行了说明，即"内部评价者由实验人员组成，即使这些实验人员是专业的评价人员，也就是说，即使这些人相对于计划的产品、作品或服务是外部的，也同样是内部评价者"①。内部评价在更多的情况下就是自我评价，这包括不同层面的学生、教师以及学校等。内部评价或自我评价都是要求被评者以主体身份参与到评价过程之中，即参与评价标准的设计、评价任务的选择、评价结果的解释或者可以进行自我反思、同伴互评，从而使评价中出现被评者的声音。不可否认的是，在"心理建构"上，内部评价主体可能局限于自己的价值需求或狭隘的评价思路，致使评价缺乏应有的客观性和令人信服的结论。例如，教师在进行自我测评时，往往出于自身的功利、名誉、自尊等需要，使测评结论存在一定程度的偏向。这就表明内部评价和外部评价应当有机结合起来，一项好的评价同时需要内部人员和外部人员的共同参与。

其次，评价主体的多元互动。价值建构性评价主张在制度上对被评价者及其他一切相关人员进行"权力赋予"，以实现评价主体的多元化并建立有效的协商机制，形成平等、民主、对话与协商的评价关系。如在教师评价中，传统教育评价的主体单一化，这表现在课堂教学评价中的各级教育行政领导、教研员或专家所进行的自上而下式评价占主导地位，而教师

① 顾志跃．转型中的教育评价［M］．上海：上海科技教育出版社，2005：1.

本人则被隔离开来。为改变此种状况，“建立以教师自评为主，校长、教师、学生、家长共同参与的评价制度”①，使教师评价成为多主体共同参与的交互活动已经成为当前教育改革中的新趋势。其中的不同评价主体都在参与评价活动中表达着自己的价值需求、观念标准和主观性认识，而评价结果也就是他们基于价值建构整合而成的一种共同看法。“因此，在评价中充分听取不同方面的意见，并把评价看作是一个由评价者不断协调各种价值标准间的分歧、缩小不同意见间的差距，最后形成公认的一致看法的过程”②。此外，评价主体多元化也是源自于对评价信息全面的要求，只有在综合分析各方面及从不同角度获得的信息的基础上才能作出客观的评价。“约哈利（Johari）发现人在认识他人和自己时存在着一种效应：人在认识自我时，总存在着自己认识不到的一块盲区，同样，别人认识自己时候，也有一部分自我是别人所看不到的……这个效应告诉人们，从单一角度观察人时，盲区最大，观察、认识人的角度越多，盲区越小。从多个角度去观察、认识人，能获得更为全面的结论”③。

四、自我判断时期：旨在提供自主选择的发展性评价的主体化改造

进入20世纪80年代以后，教育评价改革及其理论研究逐渐由课程评价、方案评价转向了学生评价、教师评价等。如何促进个体发展成为教育评价改革的核心问题。“在相互关联日益密切的世界中，各国的教育评价机制都面临着共同的压力，尤其鲜明地体现在评价对学生学习的选拔、监控和改善等方面”④。正是服务性评价体系的价值化改造促发了学生评价、教师评价领域的发展性评价体系的构建及其主体化改造过程。学生或教师

① 国家基础教育课程改革“促进教师发展与学生成长的评价研究”项目组．新课程实施中教育评价改革的探索［M］．西安：陕西师范大学出版社，2003：36.

② 朱益明，秦卫东，张俐蓉．中小学教师素质及其评价［M］．南宁：广西教育出版社，2000：116.

③ 罗黎辉，高翔．教育测量与评价［M］．昆明：云南教育出版社，1996：217.

④ Angela Little，Alison Wolf. Assessment in transition：learning，monitoring and selection in international perspective［M］. New York：Elsevier Science Ltd，1996：1.

作为价值客体、被评者在评价活动中获得了主体地位，积极参与到评价设计过程、评价任务的问题解决过程进行自我判断、进行自主选择。从根本上说，他们在全面参与评价活动中建构着自己的主体地位，进而在“自主和责任”下进行个性化选择，在自由状态下实现主动发展。

例如，在美国基础教育中，学生评价的改革趋向就是“学生本位评价”。学生本位评价尊重学生在评价过程中的主体地位和责任意识，以便他们能主动地全面、全程参与学生评价：协商设计评价标准、合作解决真实性任务、自主选择学习表现形式；在解决真实性问题中进行学习建构，在自我评价中学会学习、积极寻求各种反馈以实现主动发展，等等。学生主动参与评价的过程，将学生评价整合于教师的教和学生的学中，关注学生在解决真实性任务中的创造性学习过程，强调学生多方面潜能的自由发展和个性化表现；在评价设计的协商中尊重学生的价值需求和建议，以满足学生的学习需要和成长需要，为学生的自我发展和自我展示提供各种机会；培养学生的自我意识，根据明确的评价标准学会自我评价，在主动选择最佳作业成果中学会自我判断，同时也促使他们主动获取各种反馈信息和社会性支持，自觉地持续不断地以高标准要求自己。

（一）发展性评价体系构建的背景：基于标准化测验的学校绩效责任管理

标准化测验（standardized test）是一种运用预先设计好的标准方式对学生的行为样本进行施测和评分的系统，科学化、标准化、系统化是其根本特征。教育管理者和教师以常模为标准对学生的测验成绩进行比较和判断，进而对教育方案、学校和教师的工作或学生所获得的知识和技能作出客观的评价。美国发展性评价的构建是在学校绩效责任制（accountability）的背景下进行的。20 世纪 90 年代，美国基础教育在学校绩效责任管理中积极倡导并实施“测验本位的教育改革”（test – based reform）。

1. 学校绩效责任制的主旨及其实践构成

以学生的学业成绩为导向的学校绩效责任制是在当代基础教育改革中逐渐确立起来的。首次国际教育测评的结果和《国家处于危机之中——教育改革势在必行》的教育报告都清楚地表明了，美国的基础教育质量在下降，学生的数学和科学成绩的国际排名落后。学校、教师和学生都应当坚持学习的高标准并对此负责，学生在学习上达到高标准是学校、教育雇主、教育决策者和学生家长的共同责任——最终目的就是帮助每个学生获得成功。

被誉为“绩效责任”之父的美国学者雷森杰（Lessinger）深入分析了绩效责任的前提假设——教育过程中的三种权利：首先，每个儿童都有权利学习基本的智慧技能以便成为具有建设性的社会成员；其次，纳税人有权知道教育经费开支所带来的教育结果；再次，学校的教职工有权利从社区智囊团获取经验和技术支持。因此，他认为“在最基本的意义上，绩效责任意指公共或私人机构签定从事教育服务的合同和协议，依据共同议定的条款在规定的时间内，运用规定的教育资源和成绩标准对自己的教育绩效负责”①。实质上，以学业成绩为导向的绩效责任制就是直接回应公众对提高学校教育质量的要求，故而明确学术标准并对学校赋予达成标准、提高学业成绩的责任。

美国 20 世纪 80—90 年代一系列的基础教育改革，就是采取了“标准、评量和绩效责任”的改革策略。针对公立中小学教育质量低下的现状，美国开展了标准本位的基础教育改革。此次教育改革要在国家目标的基础上，制定严格的、统一的国家课程标准——学生能够知道什么和能够做什么——以便建立全美统一的学业考试制度；编制全国性的测评标准和更有效的标准化测验，以促进教学方法的改进和对学生的学习进步、学校的教育结果进行检查。教育决策者就能依此决定采取相关措施奖励办学成功的学校，惩罚绩效持续低下或办学失败的学校。

学校绩效责任在美国基础教育改革中经过不断的实践，已经逐渐得以推广和完善，并发展成为一项制度。关于现代学校绩效责任制尽管存在着一些不同的看法，但它在教育改革的大量实践中还是呈现出了一些共同的构成要素和具体措施，这主要包括：设计具有挑战性的明确的评价标准和目标，选择适当的学生学业成绩评价方法，向公众报告和公布学生成绩及其评估结果，基于学生成绩对学校进行评级分类，依据评价结果对学校进

① P. R. Chippedale &Paula V. Wilkes. Accountability in Education ［M］. St. Lucia，Queensland：University of Queensland Prees，1977：25.

行奖励和惩罚或采取补救措施以帮助低绩效学校，等等。概而言之，“绩效责任与标准、评价和结果这三个环节环环相扣的要素密切结合”[①]，标准是绩效责任制的基础，评价是落实绩效责任的手段，结果是作为绩效责任制的激励机制。

2. “测验本位”的学校绩效责任制

在学校绩效责任制中，评价标准规定了学生学习结果的质量，并为判断学习结果的质量提供了依据。在此基础上，学校绩效责任主要依赖于以标准化测验为主的学业成绩评价。良好的绩效责任应当系统运用多种方式测量学生的学习成绩的进步。因此，一些新的评价方法和技术被相继开发并运用于学生学业成绩评价。大多数的中小学都热衷于真实性评价的研究和探索，如档案袋评价、表现性评价和毕业展览设计等。尽管如此，州级水平甚至全美统一的标准化考试仍很重要，成为绩效责任制中的主要评价方式。美国于 2001 年颁布的《不让一个孩子掉队》[②] 的教育改革法案中，强调联邦政府应当通过明确的高标准和绩效责任来实现学校教育平等，以有助于缩小处境不利学生与同龄人之间的成绩差距；并将学生的标准化测验成绩与评判学校效率好坏紧密结合起来，由此增强了对学生学业成绩的绩效制度。该教育方案明确规定各州到 2005—2006 学年时，所有 3—8 年级学生都必须参加州年度阅读和数学的标准化测验；从 2007—2008 学年起，3—5 年级、6—9 年级和 10—12 年级三个学段中分别有某一年级的学生参加科学科的标准化考试，且各州的 4 年级和 8 年级学生必须参加全国教育进步评价委员会所进行的阅读和数学测评。

随着标准化测验在学校绩效责任制中日益受到重视，学生的测验成绩成为评价学校教育质量、教师教学水平的主要依据。因此，标准化测验加剧和放大了自身的高利害性（high - staked），即决定着学校的教育质量及其教育绩效的成败等。高绩效的学校将受到应有的奖励。倘若学生学术表

① 邱白莉．当代美国中小学教育绩效责任探析［M］．广州：中山大学出版社，2003：37 - 43．

② The U. S. Department of Education. The No Child Left Behind Act of 2001 ［EB/OL］. http：//www. ed. gov/office/OESE/esea/NCLBexecsumm. pdf，2002 - 01 - 24/2005 - 11 - 28．

现低于预定标准或学生学业成绩不能得到持续不断的提高，那么，这些达不到标准的学校将会受到不同程度的惩罚，或者受到政府的警告、干预或技术支持，或者被整改甚至关闭。

最普遍的做法是，将某所学校相关年级的学生在规定的标准化测验中的成绩数据进行收集和整理，计算出他们在全州统考中的平均分数、达到规定成就指标的人数以及处于不同等级水平段学生的百分比等，由此评价学校的绩效水平。同时，各州日益重视学生学业成绩有所提高的变化率，“适度年度进步”（adequate yearly progress）判断就是据此衡量各所学校绩效责任水平的一种重要机制。美国教育部在《标准和绩效责任指南》[①]中对此作出了具体的解释。“适度年度进步”表明学生学术表现达到了规定课程标准并持续有所提高。对一所学校的绩效责任而言，它有三个方面的含义：一是学生成绩每年都能得到持续、实质性的提高，达到州课程标准所设定的年度目标；二是这种进步和提高将与州对学校的最终评估联系起来；三是除此之外还需要运用辍学率、出席率、保持率等指标来确定这种进步。一般来说，通过各种规定的州级统一的标准化测验的学生成绩结果，确定“适度年度进步”的完成情况。当学生成绩超过了规定的标准水平，就给予学校资金方面的支持和奖励。而不能达到“适度年度进步”这一年度目标的学校，被视为“需要提高”的学校，将接受政府的技术支持和帮助，同时允许本校学生可以选择其他公立学校就读；四年以后这些仍未达到目标的学校将接受更严厉的整改措施，甚至被关闭。可见，学校绩效责任制就是主要依据学生成绩对学校绩效水平进行评价，并采取利害攸关的奖惩制度以激励学校提高教育质量的制度。

（二）以主体参与为基础的发展性评价体系主体化改造

自20世纪80年代后，教育评价实践的主导概念已经演变为真实性评价（authentic assessment）、表现性评价（performance assessment）、档案袋评价（portfolio assessment），等等。这些形式不一的发展性评价都秉承着“人的评价”理念，从不同的角度体现了人在教育评价中的意义和价值。

① 邱白莉．当代美国中小学教育绩效责任探析［M］．广州：中山大学出版社，2003：37－43.

现实课堂中学生评价改革的探索使人们的认识发生了巨大转变，通过评价的这扇“窗户”观察学生正在学习的和还需继续学习的事件，最重要的是学生的学习方法和学习过程。实质上，广义的真实性评价涵盖了诸如表现性评价、档案袋评价以及毕业展览设计等评价形式，因为它们都从不同的角度体现了评价过程和结果的真实性。

1. 以真实性评价为代表的学生评价改革

在现实课堂中，真实性评价在积极探索学生评价的实践中推动着教育评价的改革和发展。真实性评价主张学生必须要运用所学习的知识和技能解决生活中的或与现实情景相似的真实任务，以便通过自己的创造性活动，在解决问题的过程中培养、展现和认同自己的知识、智慧、才能以及情感、态度。真实性评价在学生主体积极参与和协商建构真实性评价任务的设计、行为表现的观察和学业成果的记录以及评分规则的创设中实现了让学生明确自己应当知道什么和应当能够做什么；让学生在解决真实评价任务中提高和发展自己；让学生运用多种方式充分展现和证明自己；让学生从评价报告中获取大量的反馈信息。它既是一种具体评价方法，更是一种现代评价理念。现实课堂中的真实性评价极力追求着评价与教学的整合。一方面，服务于课堂教学的动态生成，为教师的教学决策提供丰富而真实的学生信息；为学生的学习提供大量的反馈，并激发学生的学习动机。另一方面，真实性评价基于自己的本性，又随需嵌入课堂教学活动，实现教育评价的情景化；课堂教学也根据需要有机地转变为真实性评价，相互推动，浑然一体地追求学生真实的学习。因此，真实性评价具有如下的主要特征。

（1）真实情景的评价任务

真实性评价是围绕着真实情景的任务展开的，其关键是学生在解决现实问题或真实任务过程中，通过真实活动证明自己，从而接受全面而又真实的评价。真实性评价任务有下述要求：一为完成真实性评价任务需要的时间长短不一，短则一节课，长则几个星期或几个月，甚至几年；二为需要学生建构新知识；三为要有某学科或跨学科的研究主题、明确的评价目标和任务说明；四为应当作为课堂教学的一部分提供给学生。

学生根据自己的兴趣和需要提出问题并与教师协商找寻对于双方都有

意义的现实问题。因而，在任务类型上，学生以真实的或模拟的工人、市民、科学家身份参与解决各种现实问题；在资料来源上，学生可以利用互联网写信给专家，可以实地调查，可以访问市政官员以及用其他的方式搜集所需的信息；在任务性质上，学生所面临的是复杂的现实环境，具有不确定性，对于学生来说充满着挑战和创造性。

（2）学生的积极参与和活动

学生自始至终积极参与真实性评价的过程，并且从事各种活动，进行任务分析和问题解决。首先，教师和学生在合作交流的基础上明确评价标准和评分规则，并且共同协商和选择与学生的独特需求相符合的真实任务。其次，学生从事各种活动，并且以独特的形式表现自己的学习成果。学生可以进行实验研究并撰写报告、为城市的发展作出规划图、将某一故事进行编排并表演，等等。当然，学生亦可以依照自己的兴趣和特长作出不同内容或形式的反应，运用不同的智力形式来展示、证实自己的知识和能力，如艺术的视图形式、音乐的声音形式、数理的量化形式、科学的理论假设形式、文学的语言形式、舞蹈的形体形式，等等。最后，教师在对学生进行客观、公正的评价的同时，学生亦必须进行自我评价以及同学之间的相互评价。

（3）表现的观察和学业成果的记录

学生表现的观察以及学业成果的记录评价要求尊重学生的个性差异和个性特点，从多个角度评价学生的学习情况。真实性评价利用不同形式的观察和多种方式的学业成果记录全面性地了解学生的学习情况。在自然状态下，观察学生解决问题的方法、动手操作的过程，这使得教师能更全面了解学生的学习水平和能力发展程度。当然，这种观察只能获取学生学习的部分信息，因此，真实性评价还需要对学生的学业进程和成果进行全面的记录，我们通常称之为档案袋评价。这些记录包含着学生学习和生活的不同方面，同时亦需要不同的记录方法。如教师可以进行学生轶事记录，非正式地使用测验或标准化测验，利用磁带、录像带以及照片进行记录，等等。当然，学生亦应该参与其中，如学业成果记录、学业进步图、日历记录单可以由学生自己完成。

（4）明确而又详细的评分规则

真实性评价的核心——评分规则（rubrics）是由教师协同其他评价者

或学生设计和开发的描述性评分方案，是指导评价的工具。它主要有两个基本要素——评价准则（criterion）和等级水平（gradation of quality）。首先，学业成功的评价准则是对评价内容的质的规定，即对被评属性的规定；明确说明了学生的学习成功取决于任务解决或方案制订的哪些要素；规定着评什么或不评什么。为了让学生能够清楚地知道自己的学习目标，评价准则必须是公之于众的、清楚的，并用已有的任务解决和学业成果作为具体的示例进行解释。具备上述特征的评价准则是向学生提供反馈的前提条件。其次，等级水平就是从程度上规定实现目标的量，即表征学生在某一决定性因素成功或不成功的程度，旨在详细描述某一评价准则的不同等级水平的行为表现特征，说明学生在解决任务时所具有的长处以及经常遭遇的问题。

明确的评价准则和详细的等级水平构成了完整的评分规则，它是真实性评价的有效工具。因为，“教师运用良好的评分规则不仅能客观、真实地评判学生的学习过程和结果，而且还能给他们提供关于其学习上的长处和不足之处的有价值的信息，极大地推动着学生的学业进步和能力发展”①。

2. 旨在促进专业发展的教师评价改革

在教师评价改革中，专业性概念（professional conception）的评价日益受到重视。与旨在进行质量监控和人事决策的行政性概念（bureaucratic conception）不同，专业性概念的教师评价“是为诊断实践导向的、分析性的。它以评定教学策略与决策的适当性这一观念来加以设计”②，其主旨在于促进专业发展。专业性概念的评价，一方面通过分析和提供教师教学的优缺点等信息，以便采取适当措施帮助教师提高教学技能、选择合理的教学策略和改善教学进程等；另一方面，它通过研究教师的行为与其对问题理解的关系，促使教师对自己的教学行为进行自我反思，并在此基础上要求他们在教学上进行自我决策。事实上，旨在教师发展的专业性评价

① Brualdi，Amy（1998）. Implementing performance assessment in the classroom［EB/OL］. http：//ericae. net/pare/getvn. Asp？ v = 6&n = 2.

② 陈玉琨. 教育评价学［M］. 北京：人民教育出版社，1999：99.

内蕴着如下的基本假设：对于教师而言，内部动机比外部压力具有更大的激励作用：当教师获得足够的信息和有用的建议后，他们就可能达到预期的水平；作为专业工作者，教师对其本身的专业具有高度的热情并且在条件满足的情况下可以爆发出极大的创造力①。从中可以看出，专业性概念的评价满足了教师个体对改善教学、实现发展的评价需要。为此，专业性评价必然会全面关注与教师教学相关的维度以及自身的专业发展状态。

（1）关注教学维度的教师专业性评价

就教师作为专业工作者而言，专业性概念的评价可以考察教师职责、教师认知发展和教师活动等教学维度。这也构成了旨在促进专业发展的三种教师评价模式，即教师职责模式（duties - based approach）、教师认知发展模式（cognitive development view）、教师活动模式（performance approach）。凭藉此三种评价模式，我们可以从不同维度分析教师评价的标准与方法。第一，在教师职责模式中，教师的职责不只是批改作业、更新教材、找家长谈话等，更重要的是在课堂教学中适当地促进学生在认知、情感和动作技能方面的发展。据此，教师的专业职责包括这样九个基本的方面：对职责的认识、对学校及社区的了解、对基本教学内容的分析、教学设计、学生学习信息的收集、学生学习信息的提供、课堂技能、个性特征、专业方面的服务。这也是构成教师专业评价标准的内容。为了能够获得教师在教学职责方面所达到的程度的相关资料，可以由同一学科的教师或专业人员、学生、家长、有关领导人员进行判断、评分；对学生的记录、教师的教学记录等现成材料进行资料分析；对教师的自我陈述报告进行分析；同行或管理人员对教师在课堂、会议等不同情景中的活动进行观察，等等。第二，在教师认知发展模式中，教师认知发展评价被界定为“对教师自我修正能量的诊断和评定。所谓教师自我修正能量，是教师意识到、参加于、投入到他们自己的教学认知过程并不断改进它的功能”②。在此，教师认知发展评价指向了教师在课堂中不可观察的思维过程，例如教学决策本质上是教师对那些能让学生学习产生积极影响的教学行为选择

① 陈玉琨．教育评价学［M］．北京：人民教育出版社，1999：105.

② 同①，119.

的思维过程。“正是在这个意义上，他们强调：教学就是思维”[①]。因此，我们可以通过各种可观察的指标判断教师的自我修正能量，例如，教师在前活动阶段的规划、活动阶段的教学、反应阶段的分析与评价、推广阶段的应用、对专业的贡献等，以便由此提升教师对教学过程的认知水平。第三，在教师活动评价模式中，评价目的在于促进教师更加有效地进行教学，从而指向了教师在教学中的工作需要。因此，教师活动评价的第一步是建立职责准则，以使教师清楚地理解自己的职责。第二步是教师和评价者共同合作确定教学中的薄弱环节以及需要进一步巩固、扩大和提高的领域，以便明确未来工作的重点。第三步是确定目标与行动方案。尽管评价需要涉及教师工作的各个方面，但更需要针对教师特别需要改进、提高和巩固的方面。第四步是实施行动方案。评价者必须给教师适当的帮助。第五步是评价结果。通过他评与自评，不仅关注目标的达成情况而且还关注其中的额外效果。第六步是讨论结果。评价讨论的重点不是问题分析，而是在相互理解、共同协商的基础上明确所取得的成绩。当然，目前的教师评价改革中还有其他不同的尝试，例如，教学表现和薪酬关联性评价（performance relate pay）、价值增值评价（value - added evaluation）等，也是关注教师教学维度的评价改革。

（2）关注专业学习的教师评价

在急剧变革的学校教育中，教师作为专业人员必须持续不断地进行专业学习，参与各种不同的专业发展活动，主要包括：培训、观察/评估、参与发展/完善过程、研究小组、探究/行动研究、个体指导活动、辅导等[②]。对专业学习进行评价显然是促进教师发展的一个重要方面。教师专业学习评价主要是对专业发展项目、计划和活动进行评价，“提供关于进步和成功的重要指标的有意义和有价值的信息，并且将在适当的时间框架中收集和呈现这些信息”[③]，使专业学习成为一个有意识的、持续的、系统的过程。事实上，专业学习评价的根本目的在于寻求增进教师专业发展

---

① 陈玉琨．教育评价学［M］．北京：人民教育出版社，1999：119.

② Thomas R. Guskey. 教师专业发展评价［M］．方乐，等，译．北京：中国轻工业出版社，2005：17 –22.

③ 同②，8.

有效性的方法，进而有助于改善、促进学生的学习，“希望看到教职员发展在课堂或学校的实践，得到学生（发展）方面的结果”①。

因此，教师专业发展评价被划分为由简单到复杂五个层次。第一层次是学员反应。问题集中在学员是否喜欢专业发展项目或活动；一般的方式是，在一个阶段或活动结束后通过发放调查问卷、焦点小组（focus group）、访谈和个人学习日志收集信息资料。第二层次是学员学习。测量学员获得的知识、技能和可能的态度，可以通过个人口头或书面反思、审核学员所收集的档案袋、案例研究分析等方式证明学员的学习结果。第三层次是组织支持和变化。主要集中于学员所在组织的特征和成功的必要特性，可以通过审核学区（学校）记录的分析或者会议记录分析、问卷调查、结构式访谈，收集组织对变革努力的倡导、支持、适应、促进和认可等方面的信息。第四层次是学员对新知识和新技能的应用。问题集中在学员是否在自己的专业实践中应用所学的新知识、新技能。此外，还可以分析学员日记、档案袋记录进行信息收集，更主要的是进行直接观察或分析音频、视频资料。第五层次是学生学习结果。问题集中于专业发展对学生产生了何种影响，可以综合运用上述的评价方法（包括测验）对学生在认知、情感（态度和气质）、心理活动（技能和行为）等方面的学习结果——与目标相关的和未曾预料的结果进行评价。

（三）发展性教育评价功能变革的价值论分析

1. 发展性教育评价是在主体参与和自我反思的基础上进行的自我判断

在发展性评价体系中，尽管作为价值客体的学生、教师处于被评者地位，但是，他们既可以成为评价主体也可以成为价值主体，自主地进行自我判断、价值选择，即依据共同协商的评价标准进行比较，以考查自身的现实状态和目标达成度，这可能是结束阶段的结果也可能是中间阶段的结果，进而由此产生心理激励、过程调控、自我反思的作用，故称之为结果指向的评价作用机制。

① Thomas R. Guskey. 教师专业发展评价［M］. 方乐，等，译. 北京：中国轻工业出版社，2005：前言.

（1）通过自我判断发挥评价的心理激励作用

教育评价本身不是目的而是手段，即通过评价建立心理激励机制，激发教师和学生的积极性。“美国管理学家 Berelson 和 Steiner 给激励下了如下的定义：‘一切内心要争取的条件、希望、愿望、动力等都构成了对人的激励……它是人类活动的一种内心状态’。”① 人的一切行为都是由某种动机引起并受其支配，它对人的行动起激发、推动、加强的作用，因此称之为激励。教育评价除了物质、金钱、名利等外在奖励外，更重要的是内在激励，即自我激励。当将评价结果与预定的评价标准进行比较，若发现与别人和理想目标有差距，便获得否定性评价，从而认清自己的不足，能“知耻而后勇”；若发现胜于他人或达成预想的目标，便获得肯定性评价，就能唤起个体强烈的成就感，激励自己向更高标准前进。此外，教育评价可以形成教师和学生的发展需要并使之得以满足，从而成为一种心理激励过程。其作用在于：依据评价标准对教师和学生的良好发展状态给予及时肯定和强化；对他们在发展过程中存在的问题及时否定，以便他们能及时纠正。这恰恰满足了教师和学生的发展需要。因此，教育评价可以帮助教师和学生根据绝对标准、相对标准和内部标准对自己发展过程中各阶段的结果进行持续不断的比较、判断，以充分地调动自身的、内在的积极因素；而评价者也可以由此充分肯定成绩，诚恳地、恰当地指出缺点，中肯地提出建设性意见。

（2）通过自我判断发挥评价的过程调控作用

教育评价是提供信息反馈并据此进行决策和监控的过程，正如斯塔弗尔比姆所言：“教育评价不是为了证明，而是为了改善。”其实，泰勒早在“八年研究”的过程中就将目标确定、内容选择、内容组织、教育评价视为课程与教学计划的信息反馈和不断修订的循环回路。因此，“课程设计是一个连续的过程……它有一个重新设计、重新开发和重新评价的过程。在这个连续中，课程与教学计划就能年复一年地得到改进”②。可见，教育评价就是在预先设定评价标准的基础上，将学生在学程结束后的学习

---

① 陈伟功．发挥发展性教师评价的激励功能［J］．教育理论与实践，2003，23（10）：17.

② Ralph W. Tyler. Basic Principles of Curriculum and Instruction［M］. Chicago：The University of Chicago Press，1949：123.

结果和发展状态与之进行比较，由此描述两者之间的差异程度以形成信息反馈。尽管这是典型的终结性评价，但其中的信息反馈机制却也适合于形成性评价。形成性评价与终结性评价的最大不同之处在于，它将评价活动置于人的发展或计划形成的过程之中，指向了中间阶段的结果。就形成性评价而言，信息反馈机制具体化为“目标—实施—评价”三者之间的相互联系、相互制约。“目标不仅是实施的指南，也是学习评价的重要依据。教学实践活动一方面为评价提供了样本（对象），另一方面也充实、完善了目标。评价既可以判断目标的正确性、可行性和实现的程度，也能反馈控制整个教学活动，并起到调节的作用”[①]。因此，形成性评价中的信息反馈机制能够有助于学生调整学习活动，发现存在的问题，矫正学习的方法等。教育评价通过信息反馈进行过程调控，无论是形成性评价抑或终结性评价都是在结果和标准比较的基础上描述目标达成度、与标准的差异或偏离程度等，将此信息反馈至人的发展过程或教育、教学活动中，使得主体的活动在不断矫正、不断调整中持续朝预定的标准发展。

（3）通过自我判断发挥评价的自我反思作用

自我判断的教育评价就是个体依据一定的价值标准进行选择、比较和协商、建构，是个人进行自我反思、自我完善的一种自我意识活动。就教育评价而言，自我反思机制的形成需要个体在主体参与和交互作用、关系互动中，凭藉他人评价进而内化，学会自我评价。在教育评价活动中，教师和学生要积极参与相互之间的交流以协商评价标准设计、评价任务选择、评价方法分析，参与评价任务中的问题解决过程、同伴评价和自我评价、评价结果的解释和原因分析，以便进行相互学习并从多方面认识自己。在他人评价或同伴互评中，每个人都是依据相应的具体标准对别人的发展状态进行评析、问题诊断、结果分析等活动。这实质上是内化外在标准和评价程序的过程，是清晰自己头脑中的评价标准和评价方法并加以结构化的过程，是形成自我评价能力的过程。在评价内化、标准形成的过程中，教师和学生依据已经内化的评价标准设立明确的发展目标，适时地将自己的阶段性结果与标准相比较以分析自己的优势、存在的问题，并采取合理的措施或加以解决或加以修订，从而实现自我更新。

---

① 翟天山．教育评价学［M］．武汉：武汉工业大学出版社，1992：49.

2. 自我判断性评价关系：人在“自由”的世界中进行着主体选择

（1）发展性教育评价中的主体之自我建构

发展性教育评价需要主体的创生，需要自我的建立。发展性教育评价推崇人的主体性，所有的参与者都以主体身份处于积极地建构之中，学生的主体地位得到尊重和实现。在发展性教育评价的建构过程中，学生展现了能动的主体性。学生无论作为评价者或被评者都是以主体建构者的身份表达着自己的心声和兴趣，用创造性活动展示着自己。发展性教育评价正是在学生主体的积极参与中让学生明确自己应当知道什么和应当能够做什么；让学生在解决真实评价任务中提高和发展自己；让学生运用多种方式充分展示和证明自己；让学生从评价报告中获取大量的反馈信息。显然，发展性教育评价极力促进着学生主体性的发展和完善，即学生能动性的充分发挥，学生主体意识的充分觉醒，学生主体精神世界和意志的充分拓展。

人的发展亦是发展性教育评价的重要组成部分。学生主体在发展性教育评价的建构中，一方面，通过相互协商和共同合作（这不仅需要恰当的自我表达，更需要合理的社会交往，学生在自我的充分展开和交往中为自己创设了不可多得的发展机会），达成一致的理解，甚至价值的调和；另一方面，学生在能动的自我中，拓宽了视野，创造了“非我”的世界。学生在面对真实的评价任务时，个体的创造性活动不仅能展现和证明自我，而且还在发现及创造“非我”，以及在实现自我与“非我”的统一中，丰富和完善自我，发展自我。这一切为学生的全面发展和人的回归提供了强大的动力。可以说，知识的生成、能力的培养、情义的内化涵盖于主体的建构之中，富蕴于发展性教育评价之内。

（2）发展性教育评价中人的自主选择

发展性教育评价中，作为此在，人最基本的生存结构就是“在世界中”或在世，只要人存在着，只要人作为学习的主体存在着，那他就为自己设立并且拥有独特的教育评价。因为，作为此在的人的根本特征在于他能够询问存在并追究存在的意义，总是根据自己的需要和价值取向进行抉择和筹划。可见，发展性教育评价中人比其他一切存在者更具有优先地位。根本原因在于此在并不是人的现实存在，而是一种可能性、一种流变过程。而且，对于发展性教育评价中的人来说，理解或领会作为此在存在的基本方式，作为此在最原始的先天结构，深深植根于此在的“能在”。因为人对存在的理解就是对存在可能性的理解。可能性是指还没有实现的东西，它是此在最本质的特征。发展性教育评价对人的理解正是要将此在的可能存在揭示出来，因为人的“领会本身就有我们称之为‘筹划’的那种生存论结构”[①]。因此，从“筹划”的意义上看，发展性评价的存在是因为此在的缘故，即人的建构，只有与作为此在的人相遇，它才显示其意义。一方面，发展性教育评价中作为此在的人正是通过理解获得了自身的规定性，它才能对自己说“成为你所是的”。另一方面，教育评价的主体只有当它在我的理解、筹划、可能性显示自身时才有意义。因此，发展性评价并不是作为简单的现实的东西向我们呈现出来，而是作为可能的为我之物而呈现给我们。从这个意义上讲，发展性评价是作为一个有待变成为现实的将来的评价过程。

在发展性教育评价中，学习标准、教育目标和评价规则从三个不同的应然角度集中体现了主体的协同建构和选择的过程。抽象的理论层面的学习标准就是教育目的的直接表现，每个人都以自己的“前理解”直观着教育，提出自己的教育目的。这些迥异的教育目的在社会交流和互动中调和了不同的价值取向，形成了共同的学习标准。在具体的实践层面上，教学目标是教师或教育实际工作者对学习标准的理解和自我陈述，他们有充分的自由设计教学目标。因为对于建构的主体而言，意义不是万物所固有的，而是它们在与人（此在）发生关系中产生的。万物在与人的相互关系中具有各种各样的可能性，究竟实现哪种可能性，即作为何物而具有何种意义，这完全取决于“此在”的筹划。教师正是在自己“筹划”的基础上获得了教学的自由，从而帮助学生从不同的途径达到学习标准。当我们审视评价规则时，这种实际操作层面的评价标准更是离不开师生的建构和协商。此外，发展性评价还允许学生可以选择不同的智力形式来证实自己的知识和能力：言语智力形式（描述）、数理逻辑智力形式（推断）、空间智力形式（素描）、肢体动作智力形式（表演）、音乐智力形式（填

① 海德格尔．存在与时间［M］．陈嘉映，王庆节，译．北京：生活·读书·新知三联书店，1999：169.

写歌词或谱曲)、人际交往智力形式（联想)、自我认识形式（反思或描述自己个人情感)。发展性评价尊重学生的个性差异和个性特点，关注学生的实际发展，注重学生的个性表现。学生也就能依据自己的兴趣和特长作出不同内容或形式的反映。

(3）发展性教育评价中人的自由和责任

发展性教育评价主张人的存在和自我意识，强调人的自由、选择，强调人的行动。它要促使教育评价中的人从忘掉“自我”的状态回到真正“自我”上来，把人的“存在”置于突出的地位。

因此，发展性教育评价中的人可以从自我的存在和包围自我的空间来研究人的存在、人的意义。人的主体性于“存在”中表露无遗。按照萨特的第一原理:“存在先于本质”;“人，不外是由自己造成的东西”;“首先是人的存在、露面、出场，然后才说明自我”;“因为人之初，是空无所有，只有后来人要变成某种东西，于是人就照自己所设想的人，而且还只是他投入存在以后，自己所志愿变成的人”①。不难看出，在包括评价在内的教育过程中，人的本质、人的价值和尊严……人的一切的实现，都在进行之中，都是一定社会条件下自我选择的结果。发展性评价推崇、促进和维护这种自我选择。

自由与责任对称，谓之公平。在包括评价在内的教育过程中，人具有自我选择的自由，与此同时，公平便赋予了主体对自己的行为负责的义务。一个人要对自己在教育评价中的存在完全负责，既要向自己负责，又要对他人和全体参与人员负责。总之，人应当对自己的一切行为负完全的责任。这是发展性评价的基本规则，也是发展性教育评价中人的义务。

五、教育评价功能的变革及发展趋势

（一）教育评价功能的变革及其发展趋势

教育评价在功能转换上经历了管理性功能、服务性功能、发展性功能的相继变革。此种前后承继的功能变革，事实上只是不同性质的评价功能

① 全增嘏．西方哲学史（下）［M］．上海：上海教育出版社，1985：156.

在相应阶段主旨地位的渐次凸显或不断增新，而非它们相互之间的交替"更新换代"。在传统评价时期，口试在教育活动中原始地发挥着促进发展的功能；随着教育实践的进展，它满足了教育管理者对学生进行成绩评定、资格考核的需要，最终在管理性评价功能的形成过程中被更加有效率的、适于大规模的、客观的笔试所取代。随后，教育评价真正开始进入了严格意义上的发展时期，在评价体系的科学化改造时期，旨在提供客观证据的管理性评价功能占据着功能主旨地位，但服务性评价功能也已显现端倪；在评价体系的价值化改造时期，旨在提供有用信息的服务性评价功能逐渐占据功能体系中的强势地位，但管理性评价功能仍然发挥着不可替代的作用。在当前的教育评价改革中，基于管理性功能和服务性功能基础上构建的发展性评价体系，发展性评价成为了功能主旨。可见，在教育评价功能变革中，新功能的出现总是在教育实践中根据评价需要、在原有评价功能的基础上提出来的，是已有功能体系的完善。

与此同时，教育评价功能变革也必然导致评价观念的更新。教育评价观念变革就是更新对评价本质的理解，这需要深入至评价关系、价值关系及其相互间交互作用的分析。前面对此已经进行了详细的阐述，在此只是将其复杂的关系在下面表格中作一比较。

表 2－1　不同功能性质的教育评价价值系统之比较

关系性质 / 评价类型	功能关系	评价关系	价值关系
管理性评价	获取客观证据，以便作出科学的证明	价值关系被视为客观存在，评价主体作为"评价机器"企图客观描述之，其本质在于价值认识	"属性说"：价值客体的价值属性；"关系说"：价值主体根据需要对价值客体的肯定或否定
服务性评价	对不同主体提供有用信息，以便满足不同利益攸关者的需要	评价主体作为价值主体可以对客体的价值或意义进行主体建构，其本质在于价值建构	价值关系的形成被视为不同需要的主体间交互作用的过程

续表

关系性质 / 评价类型	功能关系	评价关系	价值关系
发展性评价	提供个体的主体参与机会	价值客体既能作为价值主体在评价活动中表达自己的价值需求，也可以作为评价主体进行自我判断，教师或学生个体正是在此意义上获得发展，其本质在于自我判断意义上的价值选择	被视为主体间的交互作用的过程；其中，作为价值客体的教师、学生在价值关系中呈现出主、客体复杂关系

在国家层面的考试制度改革中，教育系统之外的社会个体（家长）或群体成为了主要的教育评价功能主体，需要通过高考和中考制度改革调节招生总数和不同学科专业的人数、调整考试科目和考试专业以与社会发展相适应，从而在职业分工、地位等级的社会中能合理、科学地选拔和鉴别人的品德、能力。显然，教育评价的人才选拔、资格认定功能极大地满足了社会政治、经济、文化等领域中各种利益群体或阶层的人才需求，同时也满足了社会中个体的社会流动、地位升迁、职业选择的利益需求。当然，教育行政管理者作为功能主体也需要国家层面的标准化测验对学校教育进行管理和监控。在学校教育层面，教育实践者，如教育行政管理者、学校校长或其他领导、教师等作为功能主体进入了评价功能体系中表达了加强教学过程调控、教育质量监督的评价需要。这实质上是教育评价的管理目的。在学校教育管理中，通过考试或其他评价活动决定学生的学业水平、毕业认定、成绩评定和升级（学）资格等，进而监控教学过程中不同科目的开设和安排、学生的学习状态等。与此同时，教育管理者也借助学生的考试成绩对学校进行分级分类、对教师奖优罚劣，以便监督和提升学校教育、教学质量；还可以通过评价手段调控、激励管理的对象——各所受评学校以及教育教学中的教师和学生，以达到协调各种关系、驱动其内在需要与动力机制、发挥其积极性和主动性的目的。在发展性评价体系改革中，教师和学生作为价值主体、评价主体受到了极大的关注，作为功能主体也表达了促进教师个人、学生个人成长的评价需要。发展性评价活

动就是让发展中的教师或学生根据预定的评价标准判断自己的目标达成度，了解自己的进步实态，从中受到激励而更加努力，培养自己进行自我反省；还可以通过自我评价和相互评价及他评的方式获得成功与失败、优势与不足的信息反馈，以便及时地进行自我完善。

（二）教育评价的研究模式：在价值论上发生了新转向

从哲学价值论进行分析，教育评价观经历了从价值认知到价值建构再到自我判断的发展历程。在价值认知性评价观中，教育评价是在认识论意义上强调评价主体和评价客体的二元对立。评价客体就是已经形成的、客观存在的价值关系，即价值客体本身所固有的价值属性或者为价值客体对价值主体需要的满足程度的价值事实，而评价主体就应当在与之分立的关系中把此种客观存在的价值关系视为现成的既定的客观对象加以把握，用静态的方式探讨主体如何达到对客体的认识。在价值建构性评价观中，教育评价在主体需要的基础上突破了评价主体和评价客体二元对立的状态，评价主体能够成为价值主体并进入价值关系中，通过价值建构、意义赋予、价值揭示等方式对价值进行心理建构。在自我判断性评价观中，出于价值客体地位的教师和学生有权成为价值主体表达自己的价值需求，进而成为评价主体作出自己的价值判断。但是，价值认知性评价、价值建构性评价和自我判断性评价都共同存在着一个根本性的价值论问题：教育价值要么是客观存在的，要么是心理建构的，它可以与教育实践及其变革过程相分离。

值得注意的是，教育评价理论发展已经呈现出一种新的价值论倾向，即在教育实践或教育改革中寻求价值关系的创生。由英国斯腾豪斯（Stenhouse，L.）提出的课程评价的研究模式就体现了此种价值论转向，成为教育评价观实现巨大进步的新的转折点。

通过批判目标模式的传统课程理论，斯腾豪斯确立了课程开发的“过程模式”、“研究模式”、“教师作为研究者”等一系列新的课程理论。“在此基础上，斯腾豪斯提出了一种‘研究取向’（research - oriented）的课程评价模式。自此，‘评价即研究’（evaluation as research）作为一种崭新的课程评价理念传播开来”[1]。这实质上表明了课程开发和课程评价应当打破它们之间的割裂状态而融为一体，由此提升为课程研究——它们的本质就在于此。

课程评价的研究模式显然是在批判目标模式的基础上进行思考的，主要在两个方面提出了创新性理解。一是，知识的本质就在于人能运用知识进行创造性思维，故教育成功之处就在于引导学生进入知识本质之中以期增加他们的不可预知的行为结果。教育评价的目标模式试图通过行为目标分析引发学生的具体行为结果，进而促进其发展。事实上，教育结果的行为目标化反而降低了教育质量。原因在于，“目标模式的方法基本上是一种通过使目标明晰化而改善实践的尝试。即使依据知识，这种方式在逻辑上是合理的——它却不是——这里有个很好的例子说明它却不是改进实践的方法，因为我们并不通过将杆升高而是通过让他们能够批判自己目前的工作来教人们跳高”[2]。仅仅通过行为目标预设教育结果显然不能有效促进学生发展。课程评价的真正价值在于进入课程实践选择活动内容开展具体的实际的课堂教学。二是，课程评价为了能够进入课程与教学实践中寻求其对于促进学生发展的意义，特别强调“教师作为研究者”，认为教师只有在对课程问题进行了深入研究的基础上才能进行课程开发和实施。关于课程评价的研究模式，其本质意义就在于鼓励和发展教师在课程实践中的批判、反思意识和能力，发挥创造作用以便改进教学。“在成绩评定或鉴定中，教师应成为一个批判家，而不是一位判分者……成绩评定是通过批判地反映学生所做的工作来改进学生为达到这些标准工作的能力”[3]。可见，课程评价的研究模式既不是对学生行为化的学习结果进行客观描述以作出价值判断，也不是仅仅依据主体需要对课程与教学的价值进行心理建构，而是通过作为研究者的教师在课程评价中成为评价主体，在课程研究中反思和批判课程实践，进而由此在课堂教学中实现课程开发与实施对于学生发展的价值。

---

① 李雁冰．课程评价论［M］．上海：上海教育出版社，2002：113.

② 罗伦斯·斯坦豪斯·宾特雷伊．课程研究与课程编制入门［M］．诸平，等，译．北京：春秋出版社，1989：103.

③ 同②，118.

当教师在进行学生评价时，他不是对照预定标准打分而是对教学活动加以批判以促进发展。这表明了教育实践者们已经认识到，教育评价不只是通过自身层面的评价标准、评价方法等要素的改革促进学生发展的，更重要的是，通过评价活动关注课程改革、教学过程及其教师在研究中的思考，由此帮助学生在真正意义上获得发展。显而易见，此种评价观孕育着一种教育评价功能变革的新思考，也预示着教育评价潜在的变革方向。

第 3 章

我国当代转型时期学校变革推进性评价的功能更新

在基础教育转型时期，教育评价改革在理论探索和实践探究上呈现出了不同的思路及对策。其中，在当代中国的一项旨在学校整体转型性变革的“新基础教育”研究①中，学校变革推进性评价应运而生。在学校转型时期，变革实践中成长起来的研究者、实践者作为功能主体极其需要教育评价直接指向学校整体性改革过程，进入其中研究变革实践的内部机制以

① “新基础教育”研究是叶澜教授主持的、历时 15 年的一项综合整体性研究，是变革理论与变革实践相互依存、相互构成，极具复杂性的创生型研究，主要探索相对于现有基础教育的系统更新、当代中国学校与社会转型相适应的转型性变革的理论与实践问题。“新基础教育”作为一项直面生命的事业，在坚持生命活力、主动发展、教师智慧和学生成长等核心理念和价值追求中，明晰了“生命关怀”的价值取向。以此为基础，“新基础教育”研究一直都在努力进行着教育学理论重建，对一系列教育基本理论问题、教育研究方法论问题乃至教育学形态等问题进行重新思考和认识，在教育学原理层面上抓住了教育基本问题研究，“全息式渗透”于以学校整体为单位的“细胞式”改革中，而且在学校变革实践的推进中不断地丰富、深化和系统化。“新基础教育”是在两个层面上开展学校日常教育实践的反思和变革实践的：在班级层面上，将“课堂教学”视为一个整体的、师生交互作用着的动态实践活动来研究，将“班级建设”视为学校中相对独立的实践领域，放在学校教育实践的总框架中来认识和研究；在学校整体变革方面，将“学校领导与管理”作为学校日常实践中第二层面的活动，就学校管理与组织、制度与机制、队伍和文化作了系统研究。“新基础教育”研究始于 1994 年，至 1998 年底完成了“探索性研究”；作为延续性课题，于 1999 年 5 月至 2004 年 4 月进行了“发展性研究”；随后于 2004 年滚动式推进到了又一个 5 年的“成型性研究”。

推进教育改革，此种推进性评价功能需要愈来愈凸现。推进性评价直接指向学校变革过程，有助于对传统教学过程进行批判和反思，对全新的课堂教学价值、过程及其内在逻辑进行重建，并在学校变革过程中成就学生和教师的发展。这是涉及到一种全新的评价改革实践和评价理念的探索，在此我们称之为学校变革推进性评价。推进性评价正在学校转型时期进行着系统性更新，无论在评价理论和价值系统上还是在评价体系上，都与上述管理性评价、服务性评价、发展性评价存在着更新性差异，体现了教育评价的当代发展趋势。

一、转型时期的基础教育评价改革探究

（一）现有解决评价改革问题的研究思路及对策探究

当前我国有关教育评价改革倾向性认识的问题本质在于人们将评价改革视为教育改革的前提条件，不仅将评价改革替代教育自身的改革过程，而且将评价改革与教育内部变革过程割裂开来，孤立地分析教育评价内部要素的结构性重组。人们在教育改革中针对此问题采取了不同的研究思路和对策，归结起来主要有以下三类。

1. “标准本位”论：从评价改革自身层面的内部要素进行分析

当前的评价改革更多的是在自身层面上集中于评价要素的改革，并未在与教育改革的关系中进行考察。在当前的教育评价改革中，发展性评价体系通过评价标准的修订和重建、评价方法的改进，试图使原来偏重甄别、监控的传统评价转向注重发展的发展性评价。发展性评价体系的构建变成了实质上只是评价标准、方法体系、操作技术的“更新换代”，进而形成了评价改革的“标准本位—方法中心—制度保障”的内在逻辑，其中内蕴着大量的“加减式”思维。这一切都深刻体现了评价改革的实体性特征，未能从传统的“预定式评价”中解脱出来。

在所有层面的教育评价改革实践中，首先，预先重新构建一套评价标准、指标体系。评价改革者都是在改革之前，借鉴现成的标准或者通过演绎推理形成要素化、条目式的标准，预先设计课程标准、课堂教学

评价标准等，以便能够对基础教育改革进行指导、发挥导向作用。其次，强调评价方法的更新，进行量化评价与质性评价的整合。评价标准的改变必然引发评价方法、操作技术的更新，形成一种新的评价方法体系。在学生评价、教师评价等方面的改革中，都在积极突破传统评价量化为主的局限，尝试着用国外引进的质性评价方法及其具体的操作技术，构建新的评价方法体系和模式。新评价方法的过分强调和极度推崇，使方法中心主义时有发生，好像方法或以方法为中心的评价模式的改变就能彻底实现评价功能变革以至教育改革。最后，确立合理的评价制度。通过评价制度，保障在评价标准和评价方法改革的基础上实现评价活动各个方面的变革，建立全新的评价体系。如，为了规范初中毕业考试和普通高中招生制度改革，要求通过制度建设来体现公正、公平、公开，通过严格的公示制度、诚信制度、监督制度和评估监控制度等予以保障。

2. “双向两难问题”论：从评价改革在理论与实践的冲突上进行分析

对教育评价改革问题的关注并在关系层面上进行分析，深刻地表明了评价改革研究突破了仅仅局限于自身评价要素及其结构的重组之不足，开始进入到各种与教学改革、课程改革或学校变革不可析离的关系中进行探索。

有学者认为在基础教育课程改革中，课程评价“必须对实践的课程价值进行评定与判断，它维护理论的价值适应不了实践，正视实践的价值适应不了理论，由此构成一个两难问题：有关课程评价功能的解释存在着理论与实践的歧义，课程评价改革的理论与评价改革的实践相互支离，而借鉴的课程评价理论与传统的教学评价实践也有个适切性问题”①。因此，课程评价已经成为制约基础教育课程改革的瓶颈，是扼住课程改革咽喉的关键。突破瓶颈、走出困境已成为“一个关系到课程改革全系统的问题，但实事求是地弄清制约课程评价改革的条件因素，无疑是系统中的一个基础性问题。社会发展实际水平是选择适切性课程评价的客观条件，制度化

① 杨启亮．课程评价．课程改革中的一个双向两难问题［J］．教育理论与实践，2005（4）：44－47.

课程管理是课程评价改革的中介性阻障，教师素质状况是选择适切性课程评价的主观条件，而课程与教学传统则是课程改革无法逾越的精神文化事实”①。

上述分析表明，评价改革在课程改革中不能“独善其身”，还需要在各种现实条件及相互制约关系中寻求变革之路。正是在理论与实践冲突的意义上，课程评价的双向两难问题论在微观层面和宏观层面阐明了对课程改革的影响和作用。首先，在课程评价实践者看来，发展性课程评价体系是在理论上能认同的评价，也可以在言论中用其对实践进行解释，但在评价实践中仍然坚持以选拔为宗旨的考试，其背后依然牢固的选拔或淘汰的考试理念仍是各层次实践者解释评价的依据。评价改革的理论与实践在实践者的个体意义上产生了冲突。其次，在课程改革的现实教学条件、教师状况下，在现实文化背景、社会条件下，将现行的评价实践改造成为与评价理论所要求达到的那样全新的水平，这是一个短期内难以解决的矛盾。可见，评价改革的两难问题也是主张评价改革是课程改革的前提条件，强调评价改革的瓶颈地位，其关注点仍是集中于如何打破瓶颈、走出困境。但是，通过分析两类改革关系，在外部条件意义上逆向指出了课程改革对于评价改革的影响作用。还需值得一提的是，评价改革的问题分析已经深入至课程改革中实践者的层面，以及评价改革理论与实践在实践者个体意义上的关系。这对于评价改革研究具有着重要的价值。

3. “回归原位”论：从评价改革在教育改革中的地位进行分析

“在我国基础教育课程与教学改革中，教学评价常常处在一个尴尬地位，扮演一种矛盾角色：一方面，它是批判的焦点，似乎是万恶之源；另一方面，它又是希望所在，是改革最后的救命稻草”②。正如前述，评价改革尽管被人看作是严重制约着课程改革发展的瓶颈，但是又特别强调以评价改革引导教育改革，甚至把课程改革成败的希望都寄托于评价改革之上。因此，“不少人认为，旧有评价体系严重阻碍了课程与教学改革的进

① 杨启亮．制约课程评价的几个因素［J］．课程·教材·教法，2004（12）：6－12.

② 王本陆，骆寒波．教学评价：课程教学改革的促进者［J］．课程·教材·教法，2006（1）：20.

一步深化，教学评价改革滞后是课程与教学改革难以顺利推进的关键因素……认为只有根本变革教学评价模式，才能开创课程与教学改革的新局面"①。这是在当前课程改革中的一种关于评价改革地位的流行观点。鉴于此，有学者对此进行了批判性反思和深入分析，指出其中的“评价障碍论、评价中心论、评价服务论”三个内在关联命题构成了一种以评价促进改革的逻辑演绎，进而阐述了将课程改革的过错归咎于评价、成功与否寄托于评价改革的思想是非理性和不切实际的。尽管“教学评价改革的确是基础教育改革的重要组成部分”，但“教育改革的中心问题是发展问题而不是评价问题，课程与教学改革也应以基本的课程与教学问题为中心"②。

“回归原位”论是在对教育改革与评价改革现实关系进行分析的基础上，深刻说明了在教育改革中，评价改革的作用和地位不能被错误地高估或者刻意放大，评价改革在教育改革中应当被合理定位，才能走下“神坛”回归原位。可以说，“回归原位”论最为重要的价值，是从评价功能的角度重新解读了评价改革与教育改革的内在关系，但是其分析仅仅停留于教育改革与评价改革的并行关系上，而没有进入到研究两者相互构成、相互促进的建构式的内在关系；尚还停留于现有评价功能认识逻辑的理性反思上，以此为基础进行功能纠偏。但回归论者尚未涉及到这样一个重要的方面：现有的评价功能是因其未能指向、进入教育改革过程本身，故尚不能有效地解决评价改革中不同层面的矛盾与对立状况，不能真正地推进教育改革，因而也未提出在评价改革和教育改革交互作用的基础上进行评价功能重新定位的问题。

（二）“新基础教育”研究对于学校变革评价功能转换的探索

不同层面的研究思路表明，评价改革需要在自身层面上对评价要素及其结构进行重组的同时，还应当研究它与教育改革更深一层的关系，即两

① 王本陆，骆寒波．教学评价：课程教学改革的促进者［J］．课程·教材·教法，2006(1)：20.

② 同①，25.

类改革如何在相互构成、相互推进中针对教育的内在改革过程，创建研究变革、推进转型的新评价功能，进行直接指向学校变革本身的评价改革研究。这是“新基础教育”研究在学校转型性变革研究中采用的评价改革及其研究策略①，它“采取了评价改革贯穿于教学改革研究与实践全过程的策略，打破了‘两类改革孰先孰后’式问题的思维定势，改变了评价者在改革之外，评价过程外在于改革过程的传统，使课堂教学评价成为课堂教学改革的认识深化和实践推进中不可缺少的重要构成，把课堂教学改革实践的深化过程与阶段成果，不断转化为评价改革的深化过程与重要资源”②。

“新基础教育”研究是在我国进行的关于世纪初当代中国基础教育学校“转型性变革”理论与实践的研究。教育活动和教育研究中的“理论与实践”的关系是“新基础教育”研究的任务之一，这两方面的任务在研究过程中交织在一起、同生共长。“正是因为‘新基础教育’理论研究坚持与一线的实践结合开展，使其具有独特的综合抽象和在研究过程中动态生成的事理研究的特征，并与实践变革形成了具有相互构成、共生同长、相互推进的独特内在关系”③。这一研究需要理论研究人员深度介入其中。理论研究者深深扎根于一线实践，不是满足于从中获得例证性事例，而是在整个研究过程中引领价值取向、促进观念体系形成，在研究实践中对丰富复杂的变革作综合式抽象，并提升理论问题，不断地提出变革的新问题和新任务，在变革实践中通过反思、重建提出原则性的行动意见，促进理论与实践在同一主体身上和不同主体间实现统一和转换。就实

---

① 在“新基础教育”研究进行到13年时，开展过两次重大的关于学校改革的评估实践，即第一次是“新基础教育”发展性研究阶段的中期评估（2001年9月—12月），第二次是“新基础教育”成型性研究阶段的中期评估（2006年6月—12月）。在两次学校的评估实践中，课题组明确形成了“学校变革推进型评估”的概念和相应的指标体系与评估方法，在解决学校改革与学校评估的关系方面形成了新的认识、提供了新的经验。具体内容详见叶澜，等. 学校转型性变革中的评价改革——基于“新基础教育”成型性研究中期评估的探究［J］. 教育发展研究，2007（4A）：1-10.

② 叶澜. 改革课堂教学与课堂教学评价改革——“新基础教育”课堂教学改革的理论与实践探索之三［G］//吴亚萍，吴玉如. “新基础教育”发展性研究专题论文·案例集（下）——教师发展·学科教学. 北京：中国轻工业出版社，2004：20.

③ 叶澜. 总报告：世纪初中国基础教育学校“转型性变革”的理论与实践［G］//叶澜. “新基础教育”发展性研究报告集. 北京：中国轻工业出版社，2004：41.

际工作者而言，需要通过积极参与自身承担的学校教育任务和进行的实践研究，如课堂层面的教学变革、班级建设及相关的研究，同自身内在理论产生深刻矛盾，引发学习理论的需求；在此基础上，通过日常化的反思和重建，力图改变头脑中已有的、旧的参照系统，尝试着新的教学策划和变革实践；通过“听—说—评课”和专题研讨活动中的外部评点分析，形成自我反思重建以及对自身内在变化过程有所体悟；在日常教育实践中不断创造、提升自己的价值和智慧，同时也为理论研究提供经验和资源，且能自觉提炼新的经验与理论。

在学校教育的实践、变革和研究的深度介入中，实践工作者（以一线教师、学校领导为主）、理论工作者、教育行政管理者成为教育变革的实践者和研究者，进而又可能成为评价功能主体的主要构成。也正是在学校转型性变革的研究过程中，他们对教育评价活动逐渐有了新的认识并产生了新的评价需要。主要由研究人员、一线教师、管理人员构成的教育变革和研究者进入了教育评价功能体系，引发了其结构性变革。教育变革的实践者和研究者迫切需要教育评价活动直接指向学校变革过程。在“新基础教育”理念和生命价值取向下，评价成为促使理论和变革进入传统教育、教学活动的力量；成为诊断变革过程中存在的问题、明晰涌现的新质、深化和提升教学过程新的内在展开逻辑和形态的手段；成为促进理论与实践在变革过程中的双向建构和转化、不同主体间的教育理论的转化、同一主体身上的外在理论向内在理论的转化和内在理论向个人行为实践的转化的独特因素。学校转型中的实践者和研究者作为功能主体所表达的评价需要，深刻揭示了学校变革过程研究的评价目的是推进学校转型性变革过程进而实现“成事”、“成人”的统一。深究其中，学校变革过程研究的评价需要实质上表明了研究者、实践者和变革者的共同需求，实现了教育评价体系中的功能主体、评价主体和价值主体的内在统一。学校变革推进性评价满足了变革过程中内部人员的评价需要和价值需求，服务于自己的学校变革实践及其过程研究。正是在此意义上，基于变革研究目的的推进学校成事、成人的评价功能是自适性的评价需要。

学校变革推进性评价就是在“新基础教育”理念和生命关怀的价值取向下对学校转型性变革过程及其中的各种关系进行研究，对教师、学生生命发展过程及其在校生存方式的转化进行研究。

基于评价功能转换，学校变革推进性评价突破了标准本位的评价改革的内部性和僵化性，体现出评价改革的外部关联性和动态生成性；摆脱了由标准本位而致的内在束缚，即脱离教育改革过程，仅仅在评价内部通过评价标准的变革带动评价内容、方法、主体等方面的变革，进而完成发展性评价体系的构建。与之不同的是，学校变革推进性评价是以学校变革过程作为评价对象。与教师评价、学生评价相比较，学校变革过程是一整体性的“分析单位”，其中富蕴着教育变革过程中各要素因交互作用而形成的关系，实践者、变革者、研究者在学校各层面的变革过程中因交流互动而生成的关系。显然，在评价对象的变化中，学校变革过程改变了实体性评价改革中的评价对象的客体化、要素化和静态化。

由“新基础教育”研究提出并开展的学校变革推进性评价，在功能转换的需求下直接作用于学校变革过程本身，并通过进入变革过程成为其重要的构成部分、成为其重要的推进力量和策略。它在与学校变革随程推进、双向建构中形成新的评价标准，动态建构评价方法、评价主体及评价文化，生成新的教育评价体系。这一功能本位的生成性评价改革表明了学校变革推进性评价是在复杂的学校转型过程中动态生成的，而非于学校变革之前就预设好的一套程序和评价指标体系；是随着学校转型性变革和课堂教学过程中新质的涌现渐次形成的，而非僵化的程序性评价操作活动插入教育改革过程之中。概言之，学校变革推进性评价和学校转型统一于改革过程之中。这一新的评价功能和研究实践是本书的主要研究对象。

二、学校变革推进性评价是在“新基础教育”研究中应运而生的

学校转型性变革作为当代基础教育发展的主题，是对当前基础教育改革性质和任务的高度概括。“新基础教育”研究理论与实践正是一项以创建21世纪新型学校为显性目标、以改变师生在学校的生存方式为深层目标的学校整体转型性变革研究。它正是在批判和反思传统学校教育的基础上，以学校为教育变革的“细胞”进行重建，以“价值提升、重心下移、结构开放、过程互动、动力内化”五大方面的总体结构性转型为特质整体上创建学校教育的新形态。就评价而言，作为一项创生性研究，“新基

础教育”研究中的评价改革着力于在理论与实践的双向建构中，发现、研究、提炼、总结出在学校日常教育实践的整体性变革中所创造出的“改革了”的形态具体的新质特征、内在展开逻辑等，并通过变革实践实现人的主动发展、自觉创造。因此，新的学校变革推进性评价体系，不可能在改革没有进入到一定的规模和深度甚至未改之前就进行预设，而只能在学校改革的过程中，与改革实践随程推进并相互渗透的评价改革的探索过程中逐步清晰和形成。在“新基础教育”研究中，教育改革的研究者、实践者对于评价改革提出了新的实践需求，“评价的目的首先在于推进改革，而不是用通常衡量结果的指标来直接评价改革是否成功”①。这实质上是“新基础教育”研究中新创生的推进性评价功能，是在理论与实践推进中的必然选择。

（一）学校变革评价旨在推进和改造学校日常教育实践

正如前述，我国当前的教育评价改革需要进入改革过程以便研究“如何改”，通过研究和推进变革过程来促进教师、学生的发展，由此在丰富而又复杂的教育改革实践中实现和创生出新的教育价值。这显然是与教育评价观及理论基础的转向相一致，即价值论已经从价值的客观反映和心理建构转向了实践关系中的价值创生。此外，教育评价实践与理论在其发展历程中，尽管不同层面、不同思路下的评价改革难以有效地解决当前的评价问题，但却为学校转型时期的教育评价改革提供了重要的现实基础。在“新基础教育”研究中，评价改革的客观需要与理论基础以及现实基础的发展紧密结合并统一起来，从而催生了推进学校变革的评价需要、使其进入了新的改革层面，尝试着推进性评价功能的实践与理论探索。在此背景下，学校变革推进性评价在“新基础教育”研究中便应运而生。

从根本上说，在评价功能及其作用机制上，学校变革推进性评价与结果指向评价（诸如学生评价、教师评价等领域的）的最大不同在于，它直接指向变革过程，作为研究和推进力量进入学校变革实践中实现价值创

① 叶澜，等. 学校转型性变革中的评价改革——基于“新基础教育”成型性研究中期评估的探究［J］. 教育发展研究，2007（4A）：1.

生，并藉此反思、重建学校教育日常实践及其改革过程、明晰总结和系统提升学校教育理论。在"新基础教育"研究中，学校变革推进性评价意味着评价改革与学校变革实践交互作用、双向建构，即在学校不同层面的具体改革实践中，通过研究性变革实践形成新的主体需要，在此基础上挖掘课堂教学、班级建设和学校管理等价值客体的新特质，以促成价值关系的动态生成，导致评价自身内部要素的重组；在学校变革实践价值创生的基础上，通过过程作用机制，即基于变革研究来推进学校转型的功能发挥，进行日常教育实践的反思和重建，以满足促进教师和学生发展的需要、提升学校教育质量的需要。

学校变革推进性评价的评价主体本身是学校变革研究的策划和合作者，通过直接研究学校变革进入学校变革过程所蕴孕着的价值关系中，进入变革实践，因而有需要也有可能使得这一评价活动直接指向学校整体性变革过程，进而在评价改革与学校变革的双向建构中实现学校教育与教育评价双重意义上的价值创生。

就"新基础教育"研究理论与实践的双向建构中创生出来的学校变革推进性评价而言，它在推进学校变革中已产生了实践效应，其丰富内涵必须在推进学校转型的实践中才能充分展开。

（二）学校变革评价对于学校转型的推进方式

学校转型时期，教育评价功能结构性转换集中体现于学校变革推进性评价的新功能上：研究变革过程以便有效推进学校转型的目标实现。因此，学校变革推进性评价在动态性关系和创生性实践中，直接作用于学校转型性变革过程以推进学校教育中课堂教学、班级建设、学校管理等不同层面的改革实践，进而由此深层推进师生在校生存方式的改变。在学校变革评价中，学校转型过程中的"成事"、"成人"在不同层面的整体性改革中构成了复杂的关系——课堂教学改革与师生的生命发展、领导发展与学校管理变革、个体发展和教师团队建设、学生发展与学生工作建设，成为了复合性的功能对象。深究其中，学校变革评价的推进学校转型、"成事"、"成人"的评价功能的实质在于实现两个层面的转化，即研究者和实践者之间的理论转化（或理论与实践的双向建构、内在沟通）和实践者个体层面上的自身内在观念和日常实践行为的关联性体验。更为重要的是，此种动态性关系始终以“成事”、“成人”为中心，贯穿于学校变革推进性评价的批判性评价、重建性评价、提升性评价和自觉性评价四个阶段之中，并呈现出不同的阶段特征。

1. 批判性评价：共同反思变革过程中实践呈现的“旧质”并寻根究底

学校变革推进性评价首先需要在对传统的学校日常教育实践中的“旧质”特征进行批判的前提下，才能有效地使得新理论、变革因素进入其中，“新基础教育”理论进入课堂教学实践、教师变革意识和内动力的形成以及教师在变革要求下的教学探索与尝试需要有批判性评价，它主要是通过“听—说—评课”活动共同发现改革实践中的问题来实现的。教师基于教育理论的充实，追求自我了解的完善，这样“不仅‘启发’实践者的信念和理解，而且把实践者从不合理的信念和误解中‘解放’出来，这些不合理的信念和误解是他们从习惯、传统和意识形态中继承下来的”①。教师只有对自己的教育信念和日常教学行为具有更为强烈的自我意识，才能够使自己处于更多的理性的自我控制之下。教育理论通过教育理念促使教师进行自我反思，激发其生命意识，这是教师生命发展的现实起点。

教师在有目的地对学生施加教育的过程中，他可能有意识或无意识地受到各种影响以至于“很容易忘情于自己的一时冲动之中，并凭情绪办事。或者，他可能即兴制订出相应的教育措施”②。教师的日常教学行为背后藏匿着许多自己并不完全察觉的教育判断，以及缄默的或隐约知晓的教育理论或信念。美国学者奥克肖特（Oakeshott，M.，1962）认为教师的所有理性行动都涉及实践性知识（practical knowledge），它只存在于使用过程之中，不能用规则的形式表述出来；通常表现在教学实践之中，表现在学校生活的习惯方式或传统之中；深深地植根于知性、信念、价值观和态度之中。

---

① 卡尔．教育理论与教育实践的原理［G］．郭元祥，沈剑平，译//瞿葆奎．教育学文集·教育与教育学．北京：人民教育出版社，1993：569．

② 朔伊尔，施密特．教育学［A］．胡劲松，译//瞿葆奎．教育学文集·教育与教育学．北京：人民教育出版社，1993：300．

事实上，工作多年的教师都积淀了一定的教育教学思想，基本上形成了自己的教学行为习惯。但他如果不重视内在理论的自我反思，那么，课堂教学就只能是依据经验、凭藉惯性运作而已，也就只能成为教材、教参、标准答案的传声筒。如果教师不能自觉地意识到自己头脑中缄默状态下的教育理念，那么，教师“在行为上即使有所变革，也会陷入到简单执行他人指令或模仿他人的新做法的境地，不能成为教育改革能动的、自觉的创造者，并在创造性实践中实现自身的发展”①。美国学者奥康纳（O'Connor，D. J.，1958）认为教育理论包含了“很不相同的作为教育实践基础的陈述”，即形而上学的、价值判断的、经验性的部分——分属于三个不同的逻辑系统。尽管关于教育的形而上学和价值判断方面的理论知识不能用可以观察到的事实和实验证据进行证明，但它们却能够帮助教师对自己在课堂教学中的教育判断、信念、价值或行动本身进行批判性反思，以便自己基于教育理论可以深刻“考察教育实践中的各种无可非议的信念、不证自明的真理，以及实践者常识性理解”②。

不仅如此，教师还需要在专业理论人员的帮助下进行自我反省。“新基础教育”特别“强调评课中的‘捉虫’与‘喔’效应，即专业人员的评课不只是指向教师教学行为中呈现的问题，而且要指向对呈现行为背后的思想观念的剖析（捉虫）”③。教师若能越是由此深入认识到自己的教育理念，就越能以一种理性的方式将它们运用于自己的学校生活和课堂教学中。

2. 重建性评价：共同创生日常教育实践的“新质”特征和内在逻辑

“听—说—评课”正是通过对课堂教学进行诊断和反思，读懂教师并触及其教学行为背后的内隐理念、内在认识，以促使理论深度介入日常教

---

① 叶澜．思维在断裂处穿行——教育理论与教育实践关系的再寻找［J］．中国教育学刊，2001（4）：6．

② 卡尔．教育理论与教育实践的原理［G］．郭元祥，沈剑平，译//瞿葆奎．教育学文集·教育与教育学．北京：人民教育出版社，1993：568．

③ 叶澜．总报告：世纪初中国基础教育学校“转型性变革”的理论与实践［G］//叶澜．“新基础教育”发展性研究报告集．北京：中国轻工业出版社，2004：31．

学实践、变革要求。教师在“听—说—评课”活动中，可以在骨干引领、专家指导下，自主选择、学习相关理论，理解和领悟这些理论与传统的、已经成为自己头脑中的个人理论的差异和矛盾，进而改变自己头脑中的观念、实践标准与参照系。这一切都使得教师逐渐成为自觉的、有理念指导的、自主的变革实践者。

新理论和变革因素的进入给课堂教学和班级建设带来了新变化，教师同行、专业理论研究人员共同研究变革过程中涌现出“新质”，使它逐渐增多、突出、强化，不断深化为他们对变革的认识，并进一步去辨析变革新实践的内在逻辑和形态，这就是学校转型中“发现”过程的评价活动。“新基础教育”在新课之“型”未清楚之前，评课活动并非用统一的评价标准先在地框定教师的教学过程及其中的教学行为，而是教师同行、专业理论研究人员一起协商、交流、研讨，去共同发现问题、经验和新质，渐次形成有关教学的评价指标体系；课堂教学变革中所呈现出来的新质特征和内在展开逻辑在评课过程中通过运用评价指标的形式趋于稳定，形成体现新质的课之类型结构。教师由此日渐清晰指标的意义，进而更好地理解动态生成的课堂教学，并能创造性地进行教学实践。在“新基础教育”的研究性变革实践中，教师还可以通过“听—说—评课”进行比较性反思，明晰“旧质”特征与“新质”特征之间的差异和冲突，进而更新个人的内在观念体系和日常实践行为。唯如此，“旧质”不仅在教学观念中而且也在日常教学行为中，逐渐地被淡化和去除，而“新质”则逐渐清晰和固化下来。

因此，“听—说—评课”作为一种推进学校转型的变革过程指向评价，不能像传统评课方式那样利用预先设计好的、统一标准的教学评价表进行集中评课，而是通过指向变革过程的评课和研究，生成评价指标，渗透或融入于变革过程研究中，在一定意义上成为变革的组成部分。

3. 提升性评价：系统研究变革过程后对变革的认识进行理论化、具体化

班级层面的日常教育实践的变革研究是从批判性反思和创造性重建这两个维度展开的，在评课中强调“捉虫”与“喔”的效应，由此实现“新基础教育”理论在群体性组织与教师个人之间的转化。首先，评课是对传统的课堂教学进行反思，通过教师的课前教学设计、课中的教学表现

以及课后的说课和自我省察，切中要害地指出教师的课堂教学行为得以支撑的教育观念、思维方式等。其次，评课是课堂教学重建的设想和实践，通过评课发现在“新基础教育”理念指导下的课堂教学所呈现出的新亮点（也可称之为“萤火虫”），形成发展性问题，进而确立促进变革的专题研究。“评课不能只满足于问题的揭示，还要提出改进、重建教学观念与行为的具体建议，使教师结合自己的课，对新理念指导下的具体教学行为的形态是什么有所启发，对理论与实践在教学行为中的内在关系有所体悟（‘喔’效应）”①。

从个人内在的教育观念体系与自身实践行为的关系来看，通过“听—说—评课”，教师个人在与其相关的各种关系和本人参与的各种活动中，通过自我反思并与他人（研究者、教师同行）交互作用以重建自身内在理念，这是“新基础教育”在个体意义上实现内化的外在条件；教师个人在自身的内在理念与日常实践的双向建构中形成新观念体系与日常实践行为的内在关联性体验，这是“新基础教育”在教师个体行为中外显的内在机制。只有深度、反复触及教师的个人内在理念体系和日常工作实践，新型教师才能逐渐实现真正的转化。在研究性变革实践中，教师通过“听—说—评课”进行比较性反思，明晰自己头脑中固有的内在理念与变革理论的差异和冲突，进而产生更新个人理论和实践行为的内在成长需求、愿望和实际行动。在此基础上，教师通过日常工作的研究和专题性研究活动（如语、数、外等不同学科的专题研究、学生发展研究等），在提升性反思中关注自身实践行为，在内在理论的指导下进行更新性的实践转化，并体验其中不同成长阶段的情意发展过程、问题困惑和选择，以及成功和生命创造的愉悦；在研究性反思中，不仅关注新的内在观念体系转化为新的行为方式的过程，而且还不断梳理和提升成功经验，进一步丰富和深入改造自身的内在理论。在多次不同水平的“内外往返”中，逐渐增强教育的理念与行为的关联性体验，实现新型教师在观念与行为相结合的水平上发生转化。

实质上，“这是一种观念更新后的‘重新认识’，一种重新认识指导

---

① 叶澜．总报告：世纪初中国基础教育学校“转型性变革”的理论与实践［G］//叶澜．“新基础教育”发展性研究报告集．北京：中国轻工业出版社，2004：31。

下的‘行为更新’，因行为更新带来的‘更新体验’，进而又加深重新认识。正是这种‘重新’认识、设计和熟悉领域的实践变革，才能有效促使教师观念与行为改变的积极互动和良性循环，推进教师转化的螺旋式上升”①。研究性变革实践在这样的过程中逐渐趋向日常化，教师通过主动参与课堂教学变革实践的反思和重建，将理论转化为自己的内在认识并以此为基础实现自己的行为转变。

4. 自觉性评价：作为人的生存方式以养成师生自我和自主发展的意识

教师的日常教学和学校变革、研究性的备课、研究性的教学设计以及研究性的学习等紧密结合在一起，化为教师的观念和行为，成为其日常生活的一部分，成为新的惯习。一旦这种状况出现，教师就会不再依赖研究者的指导，询要拿来就可以操作的具体模式，而是在已经内化的教育理念、内在理论的指导下进行自主研究。研究成为他生活的重要组成部分：他善于对自己习以为常的教学实践、教学行为进行反思，善于从中发现问题，养成了对日常工作的一份敏感，保持着自主探索的意识与习惯。

教师个人藉此开展研讨性评课活动，逐渐转变成为一位自觉的变革实践者，在自己日常的专业实践中，呈现出自我更新式的主动发展态势。教师改变了适应、服从、执行他人意志和思想的基本生存方式，成为自觉创造教师职业生命的主体，在课堂教学实践中，通过反思和重建使传递知识性的工作转变为创造学生精神生命的工作；在班级建设工作中，通过关注和解读学生的成长需要使上传下达的行政化思路转变为设计系列化主题活动的创造性思路；在校本教研活动中，积极利用校内外的各种资源，在理论学习的基础上主动开展系列化专题研究活动。教师在校生存方式的改变，在日常化的“听—说—评课”活动中以不断创生新质和促进教师自身发展的方式得以持续。

当自觉性评价作为教师的生活方式并养成其自我意识和反思意识时，还集中表现为教师人生境界的不断提高。教师的人生境界呈现在教师的生命实现样态中，是教师在具体的学校生存实践和课堂教学活动中因体验而

① 叶澜．在学校改革实践中造就新型教师——面向21世纪新基础教育探索性研究提供的启示与经验［J］．中国教育学刊，2000（4）：60.

达成的生命整体状态，其中主要包括教师当下的生存处境、生存态度、行为方式，以及对未来希望的追求、意义的筹划等。就教师的生命发展而言，教师的人生境界决定着他的生命状态、创造活力。高境界的教师能够不断追求新的发展、实现自我超越。可以说，教师的人生境界是其生命发展水平的一种标示。教师人生境界的提升以驱使自己热情投入到教育理论学习中；通过对教育理论的创造性占有，形成个人的内在理论，进而提升自己对职业价值的认识，形成新的思想方法，改造自己的知识结构和能力结构；摆脱对教育专家的依赖，增强自我的主动意识，积极运用相关教育理论面对具体的教学情景。教师通过生命创造感受到自己所从事职业的内在尊严和欢乐。

（三）学校变革评价对于学校转型的随程推进策略

1. 基于实践思维的推进性评价功能变革

人类实践本身是动态的、综合的。当理论遇到解不开的问题时，就分析实践，实践中总是有办法解决的；看实践中是怎么解决的，从理论上再给予总结。这实际是一种关系型的动态思维。针对当前教育改革中的评价改革问题，“新基础教育”在实践思维下打破了两类改革孰先孰后的理论争论，而是在改革过程中解决改革过程中的问题，提出了两类改革——课堂教学改革和教学评价改革内在统一于教育改革过程中，随程推进的思维策略。这表明了评价改革的实践思维：在教育改革过程中解决教育改革过程中的问题。

“新基础教育”作为创生性研究，是在“理论适度领先，理论与实践紧密结合的研究开展方式”[①] 下，与社会转型随程推进，在现实改革中不断创生和重建，而非先框定指导教育改革的理论或消极地等待社会定型后才实施改革。“新基础教育”理论和实践表明了教育思维方式在变革中已进入到了实践思维的领域。实践思维也谓之为“关系型的动态思维”，是关系思维的深化和具体化，并在主体及其实践的基础上，进一步整合了实

① 叶澜．总报告：世纪初中国基础教育学校“转型性变革”的理论与实践［G］//叶澜．“新基础教育”发展性研究报告集．北京：中国轻工业出版社，2004：5.

体思维和关系思维。因此，实践思维有以下两个特点。

一是突出主体及其实践在“关系”中的主导地位，把“关系”理解为由主体能动的实践不断澄明的动态系列；在此过程中，它把主观和客观、本质和现象、关系和过程视为主客体互动中原本不可分割的动态整体的分别抽象，进而从这一动态整体中去理解和诠释存在、本质、价值等，事物间的二分对立状态也就在其质的显现过程中得以消解。二是它的深刻含义在于引导人们的思维具体化、动态化、实践化，并以此实现“是什么”和“如何是”的统一。在教育领域中，实践思维主张“是什么”和“如何是”的统一，是实存意义上的统一。例如，课堂教学是预设的还是生成的，完全取决于教学过程中师生间的互动以及他们与文本、环境间的交互作用过程。教育“是什么”（教育的基本原理、内在机制等）和“如何是”（教育生成、过程及其中的交互作用等）在主体的实践中有机地统一起来了。

2. 评价改革在学校变革实践中动态生成

学校变革推进性评价“不局限于指标体系改革，不局限于集中评价，而且还深入到评价观、被评者的评价期待、日常教育实践与研究中的评价等全方位和全过程的评价改革”①。如此复杂、深入、全方位的评价改革只能在学校变革实践中逐渐生成。学校变革实践为评价改革提供了内在条件和可能，而评价改革又不断地推进学校转型，两者相互构成、双向建构统一于改革过程之中。因此，评价改革是在学校变革实践中处于开放状态、动态生成过程之中。学校变革推进性评价在主体的特定评价实践中完成了它的“是”，它成为教育评价的过程，因此它是“什么”也就自然澄明了。

学校变革评价改革从主体和实践的角度去开拓教育评价丰富和深邃的内涵。学校变革评价之“是”，与主体性深化，与人的生存、发展和完善是一致的。人在主体的展开和深化的过程中，将教育评价的似有似无的“未澄明”状态具体明确化。而且，它还是一个实践问题，是以研究性变

① 叶澜．“新基础教育”论——关于当代中国学校变革的探究与认识［M］．北京：教育科学出版社，2006：399.

革实践为中介生成的，评价实践的开放性和历史性决定了教育评价之成为教育评价的过程是一个拓展的过程。在学校变革评价生成过程中，人才能作为自觉自由的主体创造性地满足自己的需要、实现自己的理想和目的，才能在使教育评价“是”的过程中创设自己的评价。总之，学校变革评价中，通过程性思维建构教育评价、使教育评价“是”，从而真正地实现了人的意义和价值的自我重建。具体言之，在学校变革评价中，评价主体是根据变革过程的推进需要确定的；评价标准是在变革研究的过程中逐渐建构的；评价方法是在不同的变革推进阶段相机生成的；等等。

3. 评价改革成为学校变革过程的内在构成

学校变革评价直接指向过程——学生或教师的发展过程、课堂教学过程。师生的生命发展是始终面向新颖性的运动和创造过程。只要学生和教师的生命能够被充分激发起来，课堂教学不仅充满了生命活力和生命成长气息，而且也就在其中生成了更多的活生生的东西。当我们始终直面这种溢满着生命创造、互动生成的新颖的课堂教学过程并对之进行评价时，仍然运用“实体—性质”的概念对其结果进行形态学描述、截面式的条分缕析其局部结果或终极特征，显然已不具适切性。因此，“过程指向”的学校变革评价应当坚持用实践创生性原则来说明人的生命发展过程和课堂教学过程，采用以流变和生成为基本特征的动力学方法。

就“过程指向”的评价而言，它具有随程推进的特征。随程推进首先意味着“过程指向”评价本身也是在复杂的过程中生成的，而非于教学活动展开之前就预设的一套程序和评价标准；其次，表明了“过程指向”评价是随着学校转型性变革和课堂教学过程的新质的显现而渐次形成的，而非固化的程序性评价操作活动插入教学过程之中。这就使得“新基础教育”中的学校变革评价“改变了评价作为一种外在于变革实践的力量，改变了变革主体无法把握评价与变革实践两者关系性质，发挥了评价在学校改革和改革了的评价在推进学校改革中的独特的、不可替代的作用”①。

① 叶澜．“新基础教育”论——关于当代中国学校变革的探究与认识［M］．北京：教育科学出版社，2006：399.

若从过程角度来看，一切存在物都处于永不停息的生成和发展过程之中，这种过程性就是它们的本真状态。它直接指向人的发展过程和课堂教学过程。学校变革评价应当蕴涵有生成和发展理念，只有运用动力学方法才能揭示具体个人的生命过程，而不是静态的形态学描述方法。在重建课堂教学过程的实践中，教师如果在运用“五还”[①] 和多种教学组织形式中忽视其真正的目的在于激发学生的主动发展和生命活力，不考虑师生积极、有效和高质量的多向互动，以及课堂教学中的资源生成和过程生成，此种课堂教学过程就有了为“还”而“还”的形式主义之嫌。可以说，关注过程，不是关注活动的形式，不是追求活动形式的开放性，而是关注具体个人在活动过程中的体验生成、经验重组和生命创造的亲历，关注他们在活动过程中的实际体验、感受、收获，即关注过程对他们的生命发展价值。

4. 评价改革成为学校转型性变革的推进力量

在教育改革实践中，评价改革和教学改革成为令人困惑的“难题”。细究之，教育评价在追求科学而又客观地评判评价对象发展的结果状态时，总是在教育改革过程之外、课堂教学变革之外设立一个由局外人员（非参与研究性变革实践中的研究者、实践者）组成的权威的评价组织，构建一套完整的评价指标体系和看似科学的评价方法，施行正规化的评价活动。此种“结果指向”的评价活动与教学改革过程形成了一对平行系列，评价活动可能会插入教学改革过程之中对局部结果展开形成性评价。所以，评价过程成为了非实践者对已经存在的改革结果进行测量和判断，而非直接指向研究教学过程本身。这导致了教学过程与评价过程之间的“双重脱离”——评价主体与教学主体的脱离、评价过程与教学过程的脱离。

但就“过程指向”评价而言，它的显性目标在于寻找学校转型性变革实践中的新质、发现新型课堂教学过程展开的内在特质和逻辑，而其深层目标在于改变师生在学校的生存方式以促进他们的生命发展。因此，具

① 在“新基础教育”研究中，课堂教学需要教师将课堂还给学生，即还时间、还空间、还工具、还提问权、还评议权。

有“随程推进”和“硬币式整合”的过程指向评价改变了上述的“双重脱离”，研究者、改革者在变革实践的基础上成长为评价者，进入改革过程进行研究，发现问题、提炼新质特征，使得评价过程成为学校变革的认识深化和实践推进中不可缺少的内在构成，把学校变革实践的深化过程与阶段成果不断转化为评价改革的深化过程与重要资源。显而易见，评价改革随着教学改革的深入而不断生成，教学过程的改革依据评价改革而逐渐推进，两者构成了相互共生的、相互开放的、螺旋式的循环上升关系。

三、“新基础教育”研究中学校变革推进性评价的更新性特征

学校变革推进性评价是在“新基础教育”研究中提出的。它不仅体现了评价理论发展的内在逻辑，而且已经在学校转型时期呈现出评价改革的独特的实践形态。就价值系统而言，学校变革推进性评价表明了评价功能在价值论上已经进入到实践基础上的价值创生中，导致了评价功能系统中的功能主体与评价需要、评价主体和价值关系的变革及其内在关系的结构性更新。这些成为了学校变革评价内在的价值论基础。

学校变革推进性评价功能系统的结构性转换必然要求更新学校变革评价的操作系统，即评价体系，主要包括评价主体、评价内容、评价标准、评价方式等。作为教育评价最基本构成的核心要件，它们的更新，在很大程度上决定了学校变革评价体系的结构性重建；而且，它们在学校变革评价体系中有着密切的内在关系并相互作用着，还由此从不同的角度透视学校变革评价体系的整体性结构。

下文将从价值论的理论分析的基础上，系统研究教育评价功能系统和操作系统的结构性更新特征，以及学校变革评价在学校转型时期的推进性评价功能开发。

（一）学校变革推进性评价的价值论分析

1. 学校变革推进性评价是在实践关系的基础上进行的价值创生

从价值论进行分析，“价值”本质上是人类生活中一种普遍的主客体

关系，即客体的属性和变化同主体需要之间的关系，客体的存在、作用对于一定主体需要及其发展的某种适合、接近或一致。但是，价值属于实践范畴，“价值本身意味着一种客观的实践关系的本质”①，故而它只有在实践中才能形成和被确认出来，脱离了实践就失去了成立的客观依据和存在形式。这表明价值关系是在实践关系中不断丰富起来的，是随着人在对象化活动中通过本质力量的外化而不断创生和发展的。首先，“价值问题，本质上是一个关于主体、人的问题”②。评价中的人，诸如价值主体、评价主体等都应当被视为“物质的、自然的、社会的、历史的现实存在”，其主体需要、活动从根本上也是同人的社会存在相联系的。因此，主体的构成以及主体需要是在特定的实践关系中形成的，是现实的、具体的。其次，价值是客体及其属性同主体活动的关系，是在主体的实践中所形成的为主体服务的效果。换言之，主体对客体的作用——“客体主体化”是通过实践和认识两种基本方式发生的，“在实践中，主体从物质形态上现实地接触或接近、影响或改变客体”，“在客体身上显现和直观自己的本质或‘本质力量’，从而实现自己的发展”③。在“客体主体化”过程中，价值实现了主客体间的统一，这是符合主体需要和内在尺度的统一，是客体为主体服务、主体性占主导地位的统一。从根本上说，人是在丰富的实践关系中不断发现和发展自己的本质、结构和规定性，从而成为了主体并形成主体需要，由此使自己同客体的价值关系不断在质、量和方向上进行无限的扩展。要言之，价值关系是在实践中不断生成和呈现出来的。因此，评价活动中的评价主体应当进入复杂的实践关系中，在具体分析价值主体及其需要、价值客体及其属性和它们之间的价值关系形成的基础上，通过研究或发现或推进新的价值主体、价值客体及其之间的关系，实现价值创生。

学校转型时期，研究性变革实践是评价者作为研究者、实践者参与改革实践的独特方式。研究性变革实践与以往教师在学校中天天进行的日常

① 李德顺. 价值论——一种主体性的研究［M］. 北京：中国人民大学出版社，1987：115.

② 同①，130.

③ 同①，83－84.

实践相比，其特质主要包括以下方面：第一，从实践内含变化的角度来看，研究性变革实践是内含变革理论的实践；第二，从功能角度来看，是教师超越自己的经验的，具有更新指向的实践；第三，从效果角度来看，是创生性实践，它指向教师实践中变革成败原因分析，要求教师在此基础上进行重建；第四，从整体和过程的角度对该实践的研究性特质的表达，是将研究的态度、意向和内容贯穿到实践全过程和多方面的实践[①]。在教师发展方面，研究性变革实践已经成为实现新型教师转化，提升教师个人生命质量不可或缺的基本途径。

（1）在学校研究性变革实践中发展主体并形成新的价值需求

在学校变革推进性评价中，评价主体必须在不断地自我更新和自我反思的基础上，亲历参与学校不同层面日常实践的改革与重建，深入研究课堂教学、班级建设以及学生的成长状态、学习需求。因此，以教师为主体的变革实践者成为研究者和理论建构者；教育变革的理论研究者亲历参与学校变革实践，他们是在学校研究性变革实践中成长为评价主体的，形成了特定的评价主体结构。

首先，教师成为学校日常实践变革的研究者。在随堂听课、即时评课的研讨中，教师能够通过与研究者、同科教师的点评互动、概括提升，由此展开深入的比较性反思以明晰自己头脑中的内在理论，进而形成生命成长的内在需求或动力。在个人实践层面上，内在理论的深度介入促发了教师教学行为的深度变革和日常变革实践中的创造智慧，增强了他在研究性变革实践中主动发展的意识。而且，教师个人的日常变革实践具有不断更新自身内在理论的力量，他能从自己的创造性实践中自主获取滋养理论的新因素，形成新理论。教师实践行为的更新需要研究渗透于日常的教学工作、班级工作中，其核心在于研究学生的生命成长，即研究不同阶段学生的成长需要，研究不同年级段学生的学习特征、发展水平以及在课堂中的发展状态。可见，教师具有结合自己的日常实践研究学生和教育实践的能力，这表明了其从事的工作不只是传递知识，而是创造性工作。因此，教师个人在内化了的新理念体系的基础上，对自己的教育、教学实践和周围

① 叶澜．“新基础教育”论——关于当代中国学校变革的探究与认识［M］．北京：教育科学出版社，2006：366－370.

发生的教育现象进行研究性反思，从中发现新问题并通过对此进行研究而改进自己的日常工作，进而发展为对新的教育问题、思想、方法等方面进行探索和创造，综合个人的内在理论创造性解决新问题，使自己的工作更富有生命创造和内在潜力。此外，通过专题性的实践研究，教师在研究性反思中不仅使得已经内化的内在理论直指学校中的学生问题、课堂教学和班级建设的变革实践中的新问题，深深地植根于教师的现实需求、现有的生存状态和面临的各种问题中，而且不断地梳理提升成功经验，进一步丰富和深入改造内在理论。

其次，研究人员成为了学校变革的实践参与者。研究性变革实践是一种内含着变革理论并将其贯穿全程的变革实践。研究人员的变革理论深深扎根于学校日常化的教育活动及其变革实践中，深度介入课堂和班级的教育、教学过程，主要包括："教育、教学价值、目标的选择；教学内容的结构重组研究；课堂教学设计的依据、教学过程全程动态相关性与合理性探究、学生状态的分析与资源开发；教育、教学效果及原因的分析；教师如何在教学实践中实现自己的发展，等等。"① 此种日常化的研究性变革实践是在研究的过程中，研究人员与教师共同创造、持续进行、不断反思、尝试重建，从而具有生成新型的实践和理论这种内生力的变革实践。理论工作者在与实践工作者的主体交互作用中，不只是揭示了一种当代中国理想的学校教育的性质和形态，更是揭示了通过变革实践实现从现实向理想转换的转型性变革过程，从理论与实践双向建构的意义上探讨学校在变革中实现整体转型的问题。为此，研究者对课堂教学、班级建设和学校管理不同层面的教育活动和变革过程进行历史批判和创造性建构，并在微观改革层面上以学校为基本分析单位，进入到课堂教学、班级建设、学校管理与领导不同层面的学校日常教育实践重建。

（2）在学校研究性变革实践中改造客体并探求新的价值关系

学校研究性变革实践创生了评价主体及其需要，同时这又使得学校变革过程成为了价值客体。事实上，学校变革过程深蕴着丰富而又复杂的价值关系，可以聚焦于人的生命价值追求中，在实现学校转型性变革的同时

① 叶澜．我与"新基础教育"——思想笔记式的十年研究回望［G］//丁刚．中国教育：研究与评论·第7辑．北京：教育科学出版社，2004：45.

转化师生在校生存方式。这些价值属性都是在学校研究性变革实践中不断地被创生着、被探究着、被清晰化着。这必然要求学校变革过程在“成事”、“成人”关系统一的基础上进行不同层面的整体性变革，是一个相互关联着的关系图景。

首先，学校变革过程旨在追求生命价值，实现“成事”、“成人”的统一。学校变革过程是在教育学意义上研究教育如何实现“人的转化”，深刻关注学校教育或学校变革中人的生命意义，研究每个人在投入自己的全部生命时的成长过程及其内在机制。其理念中所追求的生命活力、主动发展、教师智慧和学生成长等都使得学校教育愈来愈关注人的生命，直至“生命关怀”成为了明晰的价值取向。在“生命关怀”价值取向下，课堂教学和班级建设等学校日常教育实践都是其中参与者（教师、学生、研究者等）所共有的人生中的重要生命经历，是他们个体生命的有意义的构成部分，具有个体生命价值。它力求将学生视为具有自主和创造能力的生命体来培养，以便改变学生的在校生存方式并实现学生的健康、主动的发展。因此，学生应在课堂教学和班级生活中改变被动接受、应对的状态，作为积极的生命存在通过各种互动和关系参与到课堂教学过程的生成和推进中、参与到班级建设和学校日常生活中。生命关怀价值取向下的学校转型更需要变革中“成事”、“成人”的内在统一，“即在‘成’变革之事中成‘人’，努力以‘人’变促‘事’变”。教师在学校研究性变革实践中实现自身的生命发展、提升生命质量，并由此改变自己的观念、思维方式、内在需求和活动模式，自我更新在校的生存方式。

其次，学校变革是以学校为基本“分析单位”，在不同层面上进行“细胞式”改革，是一个相互关联着的整体性变革过程。在班级层面上，将“课堂教学”视为一个实践活动的整体的、师生交互作用着的动态过程的研究；将“班级建设”视为学校中相对独立的实践领域，放在学校教育实践的总框架中来认识和研究其教育的针对性。在学校层面上，通过“学校领导与管理”的整体性思考，分析了班级组织与制度、班级文化和班级系列活动设计以及学校管理、教师队伍和学校文化的重建过程。具体说来，在研究者和教师的共同创建和实践研究中，课堂中教与学被视为不可分割的“分析单位”，即“师生双方是在交互作用中形成相互规定，由相互规定构成有机的行为整体”；教师在理论学习、尝试变革的基础上逐渐走出传统，重建课堂教学。教师在实践重建中为了有方向、有目标地推进课堂教学，将学生视为教学的重要资源，降低课堂教学重心，通过还学生主动学习的时间、空间、工具、提问权和评议权等把课堂还给学生；在课堂上学会倾听、捕捉资源、重组信息以推动生成，由此实现课堂教学过程的师生积极、有效和高质量的多向互动，进而推进由“有向开放—交互反馈—集聚生成等三个相对区别又关联的步骤组成”的互动生成式课堂教学①，以使课堂教学过程具有丰富意义、智慧灵动与生命活力。

2. 价值创生性评价关系：人在生命关怀的世界中实现自觉实践

（1）价值创生性评价关注人在理论与实践双向建构中的生命创造

“新基础教育”是以生命价值为根本价值取向，追求着真实的生命成长。“它关注着生命、唤醒着人的生命意识、更新着人的生存方式，使作为生命体的个人能勇敢地面对生活、自我更新”②。学校转型中研究性变革实践的价值取向也提升为生命价值，关注教师的生命质量，立足于教师的真实的生存状态。教师个人在参与研究性变革实践的过程中能感受生命的尊严、享受生命创造的快乐，由此唤醒对教师职业的自我意识，重建自己的教师角色新形象。研究性变革实践关注教师的生命创造，而非要求教师依据模式执行、操作程式化教学，“对于教师而言，课堂教学是其职业生活的最基本的构成，它的质量，直接影响教师对职业的感受与态度及专业水平的发展和生命价值的体现”③；将教师视为一个“人”，承认他们自身的生活体验和已经形成的行为方式，去感知他们以便读懂他们的状态，在与他们的互动过程中理解他们生命成长的内在需求。

与客体化的价值认识性评价关系、主体化的价值建构性评价关系不同，价值创生性评价关系是评价主体和价值主体在研究性变革实践中协作发展、相互构成，进而在学校变革过程中创生出潜在可能的教育价值。实

---

① 叶澜．“新基础教育”论——关于当代中国学校变革的探究与认识［M］．北京：教育科学出版社，2006：273－275.

② 李家成．追求真实的生命成长——对“新基础教育”价值取向的体悟［G］//叶澜．“新基础教育”发展性研究报告集．北京：中国轻工业出版社，2004：81.

③ 叶澜．让课堂焕发出生命活力——论中小学教学改革的深化［J］．教育研究，1997（9）：5.

质上，价值创生性评价关系是实践化的，价值关系是在日常化的学校教育变革实践中逐渐展开和丰富起来的。在学校变革过程中，研究者、实践者进行着理论研究和学习并在此基础上深度介入日常化的课堂教学变革、班级建设和学校管理变革等学校变革实践，也因此成为了教育转型性变革中的价值主体、评价主体，对传统的学校日常教育实践进行反思批判，对变革中涌现的“新质”和展开的内在逻辑进行理论提升，将“旧质”和“新质”进行比较以改造自己头脑中的内在理论和内在参照系，在此基础上自我更新自身的日常实践行为。从根本上说，价值创生性评价是人在研究性变革实践中进行价值创生、在理性指导下进行自由的价值选择，这是一种自主状态而不是放任状态，它整合了自主和责任。可见，价值创生性评价指向的是主体的诞生及其在学校变革过程中的生命发展，其终极追求是人的生命自觉。

教师在日常工作中独立地进行创造，通过创造性工作展现自身的生命价值和生命本质。教师个人的内在理念体系的完善、研究能力和意识的提升催生了自己的生命创造。他们在行为上不再是简单执行他人的技术模式或模仿他人的新做法，而是成为教育改革能动的、自觉的创造者，并在创造性工作中实现自身的发展，在课堂教学中表现出独具的教育智慧。教师在日常工作中独立地进行创造时，“感受到对自己的智慧和人格的挑战、对自己生命发展和生命力展现的价值，感受到因从事这一职业带来的内在尊严与欢乐的满足”①。教师通过转变在校的生存方式而提升了自身的生命质量，也开发了教师职业的内在生命价值。

（2）人在学校研究性变革实践中实现生存方式的转变

在“新基础教育”中，学校转型性变革“能否取得进展和实现、能否持续地和日常化地开展下去，最终都聚焦到人的真实变化和发展上”②。没有新型教师的转化，学校转型最终实现是不可能的；但是，教师自身的发展变化过程也不可能脱离学校变革实践来完成。教师在研究性变革实践中实现自身的生命发展、提升生命质量，并由此改变自己在校的生存方

① 叶澜．教师角色与教师发展探新［M］．北京：教育科学出版社，2001：10.

② 叶澜．我与“新基础教育”——思想笔记式的十年研究回望［G］//丁刚．中国教育：研究与评论·第7辑．北京：教育科学出版社，2004：40.

式，既是学校转型的最为根本的关键性因素，也是其深层次目标。研究性变革实践的根本是人的建设、教师的变化。

研究性变革实践强调教师真正在教育观念和日常行为上达到新型教师的要求。“教师的转型，只有在触及其自身内在隐性的观念体系和内在的观念体系能转化为其新的行为方式时，才可能真实地发生”①。基于“发现问题就是发现了发展的空间”之改革理念，研究性变革实践为参与其中的教师提供了更多的发现自身真实问题的机会，以便自主实现生命发展，同时也创造了具有“捉虫—喔”效应的“听—说—评课”现场指导形式，以帮助教师深入个人自身的内隐理念和内在理论，进行教学行为的深层重构。在“新基础教育”中，研究性变革实践主要是在学校生活的两大综合性领域——课堂教学和班级建设中展开的，因而能够指向教师在学校的日常教育、教学生活。研究性变革实践越贴近教师日常教学工作，越能促进新型教师的转化，它以潜移默化之“化”式效应改变了教师的观念、思维方式、内在需求和活动模式，并形成了教师一种新的生存方式。

新型教师首先表现为在学校教育或课堂教学实践中“对外办事”时所体现出来的一种教育智慧，即教师在基础性素养之上形成的一种自由、和谐、开放和创造状态。智慧型教师在学校教育实践中表达了对生命价值的尊重和生命创造的关怀，把课堂还给学生以焕发学生的生命力和创造力，并在互动生成的课堂中能够敏锐感受、善于捕捉、重组和回应学生的信息资源，通过“资源生成”和“过程生成”与学生一起共同推进课堂教学；把班级还给学生以激发学生的主动性和责任感，在研究不同年级段的学生成长需要的基础上创造性地策划系列化的、整合性的学生主题活动；在主动申报专题性研究、参与评课研讨中，针对变革实践中的新问题进行提升性和研究性反思，与研究者或教师同行进行合作、对话，等等。其次，新型教师在研究性变革实践中能够“向内”不断实现自我超越。教师在保持内在理论的重建和实践行为的更新持续地螺旋式提升的基础上，力求使自己的常态课在不断的创造中充满着生命活力，使自己的班级

① 叶澜．在学校改革实践中造就新型教师——面向21世纪“新基础教育”探索性研究提供的启示与经验［J］．中国教育学刊，2000（4）：60.

在生命成长的持续研究中充满着成长气息。新型教师就是要在学校日常工作中保持着主动发展的内在动力，保持着自主、自觉的生命创造。当这些都成为了教师在校生存方式的内在特质时，教师个人就已经在学校转型中实现了新型教师的转化。

（3）在学校变革实践中创生了研讨性评价文化

在学校变革过程中，校长及其他学校领导、教师首先需要改变原有的评课期待。处于转型中的研讨课必然会真实地呈现出其中存在的各种各样问题和不足之处。因此，“新基础教育”在“宁要有遗憾的真实，也不要完美的虚假”的原则下要求教师开出教学常态下的“家常课”，欲图通过研讨性评课进行转型性变革研究。研讨性评课文化提出了一堂好课要有“扎实、充实、丰实、平实、真实”之特征，用“实化”代替了“圣化”，并主张“发现问题就是发现了发展空间”。这一切极大地改变了教师对一片赞扬之声或溢美之词的评课期待。

在“新基础教育”中，研讨性评课的价值定位于“成事”、“成人”，即促进课堂教学变革，在教学改革过程中促进教师发展。因此，它不只是进行教师评价、学校评比，更为重要的是对变革过程进行评价和研究。在新课之“型”未清晰之前，评课活动并非用统一的评价标准先在地框定教师的教学过程及其中的教学行为。教师同行、专业理论研究人员一起进行协商、交流、研讨，并由此共同发现问题、发现经验、发现可能创造处，逐渐地形成教学评价指标；课堂教学变革中所呈现出来的新质特征和内在展开逻辑在评课过程中就是用评价指标的形式明确下来，教师由此很清晰指标的意义进而更好地理解动态生成的课堂教学并能创造性地进行教学。

与此同时，在评课研讨中，正是通过对课堂教学进行诊断和反思，读懂教师并触及其教学行为背后的内隐理念、内在认识，以促使理论深度介入日常教学实践、变革要求，并在教育活动中得以积极尝试、体现。而且，教师在“听—说—评课”活动中，可以在骨干引领、专家指导下，自主选择、学习相关理论，理解和领悟这些理论与传统的、已经成为自己头脑中的个人理论的差异和矛盾，进而改变自己头脑中的观念、行为习惯以及内部的实践标准、参照系。这一切都使得教师逐渐成长为自觉的、有理念指导的、自主的变革实践者。

（二）学校变革推进性评价的实践性评价主体

学校变革评价主体既不是在主客二分的基础上先在设定，也不是在权力赋予的基础上由身份获得，而是研究者、实践者作为“具体的个人”主动参与到学校变革实践的各种活动和关系中，在学校研究性变革实践中通过自身的生命创造进行自觉性重建。

1. 评价主体是通过学校变革实践实现自己的成长

教育评价的改革实践如果要在教育评价主体的方面欲图新的进展，那么，应当破除关于人的前提性理论假设所围设的樊篱。在学校教育中，人的发展意味着个人（学生和教师）都是具体的人。“教育真正对象是全面的人，是处在各种环境中的人，是担负着各种责任的人，简言之，是具体的人”[①]。在“具体个人”的前提性假设下去认识和研究学生和教师，那就是“要承认人的生命是在具体个人中存活、生长和发展的；每一个人都是不可分割的有机体；个体生命是以整体的方式存活在环境中，并在与环境一日不可中断的相互作用和相互构成中生存和发展；具体个人的生命价值只有在各种生命经历中，通过主观努力、奋斗、反思、学习和不断超越自我，才能创建和实现”[②]。从中可以看出，“具体个人”是生命性“存在”，是时代精神和新教育对象观所要求的新人形象的聚焦。“具体个人”之生命意味着“生命比生命更多”——是指生命是一个生生不息的创造过程，并创造出更多的生命来时时更新自己，以及“生命超出生命”——生命因有超越生命自身的能力而自身创造出更多的非生命的东西。在生命创造的过程中，“具体个人”作为一个生命有机体以精神能量的整体方式参与和投入生命间的交往和沟通的过程中。“生命有各方面的需要：生理的、心理的、社会的、物质的、精神的、行为的、认知的、价值的、信仰的。任何一种活动，人都是以一个完整的生命体的方式参与和

---

① 保尔·朗格朗. 终身教育引论［M］. 周南照，陈树清，译. 北京：中国对外翻译出版公司，1985：87.

② 叶澜. 总报告：世纪初中国基础教育学校“转型性变革”的理论与实践［G］//叶澜. “新基础教育”发展性研究报告集. 北京：中国轻工业出版社，2004：19.

投入，而不只是局部的、孤立的、某一方面的参与和投入”①。作为具体的人，学生的主动发展是完整的，不是分裂的。新教育对象观重视复合态度，使人格的各组成部分，诸如体力、智力、情感和伦理等综合起来，保持平衡发展。就教育对象观而言，这是具体的人的“生命整体性”。

此外，“人的发展能动性”是指“人的发展是人的潜在可能性在实践中逐渐转化为现实存在的过程，这一转化的实现，不仅有赖于逐渐形成的自我意识，还有赖于人的价值观、自主选择及在实践中的投入和反思能力，即人对自己发展的自觉意识和能动作用……”②。由是观之，主动发展观强调学生应当在不确定性的、充满可能性中进行个性化的选择，在创造性地占有社会共有精神财富的过程中，实现人的经验世界与社会共有的“精神世界”的沟通与创造性地转化；没有两个学生是完全一样的，每个人都有自己的独创性、个性特征和生活方式。“具体个人”是未完成的人，学生的发展是一个永无止境的完善过程。学生因为自身的未完成性而不得不在各种社会经验中继续学习。因此，“人的发展能动性”也就表现为“个体的发展只能在人于其相关的各种关系和本人参与的各种活动的交互作用中实现，是一种开放的生成性的动态过程”③。

“具体个人”的意识要求我们在教育评价中不能通过标准化方式将人抽象化、规整化、要素化和实体化，而应在走向具体的情景中有差别地、真实地考察每个人的发展过程，以及其中的主动性、潜在性和差异性。

首先，教育评价在“具体个人”的关注中走向了具体的、真实的评价情景。学生或教师作为“具体个人”，是一生命性“存在”。他们总是在特定的问题解决情景中显现着自己的生命，在复杂的生命间的交往和沟通过程中显现着精神能量。在生命显现过程中，学生的心理特质就展现于表现（行为）中，诸如学生的课堂展示、论文写作、舞蹈等。换言之，这些表现（行为）就是学生的心理特质，不存在居于所谓的外显行为之现象背后的、恒定的心理本质。这样，真实情景中所发生的一切事件、客

① 叶澜．时代精神与新教育理想的构建［G］//叶澜．“新基础教育”探索性研究报告集．上海：上海三联书店，1999：183.

② 同①.

③ 叶澜．总报告：世纪初中国基础教育学校“转型性变革”的理论与实践［G］//叶澜．“新基础教育”发展性研究报告集．北京：中国轻工业出版社，2004：20.

观条件和主观因素综合构成了学生或教师当下的具体存在。在“直接面对事物本身”之中，我们能够将学生或教师作为“具体个人”进行价值建构性评价。例如，学生评价领域中的表现性评价、苏格拉底式评价以及档案袋评价；教师评价领域中的“听—说—评课”、不同学科的教师评价或教学评价是不同的，等等。这不仅从一个角度表明了人在教育评价中的回归，还具有着这样三种积极意义：一是消解了评价过程中具体个人在生理的、心理的、行为的，认知、情意、价值观等方面的分裂，体现了人的生命发展之整体性，人在具体情景中的活动之完整性；二是强调了具体个人在现实情景中的表现，而非在抽象意义上对人的行为表现进行标准化和规整化；三是评价结果表达了学生生命发展的差异性，评价的信度和效度并非存在于数据统计分析中，而是在自身的生命实践中。因为生理的、心理的、环境的因素而导致的学生成绩的变化不是所谓的误差，更准确地说，这应当是学生或教师作为“具体个人”在特定情景下展现出的自身的差异性和独特性，是自己个性特征的现实展示。

其次，教育评价直接指向过程，即学生或教师的发展过程、课堂教学过程。在现代课堂教学中，评价和教学活动相互交织在一起，以至很难分清教学活动何时结束，评价何时开始，它们之间的过渡十分自然、紧凑。因此，“过程指向”评价和课堂教学在共同展开的过程中，它们实质上已经变得不可区分。“过程指向”评价与课堂教学的“整合”聚焦于“具体个人”的生命创造过程。一方面，学生或教师作为“具体个人”被置于现实问题解决的真实情景之中，这是评价和课堂教学统整的契合点；另一方面，在“过程指向”的评价中，特定情景中所产生的一切构成了真实的“具体个人”。“过程指向”的评价能够被视为教学过程的一个有机构成部分，“过程指向”的评价意味着课堂教学中每天所发生的事情。

2. 评价主体是研究性变革实践者

在“新基础教育”研究中，学校管理方面的重心下移体现了赋权与自主发展的基本思路。实质上，就是将教学研讨主动权、组织权、策划权下放给各个教研组及其中的每位教师，使得评课研讨活动紧贴学生和学校教育实践，紧贴教师的日常课堂教学实践，进而开发和发挥教师与教研组的主动性和创造性。在研讨性评课活动中，基于“听—说—评课”的反思和重建，教研组能够自觉地依据评课所发现的教学变革中的各种类型问题形成研究专题，有针对性地开展研讨活动。如某实验学校的小学语文备课组根据语文教学改革的需要，积极地在课堂教学中展开了语文阅读课的“教结构”和“用结构”的教学研究。备课组的四位教师围绕此项研讨任务，共同参与教材重组和教学设计，一起参与多次“听—说—评课”活动。在共同协作下，备课组逐步摸索出语文阅读课的“长程两段式”新教学策略。这不仅促进了教师的专业发展，更激活了教师生命发展的激情和内动力。

在学校变革中，降低管理重心，以便将校本教研的主动权还给教研组或备课组及所有参与教学改革的教师，采取了不同的改革措施。第一，在原有的学校组织机构上进行重心下移，充分调动教师的积极性。学校采取权力下放、自主参与的教研制度和研讨模式，即由教师提出教学改革、学校教育中存在的问题，再由科研部门进行合理地筛选，最后选定切合实际需要的问题开展专题研讨或课题研究。第二，改革学校中层组织以强化教研组和教师的责任意识和在变革实践中的推进力量。有的学校将学校内部的中层部门进行变革并重新设置为课程教学部、学生工作部、校务工作部和信息技术部，以增强各部门的策划职能。这就使得各教研组或备课组在组内教师的参与下对教研活动进行主动思考和策划各项研讨活动。第三，创设非行政性组织，充分尊重教师在变革过程中的主动性和创造性。有的学校创立了“骨干引领、项目驱动”的教研形式。学校针对不同年级、不同学科教学中所遇到的关键问题形成研究项目，由骨干教师组织部分自愿参加的教师组成“项目工作站”并开展有针对性的研讨。

教师在研究性变革实践中通过不同类型的互动进行主动开放、自主探索、合作研讨以更新个人内在理论。首先，教师与研究者的互动有助于个人内在理论的更新和深化。在学校转型性变革实践中，理论研究者是学校变革的精神能量之源，承担服务和促进学校发展的责任；以教师为主的实践者则是变革实践的生命创造之源，在研究性变革中能体验到内在的成功和进步。正是通过形成共识和合作研究，两类主体间实现了一致或沟通，这是教师内在理论更新的开始，也是理论转化为实践的必要条件。其次，教师组织或群体内个体间的研讨交流实质上是教师个人内在理论的形成过程，是教师通过比较性反思，获得启发而实现内化。具体说来，学校层面的教师群体内互动主要是在以教研组为单位的教师组织内，同一学科或不同学科的教师进行同伴共创、轮流上课、共同参与研讨等形式开展日常教学研究；校际层面的教师群体内互动主要是通过共同体的研讨活动，在"听—说—评课"中共同进行反思和重建，相互启发和提升理论。无论何种形式的研讨交流活动，都需要教师个人的独立思考、积极创造。这些基于研究性变革实践的教师群体内互动在将教师群体转化为学习型组织的同时，也把教师个体转变成为自觉的终身学习者。

3. 学校变革推进性评价的实践品性

作为研究性变革实践者，学校变革评价主体呈现出了与众不同的主体性特质。从根本上说，评价主体表明了学校变革实践中的一种现实的、具体的、特殊的主客体关系，即评价主体在实践关系中进行价值创生，其中的行为者——研究者、教师、学校领导等成为了评价主体，而价值关系作为行为对象则成为了评价客体。"主体和客体这对范畴的特殊规定性和意义，不在于它们描述和代表了人与世界的一般存在或属性，而在于它们表述了双方各自在一定实践—实践认识活动中的特殊地位"①。因此，评价主体不是决定于程序操作者所持有的基于价值中立的客观描述之能力，也不是决定于协商合议者所具有的基于价值负载的心理建构之能力，而只能根据不同的研究性变革实践者在实践互动关系中的地位而具体地确定。显而易见，评价主体表达了变革实践关系中人的地位的相对区分，这显然不能混淆对主观、客观的理解，即将客体（化）=客观、主体（化）=主观。"存在、物质相对于思维来说的根本特性，就是它的客观性，即不以任何思维者的意识为转移的独立性；思维、意识相对于存在、物质来说的根本特性，则是它的主观性"②。事实上，在变革实践中形成的评价主体本身不仅意味着特定的评价关系，而且也在此关系中体现出了所独具的特性——主体性。学校变革实践成就了研究者、教师、校长等的评价主体地位，也由此形成了以下三种自身的主体性特征。

---

① 李德顺．价值论——一种主体性的研究［M］．北京：中国人民大学出版社，1987：57－58.

② 同①，63.

第一，评价主体的角色丰富化。“研究性变革实践者”实质上就已经表明了研究人员、教师作为评价主体的复杂身份。教师作为课堂一线的变革实践者进行着课堂教学改革的尝试、探索和创造，在此过程中作为学习者进行理论研读、研讨交流，同时还作为评价者对自己的日常实践行为进行反思和重建、对他人的课堂教学进行比较性思考。课题研究人员既作为策划者或决策者进行理论和价值引领、在变革实践中进行理论提升，也作为实践参与者深度介入课堂教学改革过程进行合作并共同创造，同时又作为评价者对学校变革过程进行综合性评价。由此可见，评价主体的角色在学校研究性变革实践的复杂互动关系中日益丰富起来，促进了自身的生命发展。

第二，评价主体的关系层次化。研究性变革实践中的任何一位“具体个人”都处于不同层次的复合主客体①的关系之中。在复杂的学校变革评价关系中，不仅人与人互为主客体，而且每一个人也都与自身构成一定的主客体关系。因此，每个人总是同时既是主体又是客体，主客体的地位在不同领域、层次中以不同的方式、角色统一于自身。评价者和被评者的关系需要在特定的互动关系中进行具体分析。具体而言，从自评来看，教师、校长等学校变革的一线实践者既要对自己或他人的变革过程进行自我评价，又要对自己某一阶段的生命成长、变化过程进行多次的反思和自我剖析；从他评来看，研究人员需要对不同学校、不同教师的变革状态进行全程、全面的综合性研究，更要对教师、校长的自我评价进行评价，有助于实践者的自主学习、自主评价、自主变革等方面意识和能力的养成。

第三，评价主体的发展自主化。通过不同层次的评价活动，在自评和他评的共同作用下，教师通过参与各种教研活动中的“听—说—评课”并与他人（研究者、教师同行）交互作用以重建自身内在理论；在形成教育理念与日常实践行为的内在关联性体验的基础上，实现自主的变革实践、自我反思。与此同时，研究人员作为策划型评价者总是反思自己的指导方式和策略，提高推进学校变革过程的有效性。

---

① 有关教育中的“复合主客体”论的内容详见叶澜．教育概论［M］．北京：人民教育出版社，2006：13－17．此处的论述受其启发。

（三）学校变革过程指向的复合性评价内容

学校变革评价首先在评价内容上进行了更新，直接指向学校变革过程。评价内容是确定“评什么”的问题，根据笼统到具体的程度依次为评价领域、评价指向、评价指标。具体言之，评价领域，诸如学生评价、教师评价、课程评价等主要规限了评价内容的范围，当然也对评价主体、评价方法、评价标准等进行了某种意义上的限制；评价指向表明了评价内容的两个维度，即结果指向和过程指向；而评价指标则是在特定范围内在不同的评价维度上将评价内容细化为操作意义上的评价项目。从中可以看出，评价内容的明确极大地决定着评价标准的制定，同时也决定着评价方法及其技术的选择。

从根本上说，评价指向体现了评价内容的本质。评价内容在本质意义上可以分为结果和过程，但大多数的评价内容仍然是直接指向了学生或教师发展的结果、课程开发的结果等，既有终结性的总体结果也有阶段性的局部结果甚或规定时限内阶段性成果的累积。尽管结果和过程在理论上不能割裂开来，但是在评价操作意义上应当明确两者之间的区分，这使得评价内容能有意识地直接指向各个方面的过程，如学生学习和发展过程、教师生命成长过程以及学校变革过程，等等。在新课程评价改革中，一些学者提出了在研究性学习评价、成长记录袋评价、过程性评价中需要对过程进行评价，或者将评价的过程与学习的过程融合起来等各种观念。虽然这些观点之间存在着分歧，但是它们却都从多种角度对教育评价中的“过程”表达了不同程度的关注。事实上，教育评价中的“过程”早在形成性评价概念中就已经出现，下文以此为起点对“过程”的多种解释进行历史批判和反思。

1. 教育评价中的“过程”之多解

（1）时间“流程”意义上的“过程中的评价”

早在20世纪60年代，形成性评价（formative evaluation）与总结性评价（summative evaluation）就已被美国学者斯克瑞文（Scriven）首倡并运用于课程评价中。针对泰勒所提出的囿于预定目标，强调最终结果的终结性评价观，他认为“形成性评价是在计划或产品（或人员）还在发展或完善的过程中采用的”①。例如，在课程方案评价中，它就是在课程开发或课程实施还在发展或完善过程中所进行的，它能对课程计划、课程实施过程中的各个局部进行检查，为进一步修订和完善提供依据，从而保障课程实施结果达到预期目标。显而易见，形成性评价中的“过程”意味着方案实施全部流程的某一时间段，即是在时间“流程”意义上的理解。这样的“过程”中评价，依然是以终结性评价的预设的目标为评价框架，它测定的只是方案实施进入到插入评价的这一阶段时，局部的结果达到预设标准的程度、哪些达到了或没有达到等，并以此为依据来确立下阶段的任务。

在教育评价被区分为形成性评价与总结性评价之前，课程评价往往局限于总结的目的，即对特定课程实施的最后结果进行评价，判断其是否达到预期的目标。随着教育评价的发展，人们认识到仅对结果进行评价是不够的。总结性评价只能对课程实施的最后结果进行评价，判定其成功或失败、比较其结果及进行奖惩，而不能对课程的目标、操作步骤等进行调整、修改。因此，课程开发和设计需要一种新的评价，即形成性评价。首先，形成性评价的目的是及时发现计划、方案的缺陷，为计划、方案的制订者或产品（课程、书籍等）的研制者提供帮助，使评价对象获得发展和改进；其次，形成性评价的结果是用于提供反馈信息，有利于内部人员对计划、方案、课程、教学等进行调整、改进；最后，形成性评价实施的时间必须是在计划执行的过程中，才能发挥其作用。“具体地说，形成性评价与总结性评价的区别，首先在评价的目的与作用上，前者意在对正在进行的课程作出效果反馈，并根据反馈不断作出修改；后者则意在作出课程总体的效果评价，以比较确定不同课程的优劣。正是目的、作用的导向，带来了评价插入时间的差别，前者在课程进行之中插入，是对课程局部教学效果的测试；后者则在课程结束之后进行，是对总体课程效果的测试”②。

---

① 许建钺，等．简明国际教育百科全书·教育测量与评价［M］．北京：教育科学出版社，1992：50.

② 叶澜，吴亚萍．改革课堂教学与课堂教学评价改革——“新基础教育”课堂教学改革的理论与实践探索之三［G］//吴亚萍，吴玉如．“新基础教育”发展性研究专题论文·案例集（下）——教师发展·学科教学．北京：中国轻工业出版社，2004：21.

在流程意义上，教育评价可以进入过程中的每个重要阶段，将局部结果与预定目标进行对照以明达成度，从而据此反馈信息对计划进行调整。美国学者普罗沃斯（Provus）提出的差距模式的方案评价是典型的代表。就评价内容而言，流程意义上的“过程中的评价”是结果指向的。

（2）“历程”意义上的“过程的评价”

也是在批判泰勒评价观过于注重终结性结论的基础上，美国学者斯塔弗尔比姆认为评价的重要目的不在于证明（prove）而在于改善（improve），“评价是提供有用资料以作决定的过程”①。因此，他在CIPP模式中提出了过程评价以便进行实施性决定（implementation decision），即对方案具体实施情况不断加以检查和反馈，以保证方案按计划实施或为根据需要修改和解释计划提供指导。“过程评价的主要功能在于实施并改善方案的设计及程序，提供一份方案实施的真实过程的记录，以便日后用以解释结果”②。深究之，其中的“过程”就意谓着“经历的过程”，实质上仍然是结果性的客观存在。正是在“历程”意义上，“过程评价”或曰“过程的评价”观念逐渐从方案评价领域推及开来。在学生评价领域中，学习过程方法评定的介入，为教师提供了学生学习和发展的证据，也有利于学校向家长展示孩子的全程努力和阶段性进步。

在基础教育新课程理念及实践中，发展性评价体系在进行多元化、综合性、特长评价的基础上实施过程评价，更为关注学生学习与发展的过程。具体言之，过程评价就是在学生学习的过程中进行全面、科学、合理的评定，它包括对学生知识与能力、过程与方法、情感态度与价值观的评价。这种评价方法关注学生获取知识的过程，及时了解学生在学习中所遇到的问题，所作出的努力以及取得的进步，对学生的学习进行有效的指导，促进学生不断提高。同时在学生学习的过程中有效地帮助学生形成积极的学习态度和健康的情感价值观。

这就需要除考试外，运用其他反映和记录学生学习过程的评价方法。因此，教师有意识地将评价的激励和改进功能与日常的教育教学行为结合起来，把发展性评价课堂化、过程化、细则化，最大限度地介入学生的学

---

① 李雁冰．课程评价论［M］．上海：上海教育出版社，2002：85.

② 同①，87.

习过程，在学生发展的过程中不断给予评价和反馈，突出对学生学习和发展过程的评价①。第一，教师更加注重对学生日常学习和发展的评价，关注学生在学习过程中的点滴进步和变化，及时给予学生评价和反馈。在学生学习的过程中不断利用口头评价对学生的发展状况进行评价和反馈，激发学生的学习积极性，有效地促使学生朝向既定的学习目标。第二，利用一些成长记录的方法关注学生发展过程。成长记录袋中收集的关于学生方方面面的资料，记录了学生本人的成长历程，“例如获奖证书、奖品、试卷、范文、作品、音像材料、证明等，也可以是对今后学生的发展有帮助的材料，例如关于入团或入党方面的材料、综合社会实践活动的评价或总结、老师评语、学习能力评价等”②。第三，试图将日常评价、阶段评价和期末评价有机地结合起来。在期末成绩中，日常表现和作业、单元测验以及期末考试各占一定的比例。第四，重视学科学习和评价的特点，采取分项考试、分散考试的方法。如将语文的评价、考试分为语言表达、词汇掌握、阅读能力、写作能力等方面，采用写字卡、朗读卡、积累卡、阅读卡、表达卡等考查方式，与期末考试相结合。

从中可以看出，“历程”意义上的过程评价实质上就是对学习过程中“做了什么”以及关于“做得怎样”的平时评价结果的客观记录，以便累计起来成为最终评价的证明材料或成为其中的组成部分。其评价内容直接指向了学生学习过程中的平时成绩，主要包括平时测验与考查、作业和任务、学习态度和出勤情况等③。过程评价就是利用阶段性成果的客观记录将过程或活动结果化，以便进行静态的结构性分析，主要是通过评价指标进行纵向和横向的要素化分析。例如，在研究性学习过程评价中，其过程可以纵向分解为提出研究主题、完成研究阶段、主题成果交流等评价内容要素④；也可以横向分解为活动态度、过程体验、方法技能掌握情况、创

---

① 国家基础教育课程改革“促进教师成长和学生发展的评价体系的研究”项目组．实验区学生评价与考试改革的调研报告［EB/OL］．http：//kx. pyjy. net/ReadNews. asp? NewsID = 479. 2004 - 09 - 02/2006 - 10 - 22.

② 广东省教育厅教研室．普通高中新课程评价指导［M］．北京：高等教育出版社，2005：20.

③ 同②，19.

④ 研究性学习评价表［EB/OL］．http：//www. qhsms. com. cn/home/AttachedFiles/1850/192. doc. 2005 - 06 - 14/2006 - 10 - 22.

新精神和能力发展情况、研究成果等评价内容要素[①]；而且，每一要素还需要进一步细分下去。究其根本，过程评价在评价内容上的结果指向的本质就并未变化。

（3）“变化”意义上的过程性评价或动态性评价

在上述分析中，过程被理解为“流程”或为“历程”，都可以一种静态化方式进行要素表达。基于此的教育评价在评价内容上必然是结果指向的，因此它也就成为了静态性结构。鉴于此，国内已有学者“提倡和强调过程性评价，是针对过去的评价过分重视静态的、可量化和浅层次的学习成果，而忽视动态的、难以量化的和高层次的学习过程和效果而提出的”[②]。这与国外的动态性评价（dynamitic assessment）有着异曲同工之妙，它们的过程观都发生了转向，即在“进程”意义上理解“事物发展和进行的过程”，从动态、变化的意义上认识过程。具体说来，“过程性评价是一种在课程实施的过程中对学生的学习进行评价的方式。过程性评价采取目标与过程并重的价值取向，对学习的效果、过程以及与学习密切相关的非智力因素进行全面的评价。过程性评价主张内外结合的、开放的评价方式，主张评价过程与教学过程的交叉和融合”[③]。过程性评价中的过程实质上是课程实施意义上的过程，也是学生通过课程活动获得发展的过程。这样的过程不仅有延续性的一面，也有阶段性的一面。

在“变化”意义上，学习是一过程，评价也是一过程；在学习的过程中评价，促进评价过程和学习过程的融合，是过程性评价的要义。第一，过程性评价具有整体性，认为学习质量不仅反映在学习效果上，而且还反映在学习过程中的情态动机和策略方式上。显然，这与形成性评价只强调过程中不同阶段的局部结果不同，也与过程评价只强调学习过程不同。过程性评价强调的是学习成果的价值和学习过程的价值，在学习的全程上统涉了“学习方式”、“反映学生智能发展的过程性成果”、“与学习密切相关的非智力因素”等[④]。学生的动机态度、过程和效果是三位一体

---

① 广东省教育厅教研室．普通高中新课程评价指导［M］．北京：高等教育出版社，2005：21.

② 高凌飚．关于“过程性评价”的思考［J］．课程·教材·教法，2004（10）：18.

③ 同②，17.

④ 钟媚．过程性评价：概念、范围与实施［J］．当代教育科学，2005（14）：45.

的。第二，过程性评价具有动态性，关注学习过程的动态表现，学习过程中的情态动机和学习策略方式也是动态的。这就需要多样化的评价手段，除了量化的测量外，还须倡导和更加重视质性方法。第三，过程性评价具有融合性，评价的过程可以与学习的过程融合在一起。“评价不仅是对学习结果的价值判断，还对学习的过程有明显的回流作用，导向学习过程的不断修正，成为促进学生发展的媒介。通过回流作用，评价的过程与学习的过程交互在一起，成为学生发展的必由途径”①。过程性评价作为内部的、开放的评价过程，应该渗透在教学过程之中，贯穿于教学过程的始终。与此同时，评价的过程性应该能够让学生经历评价的过程，使学生通过评价真正学会评价。

尽管有些教育评价从评价时间、评价对象、评价性质等不同角度关注了“过程”，但是在评价内容上仍然是结果指向。在教育评价的不同领域中，关于“评什么”的评价内容既可以是结果状态又可以是过程本身。教育评价在追求科学而又客观地评判评价对象发展的结果状态时，总是在教育改革过程之外、课堂教学变革之外设立一个由局外人员（非参与研究性变革实践中的研究者、实践者）组成的权威的评价组织，构建一套完整的评价指标体系和科学的评价方法，施行正规化的评价活动。此种结果指向的评价活动与学校变革过程就形成了一对平行系列（见图 3－1），评价活动可能会插入教学改革过程之中对局部结果展开形成性评价。在这种科学化理念的影响下，结果指向评价出现了“双重脱离”，即评价主体与教学主体的脱离，评价过程与教学过程的脱离。

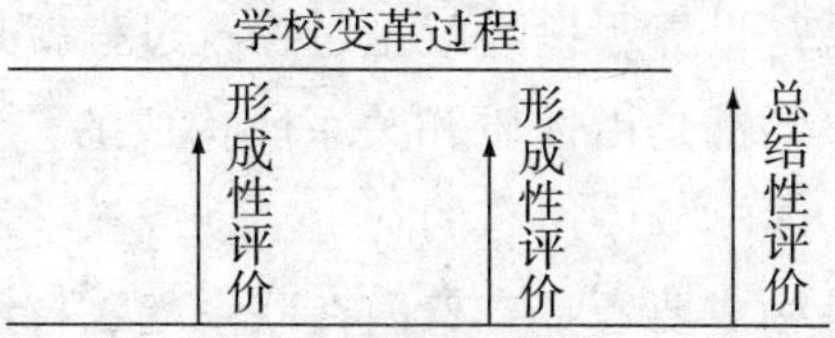

图 3－1　结果指向评价与学校变革过程的关系图

① 高凌飚. 关于“过程性评价”的思考［J］. 课程·教材·教法，2004（10），16－17.

2. “实践生成”意义上的推进性过程指向评价

过程性评价是在“动态变化”意义上理解“过程”的，故学习过程是学生的动机态度、过程和效果的全程性动态过程，实质上就是学生在朝向预定教学目标或结果的过程中所呈现出来的不同阶段的发展状态。但过程性评价在评价内容上的结果指向仍然是其根本之所在，从期望学生本身达到的理想状态来说明“发展”和评价内容。

尽管推进性过程指向评价也是在“变化”意义上理解过程的，但是它在强调过程展开的动态变化性的同时，还关注了过程中不同新事物的生成和创造。在此，评价在内容上直接指向了教育实践中的各种创生过程，指向学生主动、健康的发展，指向学生生命潜能的开发。“采用‘主动’一词来界定‘发展’，是因为它既体现了活动状态，又内含了主体自觉，还指向了关系事物，且道出了追求期望”①。“‘发展’作为一种开放的生成性的动态过程，不是外铄的，也不是内发的，人的发展只有在人的各种关系与活动的交互作用中才能实现。因此，不能只从孤立个体的角度来设定对发展的要求，而应以‘关系’与‘活动’为框架思考教育应以学生的‘什么发展’为本的问题”②。推进性过程指向评价进入学校教育实践，进入学校教育活动中个体最基本的两类关系和实践，直接指向外向式的个体与周围世界的关系和实践性活动，以及内向式的个体与自我的关系和反思、重建性活动。

英国学者怀特海（A. N. , Whitehead）的过程哲学将世界的本质理解为过程，认为过程就是世界，世界就是过程；过程就是实在，实在就是过程。世界中的一切事物都是由性质和关系所构成的“有机体”，处于永恒的创造进化过程之中。学校中所有的教育活动或教学活动也需一个有机化的过程，其中的各种构成要素具有着内在联系的、持续的创造过程，而且相互之间进行着不断的转化。过程的流动性表现为两种，“一种是具体存

① 叶澜. 重建课堂教学价值观——“新基础教育”课堂教学改革的理论与实践探索之一[G] //吴亚萍，吴玉如. “新基础教育”发展性研究专题论文·案例集（下）——教师发展·学科教学. 北京：中国轻工业出版社，2004：5.

② 同①，4.

在物的构成中内在固有的流动性：这种流动性我称之为‘合生’。另一种流动性是在那种具体的存在物之完成的基础上，该过程的凋谢用来把那种存在物构成为原初要素的流动性，这种原初要素处于其他存在物的构成中，而其他存在物是由过程的重复所引起的。我称这种流动性为‘转化’”①。因此，过程不仅意味着动态、变化，更重要的是过程经由“合生”和“转化”所形成的创生。深究其中，“生成”意义上的过程使推进性过程指向评价在评价内容上具有了过程的内在特征，它通过教育活动中“合生”和“转化”的创生过程，直接指向教育活动内部的基本要素及其相互关系、交互作用方式，教育活动与环境进行相互作用的因素和作用方式，以及教育行为策略和实践转化的过程。

就推进性过程指向评价而言，它改变了评价者在改革之外、评价过程外在于改革过程的传统，成为了学校变革认识深化和实践推进中不可缺少的重要构成，把变革实践的深化过程与阶段成果不断转化为评价改革的深化过程与重要资源。显而易见，评价改革和学校变革之间构成了相互共生的、相互开放的、螺旋式循环上升的紧密关联（见图 3－2）。

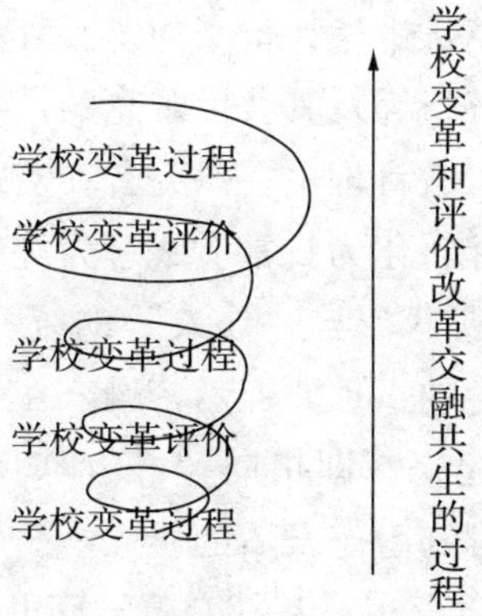

图 3－2　推进性过程指向评价与学校变革过程的关系图

下表将“结果指向评价”和推进性“过程指向评价”进行对照（见表 3－1），可见，它们之间的差别十分明显。

① 阿尔弗雷德·诺思·怀特海．过程与实在——宇宙论研究［M］．杨富斌，译．北京：中国城市出版社，2003：384．

表 3－1　结果指向评价与过程指向评价的比较

项目 类型	为什么评	评什么	谁来评	如何评	评价方案设计	与学校变革过程的关系
结果指向评价	对某一学程结束后的结果状态进行事实判断和价值判断，以便在此基础上进行效果反馈	各种类型的结果状态	局外的非研究者、非实践者	静态化的形态学描述	统一的、标准化的、预设的、并列式的评价指标体系	与学校变革过程相平行；可以在过程中或过程后施行；以信息流的方式进入反馈和监控系统
过程指向评价	显性目标在于寻找发现学校转型性变革实践中的新质、内在逻辑，而其深层目标在于实现师生的生命发展	过程本身	研究者、实践者和评价者合一	以生成为特征的动力学方法	在变革实践中逐渐具体化、生成，全程关联的层级性评价标准	和学校变革过程交融共生；随程推进，渐次生成；经由主体的研究性变革实践实现整合

具体说来，学校变革推进性评价指向了教育活动中或教育变革实践中的创生过程，即传统教育行为及其背后观念的批判、教育变革中的新质和内在逻辑的发现和强化、教育理论在研究者和实践者之间的转化，以及个体身上的内在理论形成并转化为日常实践行为等。事实上，学校变革评价指向了变革过程中的“成事”与“成人”的统一。从评价内容来看，推进性过程指向评价和教育的事理研究紧密融合在一起，其指向的过程和事理研究的对象有机结合起来，即指向“相互作用、变动、发展着的活动和事件，是有关活动过程和事态发展的研究……研究过程中的转化”①。

（1）指向学校日常教育实践及其变革的反思和重建过程

学校变革推进性评价首先指向实践者对学校日常教育实践及其变革——班级层面的课堂教学、班级建设和学校层面的管理变革进行反思和重建的过程。就评价指向学校变革实践的反思和重建过程而言，学校变革评价具有“两重性”，既是实践变革评价又是变革实践中的人的发展评

① 叶澜．教育研究方法论初探［M］．上海：上海教育出版社，1999：14．

价。此过程在学校转型性变革中处于基础性地位，这一切都是实现理论与实践双向建构、实现实践主体身上理论向行为转化的前提条件。

• 学校日常教育实践及其变革的评价指向

学校转型性变革首先始于在基本理论构建的基础上对传统的学校日常教育实践进行反思，在此基础上尝试着进行创新性重建；理论研究者和教师在“听—说—评课”中共同研讨着继续进行重建后的反思和重建，如此循环直至传统实践中问题的清晰化和对策化，新型实践在“新质”和“内在逻辑”的展开中明确化和理论化，接着进行新一轮反思和重建的循环推进。正是在此循环推进中，学校日常教育实践及其变革的反思和重建，才能对教育实践及其变革中不同层面的“分析单位”进行整体性思考和“综合抽象”，才能深入探究学校教育实践的复杂性和动态生成性，才能进行“事理”研究，探究教育实践的行事依据和有效性、合理性。因此，学校变革评价随着变革推进在评价内容上有了阶段性变化。尽管如此，但其仍然指向了变革过程，重点是在中观改革层面上以学校为基本分析单位，进入到开展日常教育实践的课堂教学和班级建设中。

在学校日常教育实践重建的研究中，“新基础教育”梳理了历史上不同学科、不同领域对课堂教学、班级建设、学校管理与领导所展开的各种各样批判，并据此展开了理论思考与实践探索的双向建构。因此，“新基础教育”将课堂教学视为一个实践活动的整体的、师生交互作用着的动态过程来研究；将班级建设视为学校中相对独立的实践领域，放在学校教育实践的总框架中来认识和研究其教育的针对性。在此基础上，“新基础教育”又通过学校日常实践中第二层面的活动——学校领导与管理的研究，进行了涉及学校层面的班级组织与制度、班级文化和班级系列活动设计以及学校管理、教师队伍和学校文化的重建过程。

• 对学校变革实践进行反思和重建的评价指向

学校变革评价坚持“成事”、“成人”的统一，在指向学校日常实践及其变革过程的同时，还直接指向了教师或研究者在变革实践中进行反思和重建的过程。这实质上是指向变革实践对人的发展影响的评价。“新基础教育”核心目标之一就是教师在校生存方式的改变，即能够在日常化的实践中进行自主发展。通过学校变革评价直接指向变革实践的反思和重建，教师在自我反思中学习总结、理解领悟、理论内化的意识和能力得到培养和提高；学会评价并藉此养成读实践、读学生的意识和能力，以致在日常化的研究性变革实践中形成创造性地进行理论具体化、丰富化的意识和能力。

第一，在课后即时性的自我反思和评价中，教师结合自己完成的教学过程具体地分析本节课的“放”、“收”情况，开放性过程中的资源生成，信息捕捉重组和反馈应答水平以及核心过程的层次推进，这包括“捉虫”和“抓亮”两个方面的分析。当然，针对教学过程的反思不能仅仅停留在具体行为、技术处理、操作模式的层次上，还要提升至其背后的思想观念、理论基础。随后，还要就同一主题作出教学重建的自我策划。

第二，在自评、他评后的重建中，教师需要充分听取、领悟他人的意见并积极转化为自己的理解，从学生的学习困难、文本解读、目标设计、学科背景等不同角度针对教学过程中存在的问题进行具体、深刻的分析，并提出切中问题要害的、具体可行的教学重建意见。

第三，在二次反思和重建中，教师心态的开放、主动状态，善于学习的能力和精神状态以及对理论吸收、内化的水平得到了充分体现。

（2）指向学校转型性变革中的理论与实践双向建构过程

学校转型时期的学校变革评价在评价内容上指向了教育理论与实践的创生及双向建构过程。“在‘新基础教育’研究的全过程中，我们在面对现实的批判中建构理想；在理想的指导下开展基于现实又指向理想实现的变革实践；在变革实践中发现问题与经验；在问题的反思与经验的积聚、提升中构建新理论；在新理论的指导、普及、实践中创造新的实践形态”[①]。从中可以看出，理论与实践的双向建构过程表明了研究者需要在实践的变革与探索中生成新理论，同时也要在新理论指导下的实践中创造新的实践形态，学校实践变革与创生、理论生成与转化，在反思、重建、深化等不同层面上实现交互作用、相互构成。

• 实践变革中的新理论生成过程的评价指向

变革实践中的新理论生成过程始于对学校教育实际存在的问题进行理性反思。理论研究人员在深度介入课堂教学或班级建设的日常实践的基础

① 叶澜．总报告：世纪初中国基础教育学校“转型性变革”的理论与实践［G］//叶澜．“新基础教育”发展性研究报告集．北京：中国轻工业出版社，2004：45.

上，有计划地安排研讨会以对各种问题进行理论分析、归类和提升，同时也举行各种类型的座谈会，与学校变革实践一线的教师、校长和中层领导干部共同发现、探讨问题，这就使得理论总结和提升，得到内含着实践的需求和变革实践经验的支撑。现实问题的理性反思有助于研究人员在研究中，有针对性地提出理论问题并对研究过程进行整体策划，深入学校教育实践尤其是每天都在进行着的课堂教学、班级生活，以作用于教师日常、真实的教学行为，创造新的课堂形态。这需要研究者有意识地改变自身已经形成的解读实践时所遵循的思路、原则和思维方式，因为新理论“是实践探索与理论反思、批判交互作用的产物，是形成一系列新观念的过程，也是我们调整和形成新的课堂教育研究方式的过程”①。当变革实践中的理论研究，由反思、重建进入深化层次或阶段时，研究者就应当积极地与教师一起进行专题研究，以便理论研究按照“一般的价值观——具体学科领域的育人价值——学生不同年级的系列描述——每个阶段典型的课型结构和课例”的逻辑，进一步走向系统化、具体化，通过学科改革指导纲要或中期评估标准、典型课例等方式，在一定阶段变革实践中暂时确定下来。也正是通过深化阶段的专题研究或研讨过程，锻炼和培养骨干教师的理论研究意识和能力。

• 新理论指导下的新实践创生过程的评价指向

新理论指导下的新实践创生过程的评价指向，首先意味着新理论进入课堂教学实践、教师变革意识和内动力的形成，以及教师在变革要求下的教学探索与尝试。

新理论和变革因素的进入给课堂教学和班级建设带来了新变化；“新基础教育”同样需要通过“听—说—评课”活动共同发现改革实践中的问题以便转化为真实的发展，共同研究变革过程以便对变革的认识具体化、清晰化。这就是学校变革中的“发现”过程新质的评价活动。“新基础教育”在新课之“型”未清楚之前，评课活动并非用统一的评价标准先在地框定教师的教学过程及其中的教学行为，而是教师同行、专业理论研究人员一起进行协商、交流、研讨，并由此共同发现问题、发现经验、

① 叶澜．我与“新基础教育”——思想笔记式的十年研究回望［G］//丁刚．中国教育：研究与评论·第7辑．北京：教育科学出版社，2004：51.

发现可能创造，逐渐地形成教学评价指标；通过日常化评价，促进课堂教学在变革实践中创生出的新质特征和内在展开逻辑；通过中期评估，在评课过程中用评价指标的形式固化下来。正因为评价指标是研究者和实践者在变革中共同生成的，教师能够清晰指标的意义，进而更好地理解动态生成的课堂教学并能创造性地进行教学。因此，“听—说—评课”作为一种推进学校转型的变革过程指向评价，不能如同传统评课方式那样利用预先设计好的、统一标准的教学评价表进行集中评课，而是通过指向变革过程的评课和研究生成评价指标。因此，教师可以由此突破学校教育传统的框束，弱化、淡化其中的“旧质”，主动进行学校日常实践的创造性重建，强化、固化其中的“新质”。

最后，教师不仅在自我反思的基础上形成变革的内动力、内策划，而且还将研究的态度、意向和内容贯穿于从教学设计、教学实施到教学反思的全过程和多方面的日常实践中。在教研组或备课组定期开展的教学研讨活动中，全组教师积极参与课前的教学设计、课后的反思和总结；参与观课中的学习与思考、评课中的点评以及对他人说课、评课的评析等；形成发展性问题进而确立促进课堂教学变革的专题研讨。在不同层面、不同类型的教师组织或群体内互动中，以“听—说—评课”学校变革研讨交流活动已经校本化、日常化。以教研组为单位的学校研究性变革实践，通过评课指向日常教学实践中变革成败的原因及要求，并在此基础上进行重建和创生性实践。这就使得教师的日常教学和学校变革、研究性的备课、研究性的教学设计以及研究性的学习等紧密结合在一起，而且这些已经内化于教师的观念和行为之中，成为其日常生活的一部分。

(3) 指向研究性变革实践中理论向行为的转化过程

从教师发展来看，研究性变革实践可以实现新型教师的转化，提升教师个人的生命质量，同时也是理论与实践双向建构过程在实践者主体身上的具体化。这实际上涉及教育理论与教育实践“如何在同一主体上和不同主体之间实现两者的统一和转化”[①] 问题。在研究性变革实践中，教师能够作为具体的个人在与其相关的各种实践关系和本人参与的各种教研活

---

① 叶澜．总报告：世纪初中国基础教育学校“转型性变革”的理论与实践［G］//叶澜．“新基础教育”发展性研究报告集．北京：中国轻工业出版社，2004：40.

动的交互作用中实现自身生命发展，这是一种开放的生成性的动态过程。“这些关系与活动可分为两大类：一类指向外界，即个体向外式的与周围世界的关系与实践性活动；一类指向内部，即个体向内式的与自我的关系和反思、重建性活动”①。同时，研究性变革实践能够唤醒教师个人的生命意识、重建教师角色新形象，进而激发教师在两类活动中采取主动方式去参与活动并形成积极的关系，在复杂、多元、多变，具有多种可能性和不确定性的学校变革环境中进行主动选择，在学校日常工作中实现自我更新式发展、实现其生命价值和创造幸福人生。

在研究变革性实践中，教师还能够自发产生理论学习的内在需求，“大胆、积极地开展变革实践；针对其变革实践的外部（包括来自理论研究者和实践研究同伴的）评点分析，以及教师本人所进行的反思与重建、对自身内在变化过程体悟”②，从而完成由外在理论向内在理论转化、由内在理论向个人实践行为转化的重要过程。从根本上说，新型教师转化的关键在于教师个人通过学习外在的以符号形式出现的公共理论进行内化，在个人层面上完成内在理论重建和实现新理论、标准、参照系与实践行为更新之间的内在关联。个人内在理论就是“为个人或部分特殊群体所拥有的私我和局部形态，其中包括个体因学习而内化的个人理论，还包括尚未完全脱离产生理论主体的，以言说和一定范围内的共同经验的存在形态”③。教师个人内在理论的形成是在自己的对象性实践中实现的，同时也与自身的学习性实践密切相关。教师在研究性变革实践的各种关系和互动中成长起来，这既为自己的“他向学习”也为“我向学习”以便最终实现内在的自我超越提供了前提性条件。正因为如此，教师通过研究性变革实践完成了个人内在理论的反思与重建、日常实践行为的更新，进而实现自我更新式发展。

- 研究者和实践者之间由外在理论向个人内在理论转化过程的评价指向

在学校转型性变革实践中，理论研究者和以教师为主的实践者正是通

① 叶澜．总报告：世纪初中国基础教育学校“转型性变革”的理论与实践［G］//叶澜．“新基础教育”发展性研究报告集．北京：中国轻工业出版社，2004：20．

② 同①，41．

③ 同①，30．

过形成共识和合作研究实现了沟通和认同。

就新型教师的转化而言，教师组织或群体内个体间的研讨交流实质上是教师个人内在理论的形成过程，是教师通过比较性反思，获得启发而实现内化。具体说来，学校层面的教师群体内互动主要是在以教研组为单位的教师组织内，同一学科或不同学科的教师之间进行同伴共创、轮流上课、共同参与研讨等形式开展日常教学研究；校际层面的教师群体内互动主要是通过共同体的研讨活动，在“听—说—评课”中共同进行反思和重建、相互启发和理论提升。无论何种形式的研讨交流活动，都离不开教师个人的独立思考、积极创造。这些基于研究性变革实践的教师群体内互动在将教师群体转化为学习型组织的同时，也把教师个体转变成为自觉的终身学习者。

- 实践者主体由个人内在理论向个人实践行为转化过程的评价指向

在研究性变革实践中，教师个人能够通过比较性反思明晰自己头脑中的内在理论。“新基础教育”通过随堂听课、即时评课和研讨直接指向教师个人固有的内在理论，与教师日常教育、教学行为以及该行为背后的旧教育观念在强烈的差异或比较中产生“碰撞”。这是教师重建内在理论的起点。在与研究者、同行教师的点评互动、概括提升中，教师个人由此展开深入的比较性反思，将自评和他评进行比较并领会不同思维方式所带来的问题分析深刻性之差异，将“新基础教育”的教育观、教学观、学生观等与自身的内在理论进行比较并结合个人实践中存在的问题体悟其中的区别，这使得教师个人在自身层面上清晰地认识到头脑中与日常实践、教学行为相关的内隐观念，切近地感受到变革理论和固有内在理论之间的矛盾、冲突，进而形成生命成长的内在需求或动力。教师只有对自己的教育信念和日常教学行为具有更为强烈的自我意识，才能够使自己处于更多的理性的自我控制之下。教育理论通过教育理念促使教师进行自我反思，激发生命意识，这是教师生命发展的现实起点。

教师个人在不断深入反思批判和改造内在理论的基础上，通过课堂教学和班级建设的重建不断更新日常实践行为。在个人实践层面上，内在理论的深度介入促发了教学行为的深度变革、日常变革实践中的创造智慧。教师个人的反思水平也逐渐由比较性反思进入到提升性反思层次，关注自身的日常实践行为在内在理论指导下进行更新或转化的过程。从课堂教学行为转变过程来看，教师个人在提升性反思中清晰地认识到自己走过的不同成长阶段①：有开放性导入，但没有大问题设计，也没有教学重心下放的“假开放”阶段；有大问题设计、有教学重心下放，但没有学生信息的有效回收的“白开放”阶段；有大问题设计、有重心下放和信息回收，但学生对教师的回应处于反馈无效的“半开放”阶段；有大问题设计、有重心下放和信息回收，也有有效的回应反馈的“真开放”阶段。在日常实践行为更新的不同发展阶段，教师经历了情意发展过程，有着不同的问题、困惑和选择，也有着不同的成功体验和生命创造的愉悦，进而增强了教师在研究性变革实践中主动发展的意识。而且，教师个人的日常变革实践具有不断更新自身内在理论的力量，能从自己的创造性实践中自主获取滋养理论的新因素，形成新理论。

教师实践行为的更新需要研究渗透于日常的教学工作、班级工作中，在研究性反思的基础上实现自己的生命创造，具有教育智慧。教师个人的研究性反思直接指向变革实践过程，触及教师的内隐理念和教育行为并关注新的观念体系转化为新的行为方式的过程。教师在日常的变革实践中开展研究，其核心在于研究学生的生命成长，即研究不同阶段学生的成长需要，研究不同年级段学生的学习特征、发展水平以及课堂中的发展状态。可见，教师具有结合自己的日常实践研究学生和教育实践的能力，这表明了其工作不只是停留于传递知识的功能，而是创造性的工作。因此，教师个人在内化了的新理念体系的基础上，对自己的教育、教学实践和周围发生的教育现象进行研究性反思，从中发现新问题并通过对此进行研究而改进自己的日常工作；进而发展为对新的教育问题、思想、方法等方面进行探索和创造，综合个人的内在理论创造性解决新问题，使自己的工作更富有生命创造和内在潜力。实践行为的更新最终体现为，教师能够以丰富的教学智慧应对不断变化的、充满生命活力的课堂情景，充分激发自我创造热情，充分拓展生命发展空间。此外，通过专题性的实践研究，教师在变革实践中的研究性反思使得已经内化的理论不仅直指学校中的学生问题、

---

① 这是华东师范大学基础教育改革与发展研究所吴亚萍研究员在“新基础教育”研究中，在预设和生成的关系假设的前提下，将“多向互动、动态生成”的有机整体教学过程的重建水平归结为四种状态，即“假开放”、“白开放”、“半开放”和“真开放”。

课堂教学和班级建设的新问题，而且深深地植根于教师的现实需求、现有的生存状态和面临的各种问题中，在不断地梳理和提升成功经验的同时，进一步丰富和深入改造了教师的内在理论。

（四）学校变革实践本位的生成性评价标准

在一定意义上，评价标准是评价内容的具体体现。某一评价领域中的评价标准能够具体说明“评价什么”的问题，甚至能够明确地规定价值对象的评价要素或曰“从哪些方面进行评价”。但是，就学校转型而言，不同的评价标准设计究竟发挥着何种作用，这需要首先对结果指向的评价标准设计进行批判性反思。

在各种不同领域的教育评价实践中，评价标准都具体地表达为相对完整的评价指标体系。其中体现了结果指向的评价标准设计思路：理论研究者和实践工作者在教育改革之前主要通过“目标分解”方式，在自己的观念中预先设计、逻辑推演出变革或发展将要达到的理想状态。结果指向的评价标准设计或指标体系确实因指向预设结果而为事物的变革或人的发展构想了一个理想的形象或愿景，可以使得评价改革在教育改革中能够发挥重要的导引作用、激励作用。但是，因为它依据已有的改革经验对即将却还未展开的改革通过理论构想、逻辑设计进行结果预设，所以缺乏了关于变革过程的理论研究力度、变革过程中的实践创造与支持，最终的结局正如上述的“应式”改革所表明的那样适得其反。学校变革评价却是通过评价主体进入变革实践中进行价值创生，将评价直接指向变革过程并在推进学校转型中逐渐形成评价标准设计。如果将评价标准设计置于“变革实践”的基础上，那么，它就会富蕴着理论研究的内涵、实践指导的力度，进而成为外在理论向内在理论转化、个人内在理论向自身的日常实践行为转化的内在机制或中介。

1. 变革实践本位的评价标准创生

在教育评价活动中，评价标准实质上体现了人的主体需要，但这并不意味着评价主体只需对价值关系进行客观分析或主观建构即可，而是要求评价主体必须积极参与变革实践以便进入价值关系中进行价值创生，尤其在学校转型性变革过程中更需如此。“评价所遵循的评价标准，是以作为实践内容的客观价值标准为根据和前提的；客观的价值标准是主体在实践中生存和发展的内在尺度，它与主体的社会存在和需要直接联系着；作为主体的人有什么样的社会存在和客观需要，就有什么样的价值标准，由此决定有什么样的评价标准（‘应该怎样’）；评价标准的形成和变化是随着实践即主体存在和发展的情况而达到的，也就是说，它是现实地、历史地形成和改变着的，除了主体的客观现实和实践外，评价标准没有其他先验的前提和更高形式”①。

就学校转型而言，评价标准应该是在整体上刻画了“改革了的”学校现实“型”态。事实上，“改革了的”一词深刻地表明了评价标准内含着丰富的实践创生过程，表明了评价标准是对转型后新“型”学校的理论研究和概括。评价标准设计是随着学校教育的“新质”和“内在逻辑”在价值创生中逐渐展开而形成的，是基于变革实践的历史建构过程。

变革实践本位的评价标准设计并非在改革之前对已经存在的教育传统及其特征、已有的评价标准或指标体系弃之不顾。恰恰相反，一方面，学校变革的新价值取向正是在对其进行反思和批判的基础上并结合学校变革的当代思考而形成的；另一方面，传统学校教育的特征是进行有针对性改革的基础和前提，而已有的评价标准也是改革实施的现实环境。因此，与结果指向的评价标准设计不同，变革实践本位的评价标准设计不是通过逻辑分析或理论构建来预先设计评价标准以代替已有标准，而是直接指向变革过程并进入其中，在变革过程中发现、强化新质并且通过指标的形式固化下来，进而作为物化的具体理论以指导教师的变革实践。在学校变革实践中，研究者、实践者在积极参与变革实践中成为了评价者。作为评价者他们又在变革实践中实现价值创生，将已经确立的教育理念在不同层面上进行逐步具体化、丰富化。学校变革评价标准实质上是学校变革理论与实践的一种表达方式。

具体说来，在“新基础教育”研究中，理论研究者从学理层面上重新思考教育中人的发展、教育与社会发展、教育与个体发展的关系等基本原理问题，针对学校教育的实际状态并结合当代思考，通过现状反思和变

① 李德顺．价值论——一种主体性的研究［M］．北京：中国人民大学出版社，1987：294.

革探索在理论方面论述了“呼唤人的主体创造”的时代精神、“三维双向”的理想新人形象，从基础教育的“价值观”、“对象观”、“教育活动观”三个层面构建了“三观十性”的新教育观念系统，在生命创造意义上探讨了未来教师的教育智慧和“新形象”。在一定意义上，这从学校教育整体性变革的不同维度提出了“新基础教育”改革的价值取向。随着“新基础教育”研究自身滚动式推进到了“学校整体变革层面”的推广性、发展性阶段，以实现“学校转型性变革与创建新型学校”。上述的价值取向在理论与实践的双向建构中通过日常教育重建和“新质”发现与强化，对学校变革的原则性要求进一步具体化。例如，在课堂教学中将人的“主动、健康发展”落实为不同学科的育人价值，将“双边共时性、灵活结构性、动态生成性、综合渗透性”的教育活动观具体化为有别于传统课堂教学的一些基本原则和变革要求，等等。因为变革实践的内在特征逐渐清晰起来，而且学校整体性变革之“新型”也日益呈现出来，所以，评价标准在实际操作层面上具体化为不同评价领域中的指标体系或学科指导纲要。学校变革评价标准就是在这一不同层次的具体化过程中形成的。当然，学校变革的不同层次评价标准——价值取向、原则性要求、指标体系各自也是在变革的不同阶段中清晰化、具体化的。

2. 在学校变革实践中逐层具化评价标准

“新基础教育”是要在学校整体变革的层面上实现学校转型性变革和创建新型学校，改变师生在校的生存方式。因为它是在社会转型背景下开展的极具复杂性和创生性的研究，所以没有采取如下的改革思路：先在地框定指导教育改革的理论或消极地等待社会定型后才实施改革，而是在“理论适度领先，理论与实践紧密结合的研究开展方式”① 下，与社会转型随程推进，在现实改革中不断创生和重建。

评价标准深刻表明了人的主体需要是在学校变革实践中不断地深入、具体化并得以实现的。在此意义上，评价标准设计凝结了学校变革过程中的实践创造、理论研究，它既是学校变革实践创造的理论总结和提升，也

① 叶澜．总报告：世纪初中国基础教育学校“转型性变革”的理论与实践［G］//叶澜．“新基础教育”发展性研究报告集．北京：中国轻工业出版社，2004：5.

是学校变革理论的实践拓展和具体化。在“新基础教育”中，评价标准是在理论与实践双向建构中，随着理论与实践各自丰富的展开而逐渐形成的。也正因为如此，评价标准随着学校变革的推进进程而在不同层次上具有着不同的内在特征。

（1）理论抽象层面的变革理念与价值取向

评价标准在理论抽象层面表现为学校变革理念追求的确立和价值取向的清晰。理论抽象层面的评价标准就是由此确立并清晰化起来。从理想新人形象的目标重建开始，经对学校教育观念系统更新的深入探讨后，行进到对新型学校整体形态的蓝图式的勾勒。这反映了评价标准设计是在研究学校转型性变革中越来越面向学校实践、越来越走向综合思考，更是在实践中不断推进理论与实践双向建构的产物。

基于新教育理论及其对现实学校教育实践的新思考，“新基础教育”在班级层面上展开了学校教育实践的反思和变革实践，建构了课堂教学新模式、班级建设新模式，而且还由此形成了以焕发生命活力为基础的课堂教学理论。不仅如此，探索性阶段的学校变革实践使得“新基础教育”在培养目标、课堂教学、班级建设、教师发展和学校管理等方面的内涵之“新”有了更为深入、系统的认识，极大丰富并进一步深化了理论抽象层面的变革理念。

在发展性阶段的学校转型性变革实践中，“新基础教育”作为一项直面生命的事业，在坚持生命活力、主动发展、教师智慧和学生成长等理念追求中，明晰了“生命关怀”的价值取向；形成了教学共通价值观的核心理念，即“当前我国基础教育中课堂教学的价值观需要从单一地传递教科书上呈现的现成知识，转化成培养能在当代社会中实现主动、健康发展的一代新人”①；以学校为教育变革的“细胞”进行学校重建，以“价值提升、重心下移、结构开放、过程互动、动力内化”五大方面的总体结构性转型为特质整体上勾勒了新型学校的形态。

理论抽象层面的评价标准在学校转型中的探索阶段，有助于学校日常

① 叶澜．重建课堂教学价值观——“新基础教育”课堂教学改革研究的理论与实践探索之一［G］//吴亚萍，吴玉如．“新基础教育”发展性研究专题论文·案例集（下）——教师发展·学科教学．北京：中国轻工业出版社，2004：2.

教育实践的反思和批判、传统课堂教学的问题发现与分析、教师教学行为的诊断，等等，这主要是通过“听—说—评课”来实现的。诊断性评价意味着研究人员透过课堂教学状态和教师的教学行为、教师的说课和自我反思，指出课堂教学在学校变革理念追求中存在的主要问题、教师行为背后的个人内在的传统教育观念，并就此提出富有针对性的改革建议。“把此过程通俗地称为‘号脉’，既‘号’课堂教学状态之‘脉’，又‘号’实验教师个体之‘脉’；既‘号’教师已经形成的教学特征之‘脉’，又‘号’他对教学改革理论的理解和有意识作出改变程度之‘脉’”①。可见，在学校变革理念和新价值取向的基础上进行“诊断性评价”是在“发现问题、追求发展”的意义上，反思传统的课堂教学过程并对课堂教学转型进行研讨，这显然不同于仅仅针对“教学困难或问题”的通常意义上的“诊断性评价”。

（2）具体实践层面的变革原则与基本要求的形成

理论抽象层面的变革理念在学校转型中不断推进和指导着学校日常实践的课堂教学改革和班级建设，与此同时，又不断吸收着学校变革中创生出来的“新质”进一步具体化为实践层面的变革原则。“这些‘原则’不是从教学论书中找来的。它体现了‘新基础教育’课堂教学追求的‘新质’，同时对改革实践具有针对性、建设性和指导性”②。例如，课堂教学改革试验的基本原则主要包括：为学生提供课堂主动学习的条件——还空间、时间、工具、提问权、评议权等；培养学生质疑能力和要求教师学会“倾听”；以类结构思想组织、处理内容与过程，体现灵活结构性；加强“书本世界”与学生“生活世界”的沟通；丰富课堂中师生的多方积极互动关系，实现教学动态过程生成；营造富有人文气息的课堂氛围；等等③。在班级建设方面也是如此。实际上，这些原则与要求都内含着在课堂教学和班级建设的转型性变革中实验教师的实践创造，以及教师在日常教育实践重建中所需要的教学观念、教学行为等。它们显然有别于传统教

---

① 叶澜，吴亚萍．改革课堂教学与课堂教学改革评价——“新基础教育”课堂教学改革研究的理论与实践探索之一［G］//吴亚萍，吴玉如．“新基础教育”发展性研究专题论文·案例集（下）——教师发展·学科教学．北京：中国轻工业出版社，2004：23.

② 同①，25.

③ 叶澜．“新基础教育”探索性研究报告集［M］．上海：上海三联书店，1999：34－42.

学的一些基本原则和要求。在此基础上，随着课堂教学实践变革和重建的深化、丰富化，“新基础教育”在一堂好课的原则性标准上具体化为“实”化的课：扎实——有意义、有发展的课；充实——有效率的课；丰实——有生成性的课；平实——常态性的、为学生上的课；真实——有缺憾的、有待完善的课①。事实上，评价标准设计应当就当前的变革过程进行研究，将整个的学校变革过程作为研究性变革实践以深化对改革的认识并使实践者的行为体现出新理念，新的评价标准也就从中随之生成。具体实践层面的变革原则是在学校研究性变革实践中形成的。

在具体的学校变革实践层面上，以变革原则和基本要求作为评价标准评价实验教师的课堂教学，就进入了“原则性评价”。“‘原则性评价’旨在促进教师对内含新质的实践形态的理解、追求与创造，它比‘诊断性评价’更强调‘新质’的创建任务”②。由是观之，具体实践层面的变革原则在日常教育实践的重建中有助于课堂教学的尝试性变革向创造性变革转变；在新经验创造和新资源利用中研讨和发现课堂教学新质特征、内在逻辑的展开；体现新“型”课堂教学内在特征的重要因素的清晰化和强化；教师在变革实践重建过程中存在的障碍、成长的阶段特征以及教师自主反思意识和能力的提升，等等。

（3）实际操作层面的变革规则与层级特征的清晰

在学校变革实践丰富地展开的过程中，理论研究也越来越深入，这是评价标准设计进入实际操作层面的基础。在实际操作层面上，变革理念与价值取向、变革原则与基本要求在学校变革理论与实践的双向建构中渐次形成清晰的、具体的评价指标体系，即在“质”的意义上对学校变革的不同层级水平进行特征描述以形成变革规则③。由评价指标体系构成的变革规则主要包括四个要素：变革准则、变革层级、特征描述和具体示例。

---

① 叶澜．扎实 充实 丰实 平实 真实——“什么样的课算一堂好课”［J］．基础教育，2004（7）：16.

② 叶澜，吴亚萍．改革课堂教学与课堂教学改革评价——“新基础教育”课堂教学改革研究的理论与实践探索之一［G］//吴亚萍，吴玉如．“新基础教育”发展性研究专题论文·案例集（下）——教师发展·学科教学．北京：中国轻工业出版社，2004：25.

③ 实际操作层面的变革规则和层级特征，在“新基础教育”研究中也称之为中期评估表或评分规则。这将在后面的论述中作详细介绍。

第一，变革准则表明了对学校变革进行评价的维度，即明确从哪些方面进行评价。学校整体性变革评价需要将“评事”与“评人”有机结合起来，从学校管理、教研组建设、课堂教学、班队活动和学生发展工作四大领域对变革过程进行评价；并在每一领域中又根据变革实践的不同阶段所呈现出的内在多层联系的关联，进一步细分为不同层次的项目、指标，由此反映学校变革的全程整体性及内在关联性，反映变革过程的关节点及过程创生的基本路线。第二，变革层级反映出学校变革所处阶段及相应的层级水平。所有评价准则都分为 A、B、C 三个层级水平：C 级是“新基础教育”的入门线，也是区别于传统学校教育的“基准线”；B 级意味着一般学校都应当呈现出的基本状态；A 级则是学校变革的努力方向，是能够实现的理想目标。第三，特征描述是对学校变革实践中“新质”的理论概括，也是理论的具体化和固化，以便对“如何做”进行具体的指导。第四，具体示例就是在学校变革中形成的典型案例，如各专题研究所提供的学校管理案例、课堂教学案例或班级建设案例等。因此，实际操作层面的变革规则和层级特征在“质”的意义上勾勒出了基地学校建设的“蓝图”，“有血有肉”地呈现出了学校整体性变革的总体“骨架”。

从促进教师发展的意义来说，实际操作层面的评价指标体系意味着进入了发展性评价。由指标体系构成的变革规则和层级特征是与学校变革过程随程推进和具体化的，故而贴切于教师在变革过程中的实践探索与创造、理论研究与认识。在很大程度上，评价指标体系就是对教师在新的变革理念与价值取向、变革原则与基本要求的引领下重建日常教育实践的理论总结，以强化甚至用“物化成果”的方式固化教师在变革实践中所形成的能体现出“新质”的自身实践行为以及个人内在理论。这实质上表明了评价指标体系对教师而言具有着亲历生成性。因此，教师在亲身实践和自我反思的基础上通过学习和内化评价指标体系，就是清晰自己在变革实践中的“所作所为”、在理论研究中的“所思所想”，由此实现自我提升、明晰自己；在此基础上，改造自己的个人内在理论并形成新的内在参照系，在自身行为实践中实现自觉化和日常化。

从推进学校转型的意义来说，实际操作层面的评价指标体系意味着在“全程整体性评价”中实现理论向实践的转化。评价指标体系在学校变革实践中形成了自己的理论背景，而且是对学校变革实践中的内在特征进行理论研究和提升、是对变革理论的深化和拓展。这极大增强了评价指标体系对学校变革实践的指导力度。与结果指向的评价指标体系相比，它不只是针对所提供的资料而且还针对现实情景下真实的教学行为进行评价；不只是对照标准找出教学困难，而且还要在诊断问题的基础上提出重建意见以寻求更大的发展空间；不只是根据标准进行价值判断，而且还要据此进行更加深入的理论研究；在指标内涵上不只是反映理想状态，而且还要体现变革过程中所遭遇的发展性障碍、教师成长中的发展性问题。此外，它并非对传统的评价标准或评价指标体系完全否定或排斥，而是在兼容的基础上对其进行提升；在评价标准的创生过程中，研究者和教师在共同经历的实践创造和理论研究中成为评价者，并站在共同的实践立场上将理论具体化为评价指标，故而该指标不是指令性的而是指导性的。实际操作层面的变革规则和层级特征就是在“做什么、评什么”、“能做什么、如何做”的基础上给教师的日常实践以强有力的理论指导。

（五）旨在推进学校变革的研讨性评价方式

在学校变革推进性评价实践中，变革过程指向的评价内容也决定着评价方式的更新。在新课程改革中，随着量性评价与质性评价的统整，教育评价有着丰富复杂的具体方法与技术，但主要可以概述为测验法、问卷调查法、访谈法、现场观察法、文献（资料）分析法等。这些具体的评价方法与技术在特定评价观下仅仅是一种操作性的评价工具。但是，学校变革推进性评价在评价方式的意义上尝试着全新的研讨性评价，以便在价值创生性变革实践中研究变革过程、追求可能创造。

1. 研讨性评价方式在理论与实践双向建构中展开

学校转型所创造的是一个基于对变革实践进行理性思考的可能世界。教育评价需要进入学校变革的实践创造之中，并在理论研究的基础上实现价值创生，以便推进学校转型性变革过程。在学校变革评价中，研究者、实践者都是在变革实践及其研究中成为评价主体的。教师就是在自己的教学改革中进行实践创造并进行研究，由此对变革过程进行自我反思和自我评价改革中的问题、自身发展中的困惑等。但是，研究者却是以此为基础，在不同类型的教研活动或专题研究中对学校变革过程及教师发展状态和过程进行理论研究，并与教师一起进行实践、协商、交流、研讨，由此共同发现问题、发现经验、发现可能创造，即课堂教学变革中所呈现出来的新质特征和内在展开逻辑在评课过程中。与此同时，正是通过对课堂教学进行诊断和反思，读懂教师并触及其教学行为背后的内隐理念、内在认识，以促使理论深度介入日常教学实践、变革要求在教育活动中得以积极尝试、体现。而且，变革实践者在日常化评价活动中，通过现场评课研讨活动、自身实践活动，自主选择、学习相关理论，并将这些理论与自己头脑中已有的个人理论进行对照，并在自我反思中明白它们之间的差异和矛盾，进而改变自己头脑中的观念、行为习惯以及内部的实践标准、参照系。这一切都使得教师逐渐成长为自觉的、有理念指导的、自主的变革实践者。可见，学校变革评价内涵着变革过程中的实践创生和理论研究，融合于学校变革实践的理论研究之中。在此意义上，学校变革评价是一种研讨性评价方式，它与变革实践的理论研究是推进学校变革过程的两个方面。

研讨性评价的根本目的就在于整体推进学校变革过程，其价值定位于“成事”、“成人”，即促进课堂教学变革，在教学改革过程中促进教师发展。因此，它不只是进行教师评价、学校评比，更为重要的是对变革过程进行评价和研究。就“成改革之事”而言，其作用主要在于促进实践生成和理论生成。研究者在研讨性评课、专题研究、发展规划指导中，与教师一起分析学校不同层面、不同方面的各种类型问题或对其中的经验创制进行理论总结，在此基础上帮助教师进行实践重建，变尝试性实践为以理论为基础的创造性实践。而就“成新型教师”而言，研讨性评价强调在变革实践中研究处于不同发展阶段教师的需要、问题等，并通过对教师的自评报告和专题研究进行资料分析式评价、对教师的日常变革实践进行实践解读式评价，判断他们的发展状态、自我反思意识与能力以及个人内在理论和内在参照系的改造，等等。

在“新基础教育”中，理论与实践双向建构可以具体化为学校日常化的“研究性变革实践”，即一种内含着变革理论并将其贯穿全程的变革实践。具体言之，“新基础教育”研究深深扎根于学校日常化的教育活动及其变革实践，深度介入课堂和班级教育、教学过程，包括教学价值、目标的选择；教学内容的结构重组研究；课堂教学设计的依据、教学过程全程动态相关性与合理性探究、学生状态的分析与资源开发；教育、教学效果及原因的分析；教师如何在教学实践中实现自己的发展，等等。此种日常化的“研究性变革实践”作为一种研究路径和研究实践的形态，是在研究的过程中，研究人员与教师共同创造、持续进行、不断反思、尝试重建，从而具有生成新型的实践和理论这种内生力的变革实践。这使得教育学研究路径进入至理论工作者和实践工作者的主体交互作用中，从微观层面理解理论与实践双向建构的动态过程。

2. 互动生成式的研讨性评价方式

从理论向实践转化过程来看，研究者与实践者一起共同针对学校日常实践的变革过程进行现场研讨性评价，以便由此通过各种形式的即时反馈指导、反思重建来实现理论与实践在两类主体间以及在实践者同一主体上的转化。现场研讨性评价主要包括日常化的“听—说—评课”、专题研讨会议、教师座谈会、校长工作及学校发展规划座谈会、校长答辩会等形式。不管何种现场研讨性评价，研究者和实践者都是在积极参与评述、争论等不同形式的对话和互动中指向新的变革实践生成、新的研究专题聚焦，指向教师的生命发展过程。具体言之，在“听—说—评课”活动中，第一，教师进行研究性说课、自我反思与重建。在教学设计方面，准确地分析学生的学习状态及其已有经验和学习困难、解读教材内容，并在此基础上进一步说明教学目标的针对性和教学过程设计的依据；说课的重点是独立地分析自己在教学过程中对“放”、“收”关系的处理，对学生资源的敏感、捕捉和集聚、重组等教学决策推进过程，说明教学设计与实施过程的不同之处及其调整的原因与理论依据；教师在说课后进行第一次反思重建，在听取和学习他人的点评后进行第二次反思重建。第二，教师同行互评。同一教研组内教师大多各自从不同视角对课堂教学进行点评，以呈现出自身对实践的解读与研究能力、对变革理论的理解与转化能力等。第三，研究者对“事”与“人”的复合性评价。研究者根据听课记录下来的实际状态以及教师说课时课堂教学推进过程的问题进行诊断分析，并提出针对性的、具体的教学重建策略。与此同时，对教师的精神状态与价值追求、理论学习与理解内化能力、自我反思意识与重建能力等整个生命发展状态进行分析。就其内在关系而言，开课教师的研究性说课与自我反思重建、教研组内的同行互评以及研究人员在此基础上生成的“人”、“事”复合性研究与评价，此三个要素在研讨性评价不断对话、插话追问、争论的互动过程中交互影响、相互作用。显而易见，研讨性评价在互动生成过程中既成为了教师创造性变革实践的设计过程，又成为了对变革实践及其中的教师变化成长进行理论研究的过程。现场研讨性评价是一种重要的研究性变革实践方式。

就研究性变革实践中内在沟通和交互作用着的研究者与实践者两类主体而言，学校重建论中的理论与实践双向建构主要呈现出了独具的内在特质：亲历生成性、综合抽象性、事理研究性等。例如，关于课堂教学过程逻辑的重建不只是思维的，而是理论研究者在研究实践中与一线教师共同亲历的产物。通过“新基础教育”学校教学的研究性改革实践，他们在“听—说—评课”中对每一堂课的反思、评析，找出传统教学观的消极影响和教师对教学过程真实理解的同时，努力尝试课堂教学展开过程的重建，并逐渐形成对有利于学生主动发展的课堂教学过程的内在展开逻辑的认识。具体说来，在研究者和教师的共同创建和实践研究中，课堂教学被视为不可分割的“分析单位”，即“师生双方是在交互作用中形成相互规定，由相互规定构成有机的行为整体”；教师在理论学习、尝试变革的基础上逐渐走出传统，重建课堂教学。教师在实践重建中为了有方向、有目标地推进课堂教学，将学生视为教学重要资源，首先是降低课堂教学重心，通过还学生主动学习的时间、空间、工具、提问权和评议权等把课堂还给学生；在课中学会倾听、捕捉资源、重组信息以推动生成，由此在课堂教学过程中实现师生积极、有效和高质量的多向互动，进而推进由“有向开放—交互反馈—集聚生成三个相对区别又关联的步骤组成”的互动生成式课堂教学；以使课堂教学过程具有丰富意义、智慧灵动与生命活力。这是一个在改革实践与理论的双重意义上的重建过程，不仅满足于理论的批判、观念的更新，还力图在改革中探讨和创建新的实践形态。班级建设重建、学校领导与管理重建同样如此，都具有理论与实践的双重追求和任务，也是理论与实践双重探索和交互作用的产物。“新基础教育”正是在不同学科、不同视角的多维聚焦下，对教育实践及其变革中不同层面的“分析单位”进行整体性思考和“综合抽象”，得以深入学校教育实践的复杂性和动态生成性，得以进行“事理”研究探究教育实践的行事依据和有效性、合理性。

3. 综合提升式的研讨性评价方式

在学校研究性变革实践中，现场研讨性评价渗透于其中，但是由此而生成的变革实践、理论研究却是局部的、零碎的。因此，需要在理论与实践的双向建构中进行综合提升式的研讨性评价。经过一段时间以后，研究者团队在自己亲历的变革实践并结合实践者的自评报告、专题总结报告的基础上，集体协商、讨论、分析、总结变革实践和教师发展中新涌现的共同问题、经验创造以形成理性认识，并因此形成下一阶段的实践推进、教师发展等方面的策划。事实上，互动生成式的研讨性评价是在实践指导意义上指向局部的实践生成和理论生成，而综合提升式的研讨性评价是在理论形成意义上指向整体的变革实践、教师发展的工作策划，这就构成了理论与实践双向建构过程中的螺旋上升式的循环。

综合提升式的研讨性评价主要是通过实践解读和资料分析两种方式进行的。第一，研究者根据自己在学校变革过程中的亲历实践进行研讨性评价。研究者是在积极参与学校变革中成为评价者的，深入课堂教学设计、实施、反思重建的全过程；与教师一起开展各项专题研究；参与“听—说—评课”和教研组座谈以明晰教师的生命发展状态，等等。这些亲历性实践使得研究者对学校变革过程、教师发展过程进行综合研究和理论提升的同时，更加深刻地对其进行全程整体性评价。第二，研究者根据实践者所提供的自评报告、专题总结教学设计、工作策划等资料进行研讨性评价，并从中分析不同学校在一段时间内在各方面改革、各项专题研究中的共同问题和共同发展，各自在不同专题方面的独特创造以及经验等。此外，还可以由此对教师的理论研究能力、发展水平进行评价。

综上所述，基于推进性评价功能，学校变革评价体系进行了系统性更新。这使得评价体系的每一方面都呈现出了内在特征，即评价主体的实践性、评价内容的复合性、评价标准的生成性、评价方式的研讨性。更深层次上，实践性、复合性、生成性、研讨性实质上是从不同视角体现出了学校变革评价体系独特的整体性特征。因此，推进性学校变革评价在评价体系上与管理性评价、服务性评价、发展性评价（根据评价功能进行分类）存在着更新性差异，体现出了教育评价的当代发展趋势。通过表 3－2，可以对此作出清晰的比较和分析。

表3-2　不同功能性质的教育评价体系内在特征之比较

维度 类型	评价主体	评价内容	评价标准	评价方式
管理性评价	评价工具使用者、评价程序执行者，如专门的评价机构、聘请的相关专业人员等	各种评价领域中的终结性结果状态，如学生的学习结果、教师的发展结果、课程改革成效等	对价值客体的属性或内在特征进行要素化分析	运用统一的、标准化的测量或测验方式进行量化，即量化评价
服务性评价	在与利益攸关者的交互作用中生成的协商建构者、意义赋予者、价值揭示者等，包括内、外人员	各种评价领域中的阶段性局部结果状态，或者“流程”意义上的过程	各种价值主体间的价值商谈，由此获得的一致性认可	在具体情景中进行全景式描述、非参与性观察、人种志研究等，即质性评价
发展性评价	处于价值客体或被评价者地位的教师或学生等在权力赋予的基础上成为评价主体	各种类型的结果状态或“历程”意义上的过程记录或“变化”意义上的过程中的情意发展、方法策略等	通过目标分解将目标具体化、行为化形成指标体系，规定着评什么或不评什么	试图对量化评价和质性评价进行统整
推进性评价	主动参与到学校变革实践的各种活动和关系中并成长起来的研究者、实践者作为“具体的个人”	在“实践生成”意义上，指向实践变革过程中新事物的创生、理论与实践的双向建构过程、理论向行为的内在转化过程等，在“评事”的基础上“评人”	整体上刻画了“改革了的”学校现实“型”态，是随着学校教育的“新质”和“内在逻辑”逐渐展开而形成的，并在变革实践中逐层具体化	融合于变革实践的理论研究中，通过互动生成式和综合提升式的研讨性评价，在价值创生性实践中研究变革过程、追求可能创造

第 4 章

“新基础教育”学校变革评价实践探索之一：日常化评价

如果从评价改革实践来看，学校变革评价体系在研究变革实践、推进学校转型的新功能转换下进行了全面的更新，更多的创新性探索。在此过程中，学校变革评价的各基本要件——评价主体、评价内容、评价标准、评价方式等在与学校转型随程推进的不同阶段进一步具体化而呈现出独具的形态，并由此形成了学校变革评价实践所特有的结构模型及其内在关系，而且推进性评价功能的内在作用机制也内蕴于其中。

在理论与实践双向建构的意义上，“新基础教育”研究在前后相继三个阶段——探索性阶段、发展性阶段、成型性阶段的研究中，一方面呈现出相关性和连续性，另一方面又呈现出发展性。“新基础教育”研究中不同阶段间的关联性和发展性，宏观地展现了理论与实践双向建构的动态过程。其中的每一阶段都形成了一个理论与实践双向建构的循环过程，然后在相继阶段之间形成螺旋式上升的关系。鉴于此，我们仅考察了一个阶段中的学校变革评价实践如何进入该阶段的学校转型性变革实践和理论相互构成、相互滋养的过程，进而不断丰富和推进学校转型的系统重建。要言之，学校变革评价主要呈现出两种形态，其一是整合于学校变革过程常态的日常化评价，其二是承启于学校变革过程节点的中期评估。

一、整合于学校变革过程常态的日常化评价

学校转型性变革的最终成功必须落实于学校日常教育实践的重建，最为根本的是教师个人内在理论和自身日常实践行为的关联性更新。学校变革评价应当进入变革过程之中，与学校不同层面的日常实践变革及其中的教师生命发展交融在一起。因此，学校变革评价更多的是以日常化评价形态渗透于学校的研究性变革实践中。学校变革评价作为日常化评价并不意味着其自身无目的性、无组织性的随意评价，而是在理论研究、专题策划的基础上有计划开展的、灵活的、具体的日常化评价。唯如此，日常化评价与学校变革过程才能在研究性变革实践中如同硬币的两面一样合于一体。

为了更好地考察学校变革评价在实践中推进学校不同层面的变革过程，下文主要从班级层面的教学改革评价、班级建设方面的评价、学校层面管理变革的评价等方面展开具体的分析。无论在何种层面，学校变革评价都是“评事”与“评人”有机结合在一起的复合性评价，而“评人”，即教师发展和校长或其他领导成长的评价则是其中的基础。从某种意义上来说，学校变革评价是“有人的”评价，故而研究也就可以在教师的行为层面和观念层面上展开。

（一）日常化评价旨在“积成”意义上推进学校变革过程

日常化评价渗透于学校变革过程中并成为其中的重要组成，在“量变”意义上呈现出“积成性”效果，而中期评估则是通过集中地进行全面、综合性评价，在不同发展阶段的“质变”意义上力求节点推动、定位指导、阶段提升等“转化性”效果。这两种不同方式的评价在学校变革的不同发展阶段发挥着各自的作用优势，相互补充生成、相继转换、共同协调地推进着变革过程。

1. 日常化评价：“渗透式”地推进学校变革过程

学校变革最终要落脚于人的变化，即教师、校长或学校领导的变化。事实上，这就决定了学校变革不可能一蹴而就，而只能在日积月累的变革

实践中潜移默化地改变其中的“人”。日常化评价正是渗透于其中极力改造教师的内在观念和参照标准以及日常教学实践行为。

日常化评价能够结合学校变革的实际状态进行具体指导。在“听—说—评课”中，每位教师在自己的课堂教学中呈现出特定的教学行为，并且在说课和反思中呈现出自身的内在理论及思考过程，而研究者或教师同行则结合具体的课堂教学有针对性地进行“捉虫”和“抓亮”，进而深度触及开课教师的内在改造。在“问—答—议事”中，校长或学校领导也是在具体指导中进行着自身的内部改造。日常化评价正是在不同层面的学校变革实践中，通过一次又一次不间断地“学习—策划、设计—实施—反思、评议—研讨、重建—再实践”使得教师、校长或其他实践者在课堂教学、班级建设、学校管理等变革实践中，一点一滴地实现“新基础教育”理念的内化和固化以改变自身的内在理论，同时实现自身实践行为变革的日常化。

2. 日常化评价对于“成事”、“成人”的推进性评价功能

学校转型性变革首先是在“新基础教育”的基本理念和价值取向的指引下进行教育实践的反思和重建以实现价值创造；然后，在变革过程中通过价值选择和判断以实现问题分析、新质提炼、理论提升和实践具化等；接着，据此进行更加深入地反思和重建，由此螺旋上升式地循环推进。日常化评价随程渗透于学校变革理论与实践的双向建构之中。就“成事”而言，“新基础教育”的显性目标就是实现学校形态的整体转型，即在课堂教学、班级建设和学校管理等方面进行整体性变革。因此，日常化评价对于“成事”的推进功能就体现在上述的两个层面三大领域的变革实践中。下文从自评和他评交互作用的角度作出具体分析。

（1）通过日常化评价发现、梳理变革中涌现的问题

在全新的教育理念和价值取向下进行变革实践的探索中，新的、不确定的问题会呈现出来。此种问题的有效解决必然会推动不同层面的学校变革进程。因此，研究者和实践者都需要通过日常化评价直面复杂的变革实践，善于从中发现、提出推进变革过程的发展性问题。这也是他们在教育变革实践中必须养成的意识和能力。这些问题可以通过会议报告、反思小结、自评报告、工作策划等形式表达出来。

我在“黑皮书”中搜寻到十大观念时，便迫不及待地振臂高呼：“把班级还给学生，把课堂还给学生。”并没有仔细研读它的内涵，也没仔细研究该怎么还。于是，在我的课堂中就出现了“学生牵着老师走”、“想到哪里就到哪里”的现象。2000年12月，叶澜教授等专家组的老师来我校指导实验工作，笑着说：“小蒋在课堂中与学生‘搏斗’。”他们走后，我就思考，我的课堂教学出现了什么问题？下一阶段我该怎么办？通过反思，我意识到：在我的课堂中，有这样两种情况：一是“无效”的活，是形式上的活。“缺乏思维深刻性，课堂上热闹非凡，孩子们你一言，我一语，围绕一个话题你也想说，我也想说，至于别人说什么，自己说的与别人说的有何区别，有没有新意，全然不顾。孩子开始满足“都会了”，而较少有孩子再想去找出一点“我还不会”的东西来和大家研究。课堂上学生表面上活了，但没有什么效果。二是“无序”的动，是无重点的动。片面追求教学过程的灵活机动，满足学生主动探索的欲望，而缺乏有机的调节和控制，导致了教学过程颠三倒四，步子跨得过大，学生对基本知识都未能扎实掌握。课堂上，学生动起来了，但是一种无序的“动”，效果也不佳。听了专家组的评课后，我不由自主地再次捧起《“新基础教育”探索性研究报告集》，当认真阅读了“新基础教育”系统的三个层次十大观念后，我豁然开朗，有了全新的感悟。如“动态生成”是对教育过程生动可变性的概括。它应该是针对过去教育一成不变、一环扣一环的教育过程的重要修正和补充。它是顺应师生的主体性、积极性的充分调动后，不可预测的教育过程而产生的。我的教学仍应在认真钻研教学内容后，组织学生围绕教学重点和难点展开探索和讨论。而至于先研究哪一个重点，先突破哪一个难点，以何种方式突破都是生动、可变的。于是我更坚信，只要做到对一节课的重点有整体把握，不管出多少意料之外的新思维、新方法，总会激活教学，产生意料之中的结果，同时对基本知识和技能的掌握也能做到两不误。当新的情景、新的事物出现时，它需要我有较好的教学机智，对它作出及时的评价。如果是对本课教学有意义，可以顺手拈来运用的，那就要及时肯定，并提供给学生学习或讨论；在具体操作中，我的适当点评和引导十分重要。

——摘自于蒋玉琴的《我做一名新型教师》一文[①]

① 吴亚萍，吴玉如．“新基础教育”发展性研究专题论文·案例集（下）——教师发展·学科教学［C］．北京：中国轻工业出版社，2004：39－40．

（2）通过日常化评价提炼形成变革中创生的新质

日常化评价需要对不同层面的变革过程中所创生的内在品质保持敏感、善于"抓亮"，并从中提炼形成内在特质和过程展开的内在逻辑。研究者在深度介入教师的课堂教学、班级建设和学校管理的反思和重建中，充分、清晰地把握变革中的新经验、新方法，从而形成课堂教学的内在展开逻辑、现代学校整体形态的内在特质。当然，包括教师、校长等实践者也应当有意识、有能力在自评和总结中自我明晰其中的新质。

在此基础上，我们确定了基于"新基础教育"理念的探究学习应具备以下基本理念。

1. 自主

"新基础教育"的首要特性是弘扬每一个学习主体的学习自主性，即在整个教学过程中，教师必须相信学生具有巨大的发展潜力，高度尊重学生的人格和创造力，全力以赴地营造环境、创设条件、提供机会，让学生的自主性和创造性获得全面充分的表现和发展，只有这样，探究性学习才能真正地开展起来，才能为学生的可持续发展打下坚实的基础。

2. 综合

"新基础教育"的课堂教学要求学生必须学会综合地运用多学科的知识去解决所面临的问题，所以在教学过程中，教师要为学生提供多元的学习机会和渠道，激活学生在其他课程学习中的"知识库存"，丰富学生的情感体验，释放学生的探究能力和创造潜能，只有这样，才能促使学生在学习过程中形成综合能力。同时，探究性学习不仅学习内容是综合的，学习目标、学习媒体、学习策略、学习方法也都应该是综合的。

3. 开放

"新基础教育"课堂教学的又一个显著特性是学习环境的开放性，即把全体学生置于开放、动态、多元的学习环境之中，为学生的学习提供更多获取知识的背景、场所、途径、媒体和方式，使学生在与社会、自然、媒体和他人的多向互动和接触中认识世界、了解现实、体验人生、丰富感情、提高认识和积累知识经验。

4. 探究

探究性学习是科学研究的共同性和学生学习的特殊性的有机结合。因此，我们在教学过程中要力求做到既努力巩固学生的基础知识与基本技能，又要积极发展学生的探究性思维。

5. 渗透

“新基础教育”要求改变教师的日常实践，而不是满足于开一两门新课程，或开一两堂公开课。我们开展的探究性学习研究，应将“探究”既作为一种态度、精神，又作为一种方法，渗透于学科日常实践的变革之中。只有这样，才能真正有助于师生的发展。

——摘自于张瑜的《“新基础教育”理念下探究性学习的实践》一文①

(3) 通过日常化评价促进变革理论在实践中具体化、丰富化

渗透于学校变革实践中的日常化评价，主要通过“听—说—评课”和“问—答—议事”的不同方式对课堂教学、班级建设和学校管理的变革实践进行评析，而且还对其中的教师及其团队、校长及学校领导层进行解读。因此，日常化评价总是可以结合具体的变革实例进行理论分析，同时具体化为不同学科或专题领域内的教学设计和教学结构。例如，数学学科的课堂教学就是在各种专题的研讨课中，通过“听—说—评课”将“新基础教育”的教学过程理论具体化为“三放三收”，而且还结合课堂教学的“收”、“放”的不同层次具体地分析了教师的不同发展阶段及其中所遭遇的发展障碍、困惑。此外，教师应当也有能力结合自身的变革实践进行体悟式理论学习，进而在自己的课堂教学日常实践中将变革理论进行具体化、丰富化。

---

① 吴亚萍，吴玉如．“新基础教育”发展性研究专题论文·案例集（下）——教师发展·学科教学［C］．北京：中国轻工业出版社，2004：137－138．

动态生成这种课堂教学形态，是课堂充满生命活力的重要标志。课堂上师生互动、生生互动，不断生成新的高质量的教学资源；学生畅所欲言，各抒己见，不仅释疑解惑，而且大胆质疑，整个课堂教学过程生动活泼、气氛热烈。这是多层次、多角度释放学生生命潜能的理想的教学境界。教学资源的动态生成，既是由教学活动所固有的全部生动性和丰富性所决定，又是在教师的教学艺术作用下教学活动进入更高层次的结果。那么，如何做到在动态地生成重要的教学资源时具有敏锐的洞察力呢？

1. 从备课的预设性、计划性、规定性中解放出来

跳出备课过程中教案或设想形成的框框，在教学过程中关注学生的学习情况，适时改变自己的教学思路，由学生当堂接受能力决定教学内容的详略快慢，决不是凭教师个人意志“赶进度”或随意增删。与之相适应，学校把“是否完成教学任务”这一评课要求的权重分大大降低。

2. 教师努力做到善于倾听学生和敏锐地捕捉教育信息

耐心倾听学生的困难与疑惑，倾听学生的观点及其争论，善于发现学生回答问题中富有价值和充满情趣的内容，帮助学生克服自卑和胆怯，鼓起学生的自信和勇气，仔细观察学生的举手投足、一颦一笑，把握学生的学习脉络，及时调整自己的课堂教学进程。

动态生成的教学资源，有知识形态的动态生成，如质疑问难、错误、范例等；有策略性的动态生成，如教学重点、难点的处理，教学详略的安排；有养成性的动态生成，如学习兴趣、学习方法、学习品质等。这些教学资源对多数教师而言往往是“无心插柳”带来的戏剧性的结果。毋庸讳言，在实验初期教师不善引导和组织的情况下，教学资源的动态生成属于无序盲动，影响教学效率。有些实验骨干教师不甘心停留在这样的层面，努力克服“无序盲动”这一弊端。目前摸索到的一个具体方法是：通过板书、投影仪把教学目标、重要问题出示在醒目的位置，从而确保教学互动有一个共同的心理基础，使质疑问难集中在教学重点、难点上，使动态生成的成果落在大家所关心的热点上。

对动态生成的教学资源的鉴别、把握和利用，需要教师具备较高层次的教学艺术和教学智慧，这不是一日之功，需要长期的磨炼，也需要相应的教学设备，比如当堂出现的学生学习中的典型性范例或错例，必须具备视频展示台，才能向全班同学展示，从而成为动态生成的重要的教学内容。所幸的是，实验中学在两年前不惜重金配备了视频展示台，这成为许多教师利用动态生成的教学资源的重要工具。

——摘自于上海市崇明县实验中学课题组《变革课堂教学：提问、小组讨论和动态生成》一文①

（4）通过日常化评价促进变革实践的综合抽象、理论提升

在“新基础教育”研究中，变革理论与实践是双向建构的。变革理论在很大程度上是以新质提炼为基础的，对此进行理论分析并加以系统化。就研究者而言，课题组的各条、各块的研究人员时常就不同基地学校的经验总结进行组内交流或组际交流，而且还定期地或根据具体的变革需要不定期地召开总结会议，在共同讨论学校变革中的问题、经验时，深刻地对相关理论进行解读，并结合学校的具体做法进行综合抽象、提升为变革理论。例如，在数学学科领域，逐渐形成了不同的课型结构。就学校变革实践中的教师来说，他们也需要在研究者他评的作用下，通过自评进行反思并善于在新质提炼的基础上将自身创造的经验提升为理论。

“项目驱动、骨干引领”是我们学校在进行“新基础教育”基地学校创建过程中的一种制度创新，是一条适合学校实情，同时又能促进教师专业发展的有效之路。

我们知道，所谓项目管理，最初来源于企业管理。我们将项目管理的思想引入学校管理，目的是搭建教师专业发展的又一个新平台，这是探索现代学校制度的一种“体验”。虽然，引入项目管理的思想是我们将它融入教育实践，是一种“对接”，但不是简单地照搬照抄，而是要实现转化和具体化。

首先，我们突出了教育实践中的“项目”的生命性。这种生命性，对教师个体而言，就是体现在把项目的实施变成焕发教师生命活力的过

① 吴亚萍，吴玉如．“新基础教育”发展性研究专题论文·案例集（下）——教师发展·学科教学［C］．北京：中国轻工业出版社，2004：135－136.

程。我们希望通过项目管理，一是促进教师对自我价值的认识，唤醒教师的专业自觉，提升教师的追求和动机；二是促进教师专业发展的主动性的提升，通过参与项目工作，使教师在自我专业发展的需要、意识和能力等方面有质的提升；三是促进教师专业发展的革新，以项目为抓手，实现观念和实践的互动共生；四是丰富教师专业发展的现实策略，使参与项目工作成为教师专业发展策略途径的重要维度。对学校整体而言，这种生命性体现在教育实践中的“项目”的“校本性”，即着眼于学校实际问题的解决、教师教育教学水平的提高和学校持续发展的促进。

其次，我们突出了教育实践中的“项目”的研究性。因为教育工作是复杂的、综合的、系统的，缺乏研究，就失去了项目的意义。它类似于教科研中的课题，但又不同于课题。它更强调项目的任务性、日常教育教学的实践性、研究实践的过程性以及探索过程的持续性。我们认为，对教育实践中的项目的这种认识，既可以避免将学校工作简单化，又可以防止基层学校在开展教科研中走入一些误区，如求新求异、贪大求全、追风追潮、课题至上等。

——摘自于上海市“新基础教育”实验学校在“新基础教育”基地学校中期评估中提交的《创立项目工作站，在“成事”中“成人”》专题报告

上述的分析表明，在日常化评价中，“成人”是内在地统一于“成事”的。研究者通过各种形式的日常化评价对变革实践进行问题分析、新质提炼，并由此实现理论提升、实践具化。从评价主体的角度来看，相对言之，研究者是在对实践者的变革实践进行他评。事实上，教师在对自身的变革实践进行自评时，需要也能够养成通过日常化评价推进变革过程的意识和能力。根本原因在于，研究者在对“成事”进行评价的同时，也结合着具体的变革之“事”通过对“他评”进行评价，进而实现对“成人”的评价。

（二）日常化评价的非正式结构形态及内在关系

在包括课堂教学、班级建设和学校管理的两个层面三大领域的变革实践中，基于推进性评价功能转换，学校变革评价体系呈现出了非正式结构

形态，即评价主体、评价内容、评价标准和评价方式等基本构件在日常化的学校研究性变革实践中呈现出了开放、灵活、动态的非正式结构形态。

在实现研究变革、推进转型的功能下，日常化评价中的评价主体具有特殊意义：其一是在日常教学变革实践中成长起来的；其二是在理论与实践双向建构意义上的评价者。通过专题研讨活动，“听—说—评课”的目的不只是对教师的课堂教学质量进行结果评定，不只是用相关理论对教学过程进行解释和分析，其主要目的是发现改革过程的问题、经验以及教师在变革中的发展状态、不同阶段的类特征，理论提炼出新的课堂教学形态特质、过程结构以及其中的内在机制，更为重要的是想通过评价促进教师的自我反思、理论内化，并在自身层面上进行日常教学行为的实践改造。可见，日常化是一种面对改革着的实践的十分综合和复杂的评价，评价主体应当是变革实践者、理论研究者和评价者的“三者合一”式的构成。

就理论研究者来说，他们与教师一起“磨课”：共同设计教学；分析教学过程及其中的学生状态、教师的应对；共同反思传统教学过程的本质、教学重建过程中涌现的新质特征及内在逻辑等。研究者由此进入教师的日常教学改革过程，从中进行理论提升，并通过不同形式的研讨和评价完成变革理论在不同主体间的转化，即由外在理论转化为教师个人的内在理论。而教师作为教学改革一线的实践者则是在心态开放、理论学习的基础上积极进行创造性变革实践，不是询要具体的教学模式、新颖的教学形式、程式化的操作方法等，而是在进行自我反思、自评或者参与他评中以理论研究方式解读课堂教学中的学生互动、教师教学行为背后固着的传统观念或体现出的新观念等，由此将变革理论进一步内化并渗透于自身的教学行为中，真正实现个人内在理论向自己日常教学实践的转化。

需要特别指出的是，学校转型性变革需要形成一种新“型”之学校，并实现由“旧”向“新”的学校整体形态之转化，这实质上最终要落实在人的“言行一致”性变化上，即在教师个人层面上的内在理论与自身日常实践行为的一致性变化。因此，评价是在教师的教学行为上指向课堂教学设计、教学推进过程以及自己从中获得的发展，而且还通过座谈会或工作策划指向其观念中的教学实践和自身的思维方式、精神状态、内在理论的变革与改造，等等。“行为”与“观念”两个层面的评价构成了一个促进教师发展的循环，即教师“实际的课堂教学行为——说课中的反思和重建（或在自己思考的基础上进行工作或策划）——实际的教学行为——……”。如此促进教师发展的循环过程富蕴于不同的日常化学校变革评价中。

研讨性评课使得“听—说—评课”成为了教师和教育理论研究者之间的合作研究，共同探讨学校变革，平等协商，民主建构教学过程的评价活动。在评课中，所有参与者都能且必须结合上课情况和说课内容各抒己见，共同指向教学过程中存在的问题、涌现的创造性经验、新质的理论提升、内在逻辑的综合抽象。就教师而言，评课通过反思和重建指向教学实践中变革成败的原因及在此基础上进行重建。而教育理论研究人员则通过“听—说—评课”发挥着理论的价值引领作用，并促进新教育观念体系形成和对变化着的教学变革过程作出综合式的抽象，针对教学实践提出新问题和新的研究任务以及原则性的行动意见。在“新基础教育”中，评课作为变革过程指向评价是学校转型性变革研究的重要途径，由此可以实现教育理论与变革实践的相互构成、共同生长、相互推进。与此同时，这也是评价标准在研讨活动中逐渐形成的重要过程。

（三）日常化评价通过研究性变革实践进入学校变革过程

1. 行动研究不能适应日常化评价的推进性功能需求

（1）行动研究：基于问题解决的教学反思和实践完善

校本教研在当前的教育改革中被普遍倡导和实施，极大地推动着中小学教师的教育科研活动。针对学校发展、课堂教学中所遇到的新问题、新矛盾，教师作为实践者、实际工作者在自己的学校教育教学工作中要求从事研究活动。因此，教师在自身的实践活动和实际工作中进行研究，始终是与学校、教学自身问题的解决等结合在一起的，并指向学校发展和教师专业发展。其中，教师的“行动研究”作为一种重要的校本教研方式日益时兴起来。

行动研究首先源于社会学研究或社会心理学研究，鼓励实践者参与到研究中，在行动中解决自身问题，以便研究结果或理论能付诸实践并利用自己的经验进行检验。“研究不再坚持过去那种改变‘他人’的做法，而代之以改变‘自己的行为’和理解。研究本身赋予进行研究的人和小组以能力，并且对社会关系和社会变革作出贡献”①。当前教育领域中的行动研究或教育行动研究就是由此发展起来的。在现实课堂教学中，教师作为反思实践者和行动研究者在运用已有理论解决实际问题或进行教学决策时，需要对此进行调整以便适应独特的教学情景。

行动研究对于教师而言既是一种研究方法又是一种研究理论，它十分贴近教师的实际教学工作，不仅服务于教师的教学实践，而且还有助于教师的专业实践和专业发展。作为狭义上的具体方法，教师在自己的实际工作中通过行动研究确定感兴趣的问题、进行系统观察、搜集和分析所获取的数据资料，在此基础上提升自己的反思水平并最终将研究结果融入到自己的教学计划及未来的教学活动中。“当教师运用系统的方法进行观察和数据搜集时，他们就进入了行动研究领域”②，用来系统地观察、分析自己课堂教学中的现实问题并理性地在此基础上作出自己的专业决策。当然，行动研究作为研究理论，可以被广义地界定为一种研究方式，教师用于检验、反省自己的教学实践。“在这里，行动研究是一种应用性研究，研究者同时也是实践者（即教师），他们的目的是将行动作为一种方法去确认自己正在‘做什么’、如何使相关的教学决策做得更好”③。事实上，行动研究本身就是一个解决问题的过程，怀特海（Whitehead，J.）对此循环过程进行了陈述：“当我的教育价值观遭到实践否定时，我碰到了问题；我设想着解决这个问题；我实施这个设想中的解决方案；我评价我行动的结果；我根据自己的评价重新系统地阐明问题。”④

总之，行动研究意味着教师作为反思实践者和行动研究者，基于实践中的问题对自己的教学活动和实际工作或运用科学方法进行研究或进行批判性思考。可以说，“行动研究是一种研究取向（orientation）、一种专业实践形式、一种研究过程，对于教师来说就是一种反思性的教学方式”⑤。

① Jodnne M. Arhar，Mary Louise Holly，Wendy C. Kasten. 教师行动研究——教师发现之旅［M］. 黄宇，等，译. 北京：中国轻工业出版社，2002：40.

② Richard D. Parsons，Kimberlee S. Brown. 反思型教师与行动研究［M］. 郑丹丹，译. 北京：中国轻工业出版社，2005：5.

③ 同②.

④ 郑金洲. 行动研究指导［M］. 北京：中国教育科学出版社，2004：45.

⑤ 同①，9.

教师正是在研究和改进自己的教学实践活动时，在行动中找到研究的兴趣点或问题、观察引起感兴趣的现象以及对教学进行反思。这就构成了教学反思性实践循环，教师由此检验自己的想法、观察和记录自己的行动及其结果。作为动态性过程的继续，他们尝试着其他想法并继续行动、观察和反思的循环。反思性实践循环实质上是行动研究的基本特征和基本要素，此外还包括：道德责任感——研究者的动机是对教学实践的社会结果的关注；公开性——持久的、有计划的和自我批判的探究过程需要经过公开的批判和经验的检验；合作性——作为民主化的过程既包括相互间的交流与理解也包括成熟的学习共同体的建立①。

行动研究的问题源自于教师自身的教学实践和实际工作情景中，而且对自身行动进行有意识的、持续不断的探究反思，故而教师可以将研究结果运用于课堂教学以改进行动质量，指导自己进行实践中的决策以改善教学策略；将研究和自己的行动结合起来，使之成为自身专业发展的必须，提高教学实际问题解决的技能以改善对专业成长和变化过程的态度；积极参与研究以对自己的实际工作进行反思，提高实践的效用和研究的效度，即可以提供真实教育情景中的第一手教学改革信息，可以通过合作更容易接受理论研究成果并较快地应用于教育改革实践。

（2）行动研究的自身局限性——相对于日常化评价而言

相对于日常化评价对“成事”、“成人”的推进性功能而言，行动研究在学校变革过程中呈现出了其自身的不足之处。

• 从手段与目的的关系来看

行动研究被引入教育领域并在校本教研中愈益受到大力倡行，根本原因在于其主旨是完善和改进教师在学校教育教学实践中的行动质量，既能解决教育实践中产生的实际问题，又能提高教师的教学研究水平、促进教师专业发展。在校本教研中，行动研究极大地关注教育实践者在学校教育、课堂教学中日常遇到和亟待解决的实践问题。针对现实教育情景中的特定问题，教师作为主要研究者在自己的认识、感受和经验的基础上，综合运用各种教育理论、方法、技术以解决实际问题、提高行动质量。因此，教师这一实际工作者通过结合具体问题或进行系统思考或与他人共同研究，

① 郑金洲．行动研究指导［M］．北京：教育科学出版社，2004：45.

这在很大程度上消解了教育理论与学校实际生活相脱离、研究者和实践者相脱离等方面的矛盾。与此同时，教师的实际工作过程成为了研究过程，进而使研究过程又成为了理智的工作过程。教师自然在解决问题、理论分析过程中获得了必要的研究技能和专业发展。但是，在行动研究中，基于现实问题解决而实现的理论在教育实践中的有效应用，教师随之而生的专业成长，在根本意义上都是为了教育实践的完善、行动质量的提高。这显然不同于日常化评价的功能主旨：推进成事成人，即在课堂教学、班级建设和学校管理等不同层面领域的改革中，完成学校整体性转型之事；最终由此“成人”，即促成师生在校生存方式的改变，实现师生的生命发展。

● 从反思和重建的关系来看

行动研究要求教师成为批判地、系统地考察自己实践的研究者，从而可以更好地反思自己的课堂和改善自己的教学实践。因此，教师作为反思实践者需要对自己的行为进行反省与自我调整，以适应个人所面对的独特教学环境。在行动研究中，教师的反思始于自己的教学实践以及其中的问题，旨在通过问题解决不断地完善和改进教学行为。事实上，行动研究中的“‘行动’的解释常常强调日常和教师自生的，非外界理论介入性的研究，它通过教师反思自己的行为及其行为过程中的感受、结果，来逐渐改进教学行为，至于研究什么和如何研究，要以教师自己作出决定为好”①。但是，日常化评价在推进学校变革过程中，与之有着明显的差异，教师的研究性变革实践内含着教育理论的渗透和行为变革的重建。具体言之，教师是在理论学习和指导的基础上进行课堂教学变革实践的，即理论研究始终贯穿于教师对自身日常实践行为变革的反思和重建过程中，“更强调行动前的探究指向和行动设计中的理论渗透，强调实践本身内含着自觉变革，以及教师反思参照系因新理念的介入而更新，因参照系的更新而带来反思的新质量和重建的可能，在实验教师的发展过程中，很明显地呈现理论及理论工作者的介入的价值”②。在日常化评价中，更加强调教育理论和价值取向下的教学实践变革以及其中所涌现的阻碍变革过程的发展性问

---

① 叶澜．“新基础教育”论——关于当代中国学校变革的探究与认识［M］．北京：教育科学出版社，2006：368.

② 同①.

题。因此，对于学校变革过程和教师发展而言，这才能意味着“发现问题就是发现发展的空间”，“解决了问题就是获得了发展”。

• 从理论与实践的关系来看

在理论与实践的关系上，尽管不能完全断定行动研究不关注“一般理论”的产生和发现，但是它的确更加关注的是现实情景中的特定问题而不重视研究结果在其他不同情景中的迁移、类推；更加强调教育理论在学校教育实践中的有效运用，更加强调通过案例式的研究检验、修正、完善甚或证伪教育理论。“根据特定的环境特征或实践中对象人数的不同，对理论进行适当调整，这样将增加理论的实际效用和效度。而且在保证科学研究严谨性的前提下构思、实施这样的调整时，所得的研究结果将增进其所依据的严密性和效度。这种从理论到实践、从实践到理论的系统调整是行动研究的核心”①。

在推进学校变革过程中，日常化评价强调的是理论与实践的双向建构过程以及理论向行为的转化过程。在学校变革过程中，研究者和实践者共同合作，通过学校变革探究中的反思、重建、深化等不同层面上的交互作用，在日常教育实践的变革和探索中生成新理论，同时又在新理论的指导下创造新的实践形态。因此，日常化评价在评价内容上指向了学校转型中的新理论创生过程、新实践创造过程。同时，在不同层面上还指向了研究者和实践者两类主体间由外在理论向个人内在理论转化过程，实践者在同一主体上个人内在理论向个人自身实践行为的内在转化过程。

• 从个体和群体的关系来看

行动研究提倡教师参与研究、与研究者合作共同参与解决教育实践中的各种现实问题，其中既包括研究者和实践者之间的合作，也包括实际工作者之间的合作。但是，在促进教师专业发展方面，行动研究特别关注合作中形成的学习共同体及其中的民主协作氛围，主要是为了更好地让教师个体在针对现实的问题解决和理论反思的过程中提高自己的研究能力、理论分析能力和教学实践中的决策与设计等方面的专业技能。在日常化评价中，“成人”不仅体现在教师个体的自主意识和能力及以生命自觉为主的

① Richard D. Parsons，Kimberlee S. Brown. 反思型教师与行动研究［M］. 郑丹丹，译. 北京：中国轻工业出版社，2005：3.

生存方式的转变，还体现在教师团体的建设以及教研组或年级组中的骨干教师成长、不同梯队教师的发展；不仅包括教师及教师团队的更新，还包括学校校长及领导团队的更新。

2. 日常化评价在学校研究性变革实践中进行

通过学校研究性变革实践，日常化评价成为学校日常教育实践变革过程的组成部分渗透于其中，在有效推进变革过程的同时实现“成事”、“成人”。日常化评价具体地展开为“听—说—评课”和“问—答—议事”两种形式，由此进入学校整体性变革过程的各个层面和不同领域。

首先，在课堂教学改革方面，日常化评价指向了每所基地学校的所有学科、所有教师，其重点在语文、数学和外语三门学科，实现“新基础教育”研究在学科教学改革领域的深化、系统化和具体化。要达到此目标，每个学科在研究过程中要完成三个转化，即把课堂教学改革价值观的一般认识依次转化为本学科教学改革的具体价值观、具体学科的教学改革指导纲要、不同学科不同年级的课型性典型案例。从对指导课堂教学的一般理论的理解到最后转化成如何教学的具体行动指导，《学科教学改革指导纲要》要完成价值指导、教学内容重组结构化指导和教师教学行为的系统指导这三重相关且层层深化的指导任务。通过这样一个变革的研究，培养出一批“新基础教育”的专家型教师。专家型教师不仅对学科理解、学生理解、改革理解，对从一个学科的价值认识到如何在课堂上实施，能独立开展研究，还要能把握自己所教学科的学科知识整体结构；不仅自己能实践，还能带动本校相关的成员发展①。

其次，在关涉学校整体性变革的全局性研究方面，确立了学校领导发展与管理变革、教师发展与专业团队建设、学生发展与学生工作变革三个研究专题。因此，日常化评价也就指向了学生发展、教师发展、学校领导发展，这些都是关涉全校性的专题研究，不是仅仅涉及某一学科或某一领域的问题。其中，日常化评价把人的发展作为基点，以实践活动的变革为载体与途径，寻找“人”和“事”变革的关系，强调目的和手段之间的

① 该部分内容参考了叶澜教授于2005年10月18日在《关于“新基础教育”语文、数学、英语三门学科教学改革指导纲要专题研究的开题报告》研讨会上的发言稿。

相互转换。就学校领导发展与管理变革专题研究而言，包括校级领导、中层领导和教研组、备课组层面的领导人员的发展；管理变革包括制度、组织、运行机制、学校文化、资源统整、效能、质量、队伍建设等一系列方面的变革研究。就教师发展与专业团队建设专题研究而言，教师发展包括教师个体层面的发展和教师团队层面的建设工作，教师团队层面的建设工作主要结合学科、年级、教研组活动开展。就学生发展与学生工作变革专题研究而言，既有学生个体的发展问题又有学生群体的发展问题，学生工作除涉及到基层班级层面外，还有年级层面、全校层面等多层面学生工作开展问题①。

正是通过不同专题研究的进入，日常化评价进而成为了教师自我更新式发展过程的重要组成。在研究性变革实践中，教师能够作为具体的个人在与其相关的各种关系和本人参与的各种活动的交互作用中实现自身生命发展，这是一种开放的生成性的动态过程。同时，研究性变革实践能够唤醒教师个人的生命意识，重建教师角色新形象，进而激发教师在“听—说—评课”和“问—答—议事”两类活动中采取主动方式参与活动并形成积极的关系，在复杂、多元、多变、具有多种可能性和不确定性的学校变革环境中进行主动选择，在学校日常工作中实现自我更新式发展、实现其生命价值和创造幸福人生。教师个人在研究性变革实践的各种关系和互动中成长起来，这既为自己的“他向学习”也为“我向学习”以便最终实现内在的自我超越提供了前提性条件。正因为如此，教师个人通过研究性变革实践完成了个人内在理论的反思与重建以及日常实践行为的更新，进而实现自我更新式发展。

（四）日常化评价在学校变革过程中的作用机制

作为学校变革过程的重要组成部分，评价内在机制的本质在于研究者、评价者、实践者之间的不同层面的互动关系，研究人员、教师都能从中主动获得发展。这可以从研究者和实践者之间的作用中介和作用方式进行具体分析。

① 参见叶澜教授于2005年11月18日在《关于“新基础教育”学校领导发展、教师发展、学生发展三个专题研究的开题报告》研讨会上的发言稿。

1. 研究者、实践者和评价者三种角色在同一主体上的激活和互化

在学校变革评价中，其根本作用就是在教师个人层面上实现内在理论与日常实践行为的关联性体验和更新。这集中体现于同一主体在学校变革过程中的角色丰富化，即研究者、实践者、评价者三种角色通过日常教育实践变革评价在同一主体上被充分激活并相互转化。不可或缺的是，自我意识、价值内化、实践参与、理论介入作为中介性因素进入角色激活和互化过程中，并由此转化成为主体发展的内容性构成。

（1）自我意识

自我意识是学校变革评价之“核”，是“成人”、“成事”的前提。学校变革评价就是有助于不同层面的主体在自我意识的基础上进行主动的反思和重建。具体说来，学校层面的主体，即校长和学校中层管理干部在“新基础教育”的核心价值指引下，进行自我诊断以清晰地研究学校发展历史和现状，以及学校发展的优势、困难和潜力及其原因；教研组层面的主体，明晰教研组的发展现状、学校教学改革的要求和本学科改革的发展趋势，及时地发现和总结教学变革实践中涌现的主要问题以形成专题或课题研究，对每位教师的发展优势和问题进行研究和成因分析；教师个体层面的主体，能够明确教学设计中学生困难分析、文本解读、目标确立等方面的问题，能具体且有条理地分析教学过程中的问题及其原因、出彩之处以及自己教学行为背后的内在观念，正确认识自己的反思意识与能力、学习意识与能力，以及理性地分析自身成长过程及其中的困难、障碍和发展节点。

（2）价值内化

价值内化是学校变革评价之“魂”，是以自我发展、生命成长为内在价值的追求。“新基础教育”始终坚持教育是一项直面生命的事业，其理念中所追求的生命活力、主动发展、教师智慧和学生成长等使得学校教育愈来愈关注人的生命，直至“生命关怀”成为了明晰的价值取向。它不仅深究“育人”问题，而且还能在价值取向意义上反观教育者（既可为相对于学生的教师，又可为相对于教师的研究者）并显现出“育己”价值。学校变革评价是在价值内化意义上追求变革实践对于学生、教师、学校甚至研究者自身的内在生命发展价值。学校转型中形成的富蕴着主动发

展、自强自立的“新基础教育”精神以及关于生命成长、人生意义的各种观念，都以一种人生哲学渗透于学校研究性变革实践中，即对人的生命发展的关注由学生推及教育实践者（教师、学校领导）和研究者，由个体推及学校。这使得“新基础教育”中不同类型的变革主体及学校都能对自身的发展状态和目标具有明确的自我意识，并能针对自身存在的各种问题和发展需求主动进行变革。

在研究性变革实践中，生命关怀下的教师发展关注并开发着教师的生命价值。教师具有着丰富的生命创造，在生命创造的过程中，教师作为一个生命有机体以精神能量的整体方式参与和投入到生命间的交往和沟通的过程中。教师个人的“生命整体性”，意味着教师“是全面的人，是处在各种环境中的人，是担负着各种责任的人，简言之，是具体的人”①。作为具体的个人，教师发展的内在根本是个人的生命发展、个体生命质量的提升，而生命发展是完整的，不是分裂的。新教师角色重建观重视复合态度，使教师人格的各组成部分——体力、智力、情感和伦理等综合起来，保持平衡发展。此外，教师有着自己的独创性、自己的个性特征和自己的生活方式。在与其相关的各种实践关系和本人参与的各种活动的交互作用中，将自身的潜在可能性在实践中逐渐转化为现实存在。这一转化的实现，有赖于逐渐形成的自我意识，有赖于自己的价值观、自主选择及在实践中的投入和反思能力。

（3）实践参与

实践参与是学校变革评价之“基”，它是在学校研究性变革实践中不断生成的。评价者都是在教学改革、学校管理变革实践中逐渐成长起来的，故而能够将评价指向变革过程并由此发现教学改革或管理改革中实际存在的问题，明晰和强化其中涌现的新“型”教育之质——“前移后续”的教研活动方式，即“在开展日常的校内或校际间的专题性教研活动时，在内容上各教研组以学年或学期的研究课题为核心，每一次都有相应的主题；在方式上，每次专题性教研活动前后，教研组内教师分别围绕主题内

① 叶澜．总报告：世纪初中国基础教育学校“转型性变革”的理论与实践［G］//叶澜．“新基础教育”发展性研究报告集．北京：中国轻工业出版社，2004：15.

容进行的‘前移性’和‘后续性’的学习、反思与研讨”①。课题组研究人员也积极参与研讨课前的学生困难分析、教材结构分析及至教材重组，进而进行开放性的课堂教学设计。此种实践参与为后续的“听—说—评课”活动取得真正的实效打下了基础。实质上，体现新“质”学校教育的评价标准也从中渐次清晰、固化下来。

（4）理论介入

理论介入是学校变革评价之“质”，理论分析深度介入评价过程之中。在研讨性评课中，以教研组为单位的理论学习活动和不同层面的定期研讨活动、教师个体的自我反思和重建活动都是不可或缺的常规化建设。事实上，教师的理论学习、反思重建和研讨活动紧密结合在一起。在学校变革过程中，教师的教学实践是内含变革理论并具有更新指向性以及在反思基础上实现创生的实践，而非传统的重复性实践。主动参与教学变革的教师首先进行理论学习，但又不是那种“菜单式”的培训学习，而是在教师群体的理论讨论过程中、在日常的“听—说—评课”活动中积极投入、主动思考。更为重要的是，这些理论需要在研讨中指向教师每天的课堂教学实践的深入研究、指向教师自身的“个人化”的内在理论。在“新基础教育”的实验学校里，要求教师自主学习“新基础教育”理论和相关教育理论，通过召开学习理论交流会与在校园网上展示教师随笔等方式进行“信息交换”，而且还针对教学改革中遇到的问题展开“深度会谈”和“学术沙龙”的学习研讨活动。“通过自主学习、信息交换、深度会谈、学术沙龙等多种形式的活动，学习—思考—研究—内化，在消化的基础上，结合自己的实际情况逐步建构自己的教育理念”②。其他的实验学校还创设了“教学例会”、“教师论坛”等学习研讨方式。这些学习研讨活动逐渐制度化并成为常规性研讨活动的重要构成。

当学校变革中研讨性评课的重心全面下移到教研组或备课组层面后，教师实现了自下而上的创造，主动研究学生、研究课堂教学并从中发现问

① 何学锋．教研活动方式的变革尝试［J］．基础教育，2006，(3)：36.

② 邵兰芳，蒋玉琴．“新基础教育”：走校本发展之路［G］//杨小微，李家成．“新基础教育”发展性研究专题论文·案例集（上）——学校管理·班级建设．北京：中国轻工业出版社，2004：50.

题以形成研究课题开展持续性的评课研讨活动。因此，由课题引领的专题性研讨改变了以前的“点状式”的无序状况，体现出了研讨性评课的系列化形态。此种研讨性评课活动方式的改变主要表现为研讨内容的系列化设计和研讨活动的整体持续性。定期研讨制度在学校变革过程中被确定下来，它对教研组和教师的研讨活动提出要求并进行了规范。很多实验学校都将每周二确定为“新基础教育”常规研究日，“上午实验班教师上研讨课，并请非实验班教师来听课；下午开课的教师说课、反思，请非实验班教师一起评课”①。同时还定期参加共同体安排的评课研讨活动。更为重要的是，“新基础教育”研究中定期研讨活动加强了理论工作者和实践工作者之间的联系，建立了与教育专家的交流和研讨制度。教育理论研究人员则通过“听—说—评课”发挥着理论的价值引领作用，并促进新教育观念体系形成和对变化着的教学变革过程进行综合式抽象，针对教学实践提出新问题和新的研究任务以及原则性的行动意见。这克服了一些学校校本教研中的“萝卜炒萝卜”的现象。

2. 研究者、实践者和评价者三类主体在互动关系中的交互作用

研究者、实践者和评价者在学校变革过程中通过各种形式的日常化评价交互作用着，这样才能促使每个人在与其相关的各种关系和本人参与的各种活动的交互作用中实现自主发展。这是一种开放的、生成性的动态过程。就作用维度而言，主要可以从行为方面的具体指导和理念方面的内在改造进行分析，而且，具体指导和内在改造在作用程度上也有着日常渗透和节点强化的差异。与此同时，其中渗透着理论研习和反思重建。

（1）具体指导与内在改造相结合

在研讨性评课活动中，研究者不是带着预设的判断框架和具有权威性的仲裁者或者改革理论的宣讲者，而是在合作参与教师的备课讨论、教学方案设计的实践过程中解读具体情景中的教师；教师也不是被动地接受理论或关心教学好差的评定结果，而是结合自己的教学过程反思自身的变化

① 魏雄．“新基础教育”与我校教师成长［G］//杨小微，李家成．“新基础教育”发展性研究专题论文·案例集（上）——学校管理·班级建设．北京：中国轻工业出版社，2004：141．

过程及其中的困惑、问题，并主动地进行内在理论的更新和内在参照系的改造。

具体言之，具有解读实践意识和能力的研究者，总是要进入教师的现实课堂以考察其对教学进程的控制程度，对学生的关注程度，对各类资源的敏感度、捕捉水平以及由此而致的教学推进能力等。因此，研究者根据教学变革过程具体分析教师所存在的问题并加以理论解读，更为深入地捉出其行为背后的教学观念之“虫”。在此基础上，还应当依据教学改革的价值理论和原则性要求，有针对性地提出建设性的问题解决方案和教学重建意见。在具体指导中，研究者需要对教师的反思情况进行评价以便培养其自我评价的意识和能力并主动改造自身的内在理论。从个体日常教育实践意义上来说，不存在脱离个人内在理论的实践，也不存在与个人实践无关的内在理论。因此，教师藉此自觉更新头脑中的理论并以此独立思考、说明、指引自己的改革实践；学会对自己的思维方式、教学实践进行反思并善于从中发现问题，养成对日常实践行为保持敏感和探索的习惯并自我剖析其中的成败得失及其原因，不断地改进自己的工作并形成理性的认识。

（2）日常渗透与节点强化相结合

只有评课研讨活动实现了日常化，才能认为研讨性评课文化在学校变革中真正实现了更新。具体言之，教师通过“听—说—评课”不仅在自我反思的基础上形成变革的内动力、内策划，而且还将研究的态度、意向和内容贯穿于从教学设计、教学实施到教学反思的全过程和多方面的日常实践中。在教研组或备课组定期开展的教学研讨活动中，全组教师积极参与课前的教学设计、课后的反思和总结，参与观课中的学习与思考、评课中的点评以及对他人说课、评课的评析等，形成发展性问题进而确立促进课堂教学变革的专题研讨。

显然，研讨性评课是在教师和教研组自主发展的基础上实现日常化和评课文化彻底更新的。这意味着教师能够改变自己的观念、思维方式、内在需求和行事方式，并转变在校生存方式，即从以前的被动执行者转变成为具有自我意识的主动发展者。在此基础上，教研组能够成为学习化、研究性组织，自主发现教学改革中的问题，并有针对性地主动策划专题性研讨活动。实质上，在日常化的研讨性评课活动中，“新基础教育”中参与学校变革的教师在独立思考中摆脱了依赖性、在研究性实践中增强了主动发展意识，一些骨干教师也随之成长起来。例如，有些学校的数学教师“研究的主动性增强了，研究能力提高了，逐步摆脱了对专家组的依赖。在学会思考的同时，逐渐完善了计算结构教学的研究；从整体思考的角度构建了物体表面积的教学结构、平均数问题的教学结构；编辑了《数学学科系列活动方案集》”①。可以说，教师凭藉研讨性评课活动逐渐成长为自觉的变革实践者，积极利用校内外的各种资源在理论学习的基础上主动开展系列化专题研究活动。教师在校生存方式的改变正是在他们日常化的评课研讨活动中持续着。

（3）理论研习与反思重建相结合

在具体指导和内在改造、日常渗透和节点强化的交互作用过程中，研究者、实践者和评价者相互之间通过各种研讨方式和活动，边进行理论研讨和学习的同时，边进行着课堂教学的反思和重建。在学校研究性变革实践中，教师首先需要学习新的教育理念，或个体阅读理解或群体共同研读相关的论著、教学案例等，并将其与自己头脑中已有的理论框架、思维方式或驾轻就熟的稳固经验进行比较、反思，发现其中的差异并由此激发对自己的个人理论进行内在改造，进而产生重建自身日常实践行为的强烈需求。最为重要的是，教师的理论研习需要在具体的研讨活动中进行，要么结合自己的课堂教学反思和重建活动，要么积极参与他人的“听—说—评课”活动。唯此，教师才能与课题组专家、骨干教师或其他梯队教师在校际、组际甚至“一对一”的教学研讨活动中进行相互交流，在具体的教学案例或教学情景中深化理论的理解，进而实现理论的具体化、丰富化。

值得一提的是，教师如果想在个人内在理论和自身日常实践行为的关联性体验上实现理论向行为的转化，他应当做到：一是在参与“听—说—评课”进行理论研习的过程中，自觉地将自评或自己对他人的评价与专家、骨干教师、同行等人所作出的评价进行比较，这可有效地改变沉积于自己头脑中的内在参照系；二是在因新理论的介入而进行参照系更新的基础上，对自己的课堂教学进行新质的反思，并主动地将此转化为教学

① 张作敏．研究性变革实践创生新我［G］//吴亚萍，吴玉如．“新基础教育”发展性研究专题论文·案例集（下）——教师发展·学科教学．北京：中国轻工业出版社，2004：152.

重建的可能并在课堂的尝试和创造中呈现出新理论指导下的新实践形态。教师在理论研习和反思重建中体会到变革意识和变革理论，使日常实践成了有意识的自觉追求的变革实践。这是研究性实践能否促成变革的核心因素，也是学习能否转化为实践的关键性因素。

二、班级层面变革实践中“听—说—评课”的反思及重建

（一）课堂教学评价改革中的“听—说—评课”之反思

在当前的基础教育改革中，评价改革被认为是教育改革的前提性条件。这在课堂教学改革中有着更为具体的表现。为了应对新理论下的教育改革及其结果的评价，课堂教学评价在实践中改革很大，诸如在评价目的或功能上要求促进学生发展、教师专业发展；在评价标准上强调“以学论教”，“以学生在课堂教学中呈现的情绪状态、交往状态、思维状态和目标达成状态为参考，来评价教师教学质量的高低”①；在评价主体上实现多元化，既强调教师的自我反思和自评，也强调管理者、教研员、专家、教师同行、学生乃至家长等多主体的共同参与；在评价方法上倡导并采用了“互动式”评课法、“答辩式”评课法、自我分析与微型评课法、行为管理评课法、访谈评课法、问卷调查评课法等新方法②；等等。但是，上述的课堂教学评价改革脱离了学校研究性变革实践，评价要素改革都是在标准本位逻辑下进行的，即在目标分解或理论推演下预先构建教学评价标准体系，并由此相应地确立评价主体、评价方法等。这使得评价改革及其中的基本要素缺乏生成性，也就缺乏内在的关联性以致不能形成结构性的整体构成。这必然会使得课堂教学评价在教育改革中产生一些根本性问题。

教育改革日益深入，但人们关于教师发展的认识大多仍停留于此：教

① 周勇，赵宪宇．新课程说课、听课、评课［M］．北京：教育科学出版社，2004：13.

② 叶禹卿．新课程听课评课与优秀案例解析［M］．北京：中国轻工业出版社，2006：246－273.

师专业发展是教育改革赖以推进的主体力量，是决定教育改革质量的关键因素。教育改革迫切要求教师通过参与各种形式的教育理论学习，在专业知识、专业能力和专业训练等方面获得专业发展，进而促进教改的成功。教师通过教育理论学习确实在一定程度上提高了理论文化素养、开阔了教育视野、更新了知识结构、提高了职业熟练水平，为教师发展提供了必要的专业基础，也为教育改革或课堂教学改革提供了必要的条件。但在强化教师发展工具价值的同时，一个重要而又现实的问题，即课堂教学改革实践中"成事"、"成人"的统一与教师发展的生命意义被遮蔽了。在当前的教育改革中，尽管以说课、听课、评课（后面简称为"说听评课"）为主进行了课堂教学评价改革，但其中所潜藏着的甚或还未被大多数人意识到的深层次矛盾——"评事"与"评人"之间的对立日益成为主要问题。

就"评事"而言，说听评课等不是关注课堂教学"怎样改"，分析课堂教学如何由现实状态向理想状态转变以及其中转化的条件和机制，教学过程推进的内在逻辑等，而是预先理论演绎出教学改革成果的理想状态、确定分析要素以至形成评价标准。例如，首先确立了"以学论教"的评价标准，并依此判断课堂教学质量的高低。可见，课堂教学评价中的"评事"就是评"课堂教学改革成果"之事，即依据新评价标准判断教学改革达成目标的程度。

就"评人"或教师评价而言，通过说听评课将传统的奖惩性教师评价制度改造成为发展性教师评价体系。以学生考试成绩为主要评价标准的传统教师评价制度尽管有利于绩效管理，区分教师的等级及奖优罚劣，但不能为教师的专业发展提供信息反馈，不利于教师在专业成长过程中进行自我反思和监控。为了使听课评课的功能由甄别分等转向促进发展，"许多试验区在听课评课中淡化评比和奖惩，转而突出其发展性价值，也就是发挥听课评课在改进课堂教学质量和促进任课教师专业成长方面的功能，并且听课评课逐渐成为一种校本教研方式"①。因此，在说听评课的评价改革中，发展性教师评价十分强调基于教学评价标准的"教师教学监控能力"，即"教师为了保证教学的成功，达到预期的教学目标，而在教学的全过程中，将教学活动本身作为意识的对象，不断地对其进行积极主动

① 叶禹卿．新课程听课评课与优秀案例解析［M］．北京：中国轻工业出版社，2006：13.

的计划、检查、评价、反馈、控制和调节的能力”①。可见，课堂教学评价中的“评人”，就是指依据和对照评价标准对教学过程进行自我评价、自我反思，以便提高教师课前的计划与准备、课中的反馈与调控、课后的自评与反省等自我监控能力。

事实上，当前课堂教学改革中的发展性教师评价关注的是教师个人的发展，而忽略了教研组建设及其中的教师群体发展；关注的是教师专业发展，而忽略了教师的生命整体发展与教师在教学改革过程中实现发展的内在机制以及所经历的阶段特征；关注的是促进教师发展的结果导向作用机制，而忽略了教师在学校研究性变革实践中的过程生成机制。因此，教师在各种类型的说课中，只是说教材、说目标、说学情、说教学程序、说教法等一堂课的教学设计或教学得失，却几乎不会联系自己的变革实践和具体事例说明自己的发展变化过程、阶段特征和成长、创造的快乐，反思成长过程中的困惑、障碍和节点。在各种类型的评课中，对课堂教学效果进行评价，以及对构成课堂教学过程各要素（教师、学生、教学内容、教学方法和教学环境等）之间的相互作用进行分析和评价，而没有将“教”与“学”视为不可分割的“分析单位”，以便揭示出互动生成式教学过程展开的内在逻辑。由是观之，课堂教学评价因为脱离了教师的日常教学变革实践，“评事”与“评人”实质上发生了析离，尽管它们在教学改革结果的意义上通过评价标准能够相互结合在一起。

脱离了教学变革实践的评价改革必然会导致其深层次的问题。第一，对于教师而言，教学评价标准并没有反映实践者在教学改革过程中的价值需求和问题困惑，是研究者根据自己的理论分析进行建构并强加于己的外在要求，而且，教学标准也是外在于教学改革过程的，故而不能反映教学实践的展开过程、内在逻辑，也就不能揭示实现理想结果的条件、内在机制。第二，脱离了实践变革过程的评价主体多元化导致了教师对教学改革的应付。在多元化的评价体系中，学生、家长、管理者、专家或教研员等可以在对话式的互动交流中进行协商建构或者带着预设的评价标准和框架对课堂教学进行判断。教师只好逐一对照评价标准中所列出的要素，并搬用借鉴来的各种新颖的教学形式，因此课堂教学中出现了“穿新鞋走老

① 周勇，赵宪宇．新课程说课、听课、评课［M］．北京：教育科学出版社，2004：17.

路”或“新瓶装旧酒”的现象。第三，教师的教学改革“表现化”、“应急化”。这表现为各式各样的“圣”化的公开课，即在教育理念、教学形式、师生状态、教育改革趋势等方面表现得近乎完美的课堂教学。为此，在“公开课”或“展示课”中安排特定的学生、精挑细选“适当的”教学内容而“量身定做”一节特殊的公开课，这只是偶尔为之而非日常化。

事实上，评价体系改革是在教学变革实践中逐渐生成的，评价者是在变革实践中成长起来的，而评价标准也是随着变革实践的展开而形成的。为了推进学校转型性变革，课堂教学评价改革必须在教师的日常教学变革实践的基础上进行有针对性的重建。

（二）“听—说—评课”评价实践的更新

学校变革评价正是在研究性变革实践中进行着的具有创新性的实践探索。作为融合性评价，日常化学校变革评价是以内涵着理论研究的方式进入学校的日常教学变革实践的。在“新基础教育”研究中，课题组研究人员被分为不同的专题研究小组（共分为班级层面的语文、数学、英语、术科、班队等学科的专题组和学校层面的教师发展、学生工作、学校管理等方面的专题组）以实地介入的方式和基地学校的实践者一起参与学校各个层面的变革实践，从中进行理论提升并提炼出发展性问题以指向新理论与实践的生成。因此，课题组在参与变革实践的基础上对学校变革理论与实践推进进行整体策划，并在共同体层面上安排一学期内不同学科的专题研讨活动。各基地学校则依据本校的发展状态和存在的问题，结合共同体研讨主题进行策划并安排学校的日常教学研讨活动。课题组研究人员和实践者通过不同主题的研讨活动在教研组层面、学校层面、共同体层面定期（课题组研究人员每周二都以不同专题研究小组成员的身份进入一所基地学校进行研究）开展研究性变革实践，各种日常化的学校变革评价——“听—说—评课”和会议式评价等就渗透其中。

最重要的是，学校变革评价由此超越了“评事”与“评人”之间的对立、教学改革与评价改革之间的对立。通过“听—说—评课”，学校和教师在自我反思和明确的自我意识的基础上不仅形成了变革的内动力、内策划，而且还将研究的态度、意向和内容贯穿于从教学设计、教学实施到教学反思的全过程和多方面的日常化实践。在班级层面的教学改革评价中，“听—说—评课”是主要的评价方式。这与当前的课堂教学评价改革不同，其中的说课、听课、评课被割裂开来，而在“新基础教育”研究中，学校变革评价是“评事”和“评人”的复合性评价，将教学改革过程与教师发展过程紧密结合在一起。“听—说—评课”实质上就是渗透于其中的一个完整过程，而且它与课前教学设计中的研讨、课后的自我反思与理论学习严密地衔接起来，因此融合于学校日常的研究性变革实践中。在此意义上，课前的教学研讨、“听—说—评课”、课后的教学反思与学习就构成了一轮教学改革与教师发展的循环过程。下文结合一个详细的案例①对“听—说—评课”的内在过程进行揭示与分析。

教学目标

通过设计一份开放式的研究报告，让学生主动探究，获得 x^2 项系数为 1 的方程的根与系数的关系后，运用转化的思想方法获得并掌握一元二次方程

$ax^2+bx+c=0$ $(a\neq0)$ 的根与系数的关系，力求发展学生的研究能力和由特殊到一般的归纳能力，领会“转化”的重要思想方法。

教学目标设计依据

(1) 教材分析。本册教材是九年制义务教育 8 年级第 2 学期数学课本，本节内容是第 24 章第 4 节。关于该节内容教材提供了一份探究学习的表格，表格中给出系数为 1 和不为 1 的两类方程共 6 个，让学生先解出各方程，并求出它的两根之和与两根之积，然后让同学们观察、思考其与

① 该案例是上海市“新基础教育”实验学校的陈算荣老师在八年级所上的一堂数学研讨课，主题为“一元二次方程根与系数的关系”。在案例中包括了教学目标设计、听课（上课记录已略）、说课、评课的全过程。其中，值得一提的是，在上课之前研究人员、任课教师和教研组其他教师已经进行了多次的备课研讨、教学设计，在不同班级多次进行实践—反思—重建；在说课时，教师结合自己的内在理论和日常行为的变化过程说清设计意图以及课堂教学过程中的“放”、“收”处理上的不足、创造并在理念上解释原因；与此同时，研究者、其他教师在已有合作实践和研讨的基础上进行对话，实际上说课、评课过程是相互插话、追问地互动过程；研究人员和一线教师在此过程中作为评价者都有了自己的新认识和提升。具体内容详见吴亚萍，吴玉如．“新基础教育”发展性研究专题论文·案例集（下）——教师发展·学科教学［C］．北京：中国轻工业出版社，2004：197－205.

系数的关系。用不完全归纳法得出关系后利用求根公式进行论证，最后进行简单的运用。我觉得教材呈现的材料给学生的探究空间还不够大，直接引导学生求出两根和与积后让学生观察已是很简单的问题，不能很好地体现自主尝试、实践探究。在认真研究了大纲要求的基础上，我把这节课新知识的学习分成两个层次：第一是探索系数为1的一元二次方程的根与系数的关系并验证，此过程设计一份开放式研究报告供学生自主探究；第二是引导学生从特殊到一般，归纳、类比、探索出更一般形式的方程 $ax^2+bx+c=0$（$a\neq0$，$b^2-4ac\geqslant0$）的根与系数的关系。而根与系数关系的巩固和运用，则结合于根与系数关系探索的延伸和发展中，例如：已知方程 $ax^2+bx+c=0$（$a\neq0$）有两个根 x_1、x_2，若 $x_1>0$、$x_2>0$，方程的系数 a、b、c 应该满足什么条件？本节课力求更好地重组教材内容，创新教学设计，在课堂有限的时间内尽可能地培养和发展学生的能力。

（2）学生分析。所教班级的学生学习基础比较扎实，而且从六年级开始就是实验班级，学生的学习方式、学习观念已有了很大的转变，学生已有过不少自主探究学习的经验和体会，再加上学生在根的判别式学习过程中已经进行了根的情况与系数关系的探索学习，这些为学生进一步探究根与系数的关系打下了基础。

（3）设计意图。为了实现预期的教学目标，激发学生的学习需求，教师精心创设问题情境，设计层层递进的探究问题，提供足够的探索空间。在教学实施过程中，教师给学生探索、研究以充分的时间，在教师的指导下，以学生个人和学生之间的合作与交流为主，师生互动，让学生在学习活动过程中体会自我建构的乐趣。对于思维创新的火花，哪怕是很稚嫩、很欠缺的，教师也要积极鼓励，让学生的创新精神得以发扬。布置课余探究的问题，让那些乐于思考、对数学有很大兴趣的学生有更多的锻炼机会，以更好地深化和完善其知识结构。

教学过程实录

……

说课

1. 注意培养学生的数学探究意识与能力

与物理和化学这两门实验学科相比，数学似乎要枯燥、乏味得多。但其实数学的许多定理和基本原理也是我们前人在大量的实践中通过尝试、观察、归纳、猜想并最后探索论证得出的。虽然这些数学知识对于很多成人来说是已知的，但对于学生来说却是未知的。这些知识的获得过程，就是一次尝试探索真理、创新实践的过程。教学要关注学生的终身发展，体现师生的生命的价值。不仅学生要创新和发展，教师也要创新和发展。所以本节课我就是本着这样一种精神进行教学设计，引导学生对 x^2 项系数为1的方程的根与系数的关系进行主动探究。在探究学习的过程中发展学生的观察、归纳和猜测能力。

2. 激发学生的学习需要

许多数学课中存在这样的问题，学生没有产生学习新知识的需要，也不知道为什么要学习这些内容，因而没有强烈的学习动机和欲望，达不到理想的教学效果。这节课中我提出：给同学们一个考老师的机会，你们可以任意给定两个绝对值在10以内的整数根，老师能迅速给出对应的 x^2 项系数为1的方程。此情景让学生产生一种强烈的愿望，老师为什么能如此快就可以给出答案呢？根和系数有什么样的关系？这时老师再提出要想知道其中的奥秘，只要解决了问题1便知。这样学生们自然有很大的兴趣开展学习探索活动。当解决了问题1以后，这时教师提出 x^2 的系数不为1呢？引出了新的问题2，学生的探索需要再次被激发。如何让学生主动学习，主动发展，关键是教师的教学设计中要使学生产生主动学习的愿望。

3. 尊重学生的知识形成和发展规律

教学不能违背学生的心理发展规律，更不能违背学生的知识形成和发展规律。本节课从探索简单的户项系数为1的方程的根与系数的关系，到探索具体的 x^2 的系数不为1的方程怎样获得它的两根之和与两根之积，再到更为一般的形式“$ax^2+bx+c=0$ （$a\neq0$，$b^2-4ac\geqslant0$）”，它的两根 x_1、x_2 的和与积同系数的关系。遵循了由简单到复杂、由具体到一般的学习规律及学生的知识结构形成发展规律，便于学生形成清晰的知识脉络。

4. 有一定开放度的教学设计能提供给学生更大的探索空间

教材对于这节课的教学也提供了一份表格让学生探究学习，如下：

方　程	x1	x_2	x_1+x_2	x_1-x_2
$x^2+3x-4=0$				
$ax^2+bx+c=0$				
$6x^2+x-2=0$				
$9x^2-16=0$				
$2x^2-5x+1=0$				
$x^2+px+q=0$				

该表与我设计的表格相比，可以发现其中对学生的要求差别很大，书本提供的这份表格首先要求学生能准确地求出各方程的根，计算出两根之和、两根之积，然后再观察、归纳和与积同系数的关系。而我设计的表格是让学生先任意给出两个数作为某方程的根，要求学生运用解方程的逆向过程，写出对应 12 项系数为 1 的方程。这不是要求学生直接求出两根之和两根之积进行观察，而是要求学生自行进行数据的观察、整理和分析。思维的层次要求有了一定的提高，但在学生能力的“最近发展区”内。课后的一幕更是说明了由于教师在设计中因为没有局限学生只去探索两根之和与两根之积，所以学生会有更大的探索空间，研究了两根之差与系数的关系。这个关系可运用于解决二次函数与 J 轴相交的两交点间的距离。当然这个资源没有在课堂中加以利用，我觉得主要还是教师在师生互动的过程中没有抓住资源，如果教师及时问：“除研究了两根和与积外，还进行了其他方面的研究吗?”那么董同学虽然把两根差还研究得不够成熟，但他肯定会提出来与大家一起思考，虽然这不是本节课的知识要求，但它更能让同学们感到自主探究学习的快乐和成就感，以开阔视野，丰富过程资源的生成。

5. 问题和重建

(1) 当教师的教学设计有了一定的开放度以后，课堂教学中教师要有强烈的开放意识和心态，课前教师更要有充分的估计，本案例中课后一幕未出现在课堂，除了课堂中教师没有一种开放的意识外，主要是课前教师对学生研究此问题的能力估计不足，教师认为学生不太可能想到研究两根差与系数关系的情况，所以过于武断地扼杀了课堂中可能出现的精彩的一幕，于是“董氏定理”没有伴随韦达定理在课堂中出现。

(2) 当教师给出了问题4（详见后文）以后，学生从问题1到问题4的发展中已经体会到了如何拓展问题的空间，那么课余作业问题5的布置，教师就可以尝试不以直接呈现问题的方式，改为“运用类比的思想方法自主发现新的问题，并对所获得的问题进行一一探索、归纳整理”。“新基础教育”强调不仅要改变教师的教学观，还要改变学生的学习观，那么让学生自主发现问题、提出问题也是一次转变学生学习观的机会，基于这样的设计意义将更大。

(3) 课堂中接龙游戏是在小组与小组间进行，这样势必每一组都是由反应快的学生抢先站出来回答，课堂虽然很热闹，但真正的参与面不广，中等偏下的学生没有得到锻炼。如果在各小组内的同学之间，或者先组间后组内开展接龙游戏，效果可能要更好些。教学设计中教师要尽可能地关注不同层面的学生，尽可能地让所有学生参与到各种学习活动中，让不同层次的学生都有不同程度的体会和收获，这也是“新基础教育”所要求的“关注每一位学生的成长和发展”的具体体现。

（说课人：陈算荣）

点评

这是运用“归纳探究式”策略进行教学的一个课例。在本节课教学中有亮点如下。

第一，教师注意激发学生的学习需求。这种激发首先表现在，教师通过复习提出承上启下的问题：“$b^2-4ac\geqslant0$ 时，你还能找到方程根与系数的其他关系吗?”使学生明确了本节课的学习任务。在任务驱动下学生可以自然地进入学习状态。这种激发还表现在，教师通过创设问题情景，使学生探究奥秘的欲望更加强烈。有了这样双重的学习准备和情感准备，就为学生后续的探究活动的顺利展开提供了有利条件。

第二，教师重视学生探究学习的过程设计，注意让学生在经历从特殊到一般的探究过程中，感受渗透其中的数学思想和方法。教师围绕根与系数的关系问题，将教学过程设计为两个教学层次：第一个层次是基本研究，第二个层次是拓展研究。其中，第一层次的基本研究由三个大问题构成，即问题一“方程 $x^2+pxq=0$（$p^2-4q\geqslant0$）的两根与系数具有怎样的关系”，问题二“方程 $5x^2+x-2=0$ 两根的和与积是多少”，问题三“方

程 $ax^2+bx+c=0$（$a\neq0$，$b^2-4ac\geqslant0$）两根的和与积同系数有怎样的关系”。第二层次的拓展研究由两个大问题构成，即问题四“已知方程 $ax^2+bx+c=0$（$a\neq0$）的两个根 x_1 和 x_2，若 $x_1>0$、$x_2>0$，方程的系数 a、b、c 应该满足什么条件”，问题五“根据下列所给根的情况，你能类比得出系数 a、b、c 应该满足什么条件”。不仅把问题探究贯穿于课内教学的始终，而且还把问题探究自然地延伸到课外。通过这样设计精当、层层递进的教学过程，可以让学生经历和体验从偶然中发现必然、从特殊中归纳一般的过程，并感受渗透其中的数学思想和方法。因此，教师从原来只重视“结果”的教学，转向“过程”与“结果”并重的教学，这是教师教学观念的一个巨大转变。

第三，教师的问题设计有一定的开放度。在第一层次基本研究的过程中，教师对教材提供的表格进行了改造，使它成为一份开放性的研究报告。在这份需要学生完成的研究报告中，“开放”不仅表现在方程的两根由学生自己来给出，这样就使学生的研究从根为整数的情况，拓展到根为分数、无理数，甚至是字母的情况；“开放”还表现在并没有将学生限定在方程两根之和与两根之积范围内进行考察，这样就使学生的研究有可能从两根之和与积的情况，拓展到两根之差、两根之商的情况。“课后一幕”中董同学的想法，使这种可能转变为了现实。由此可以看出，教师的教学一开放，学生就跃跃欲试。教师给出多大的空间，学生就会有多大的发展。因此，教学对于学生来说是“给点阳光就灿烂”。

从这一课例中我们还看到，教师对这一幕出现在“课后”而不在“课内”表现出深深的遗憾。这一幕出现在“课内”固然好，课堂一定会因此而“出彩”许多。但这一幕出现在“课后”也不见得不好，它至少让教师反思到了“课前要有充分的估计”，“课中要有开放的意识和心态”。其实，令人真正感到遗憾的是只有一位学生主动进行这样的探究，而不是几个、几十个甚至是全班的学生都能够进行这样主动的猜想和尝试。当然有一个总比一个也没有要好。由此，我们不得不需要思考这样一个问题：怎样让更多的学生形成主动类比和猜想的意识与能力？为了回答这一问题，还需要对这一课例作进一步的剖析。

本节课的教学中还留有教师“牵着学生走”的痕迹。从教学过程两个层次提出的五个问题中可以发现，除问题一外，其余四个问题的提出还不够开放。封闭的问题不仅“规范”着学生只能跟着教师的思维走，而且限制了学生探究的余地和思考的空间。所以，学生在思维上还比较“被动”。在这个课例中，学生在“开放性的问题一”中的状态与后面四个“封闭性的问题”的状态截然不同，使我们从中获得不小的启示，即教学设计“开放”到哪一步，学生就“主动”到哪一步。因此，还需要教师进一步加大开放的力度。

首先可以从问题设计开始，即变封闭性问题为开放性问题。例如，在第一层次的基本研究中，问题二可以改为“我们已经对方程二次项系数为1的根与系数的关系进行了研究，发现了其中存在的必然联系。如果二次项系数不为1，这个结论是否存在？你能否举例说明”；问题三可以改为“你是否发现可以列举无限多的例子，你是否可以将上述例子归纳概括，并用一般形式来表示（用字母表示）”。在第一层次基本研究的基础上，第二层次的拓展研究可以从纵向和横向两个角度展开。从横向角度展开研究的问题可以设计为“我们已经对一元二次方程两根之和、两根之积这两种情况研究了它们与系数的关系，由此你能产生怎样的联想，还可以进行怎样的研究”；从纵向角度展开研究的问题可以设计为“已知方程 $ax^2+bx+c=0$（$a\neq0$）的两个根 x_1 和 x_2，若 $x_1>0$、$x_2>0$，方程的系数 a、b、c 应该满足什么条件？除了两根都大于0的情况外，你认为还有什么情况可以展开研究？如果将0改为一个数，你又有什么新的发现”。

其次还需要教师在教学中积极有效的“回应反馈”。例如，在拓展研究这个层次，重要的不是学生有没有获得一个个正确的结论，而是学生是否能够主动地类比与猜想；重要的不是学生是否能够进行点状的思考，而是学生是否能够进行结构的思考；重要的不是有一个或者几个学生能主动地类比和猜想，而是是否有更多的学生能够主动地探究；重要的不仅是要有“亮点”，更重要的是要有“亮片”。而这些都恰恰是教师能否作出更高水平“动”的关键之处。

（点评人：吴亚萍）

1. 全新的“听—说—评课”之内在过程

因为传统评课文化的根深蒂固，课堂教学评价实践中尤其是在教师评价活动中有着各式各样的“圣”化的公开课，即在教育理念、教学形式、师生状态、教育改革趋势等方面表现得近乎完美的课堂教学。其主要表现为：“展示课”的“形式”化之倾向，为了展示学校的教学质量、教改或科研成果，安排特定的教师甚或特定的学生，精挑细选“适当的”教学内容而“量身定做”一节特殊的公开课，这只是偶尔为之而非日常化；“观摩课”或“示范课”的“模仿”化之倾向，观课教师更多关注的是具体的教学技巧和教学程序，询要具体的操作模式，进行简单地效仿而非发现问题并进行深入的理论探讨；“检查课”或“评估课”的“应式”化之倾向，被评单位大多在一片忙乱中兴师动众，应对上级教育行政部门的教育检查、鉴定或完成由其安排的教育改革、科研任务；“评优课”或“比赛课”的“封闭”化之倾向，为了对教师的教学能力进行似乎客观、公平和合理的判断，被评者大多在身心紧张和疲惫中仅仅依据指定的教学内容独立备课、借班上课，教学过程和内容对学生封闭以致课堂教学成为了“教案剧”的表演，或者为了多出骨干教师、名师，学校专门成立专家指导组完全负责教学设计，精心打造（这些课往往在不同参赛级别上是同一教学内容的重复设计与精致化），多次重复甚至程序化的课堂教学对开课教师封闭以致其丢失了自己的主动发展、生命创造；“表演课”的“作秀”化之倾向，某些“一节课主义”的名师为了个人的名利，凭藉自己的“成名课”以传经送宝的名义进行“巡回演出”或“友情出演”；等等。

“新基础教育”研究与之完全不同。第一，“新基础教育”中的“研讨课”都是“家常课”：按照教学进度进行上课而非精心挑选“便于教学”的内容；教师在自己的班级中开课而非借班上课；等等。此外，在每节“研讨课”之前，教研组或备课组内的所有教师都在一起进行集体研讨、理论分析并在“头脑风暴”中共同设计出弹性化的教学方案；研究人员也常常以理论引领的力量参与其中进行教学过程的策划。实质上，评价者不仅将理论研究渗透其中，而且对新“型”课堂教学的价值需求也充分融于教学设计中。

第二，听课，即观其行，是对课堂中教学行为、学生状态、教学推进过程及其中的生生互动、师生互动关系的理论解读。“新基础教育”的课堂教学首要强调的是“动态生成”，其前提是教师必须放弃仅仅依据程式化的教学设计而“掌控”课堂教学过程的观念与行为，而是通过“五还”将“课堂还给学生”以便资源生成，进而在教师捕捉、重组资源中推进教学过程。因此，评价者在听课时一方面需要判断教师的课堂教学是否体现了全新的教育理念、是否在心态开放中满足着对教学改革的价值需求；另一方面，需要将课堂中的现实状态、教师的行为实践同课前头脑中的教学设计进行分析，并指出教师在课堂教学推进中的创造性实践以及由此涌现出的新质特征。

第三，说课，即听其言，是对教师个人随着教学改革推进的发展变化过程进行理论解读。教师在课后的即时说课中，认真反思教学设计过程，包括学生状态分析，不是泛泛而谈，而是结合本节课的教学具体分析学生在学习过程中的障碍、困难；教材分析，不是知识的重点、难点，而是在跨单元、跨学段（年）的知识结构分析中进行教材重组；教学过程分析，不是复述已有的教学方案设计，而是阐述教学设计的理论基础、教学中的“意外”、教师的回应及藏匿于背后的自己想法等动态过程的展开；自己的反思与重建，教师既要自我“捉虫”又要自我“抓亮”，并据此有针对性地提出重建的具体措施，说出“为何做”的理论依据。这一切都体现了教师内在理论、思维方式等方面的自我改造过程。其实，评价者尤其是研究者、骨干教师根据教师的说课情况既要指出其发展状态、精神面貌，又要将此与自己的所见所闻、所思所想进行比较性分析。因此，评价者可以明晰教师进一步发展的困难，进而可以与其进行有针对性的交流、研讨和评价。

第四，评课，即明其“事理”，是为教师下一次的创造性教学实践指明方向，并将教师成长过程融合于其中。教研组内的教师都参与了课前的教学设计和研讨活动，并在不同维度、不同层面上进行比较与点评，可以指出其中的不足与亮点，也可以由此生发出值得进一步探究的发展性问题，等等。在此过程中，研究人员作为理论引领力量既要对课堂教学本身进行评价，又要对教师的发展状态、存在的问题进行明判；既要对教师个人进行分析，又要对教研组建设及群体发展进行分析；既要对教学实际过程进行理论分析并指向新的实践生成，又要进行理论总结和提升进而指向新的理论生成。

第五，教师在自评和他评的基础上进一步反思和重建，这是理论在不同类主体间以及在同一类主体上实现转化的重要环节。在研讨活动中，教师究竟在多大程度上内化了外在的新教育理念，在多大程度上将理论转化为自己的课堂教学行为，这可以在教师的“二次反思和重建”中充分体现出来。教师的“二次反思和重建”意味着教师需要在同行或研究人员评价的基础上更加深入地思考教学重建策略和具体举措，并在自己下一次的课堂教学中进行实践重建。实质上，这也充分反映了教师的心态开放程度及善于学习和转化的意识和能力等。显而易见，这些都是促进教师发展的核心要素，也是推进教学改革的重要基础。

2. 在不同研讨层次上开展不同类型和目的的“听—说—评课”活动

在“新基础教育”研究中，学校变革在实现学校转型的过程中最终实现师生在校生存方式的转化。教师发展既是学校转型的目的所在，又是学校变革过程的最终落脚点。在学校日常的研究性变革实践中，教学改革过程和教师发展过程是紧密结合在一起的。因此，学校变革评价中的“听—说—评课”活动将“成事”和“成人”有机结合，以“成事”促“成人”、为“成人”而“成事”。教师发展需要他们在主动地参与学校日常教育变革实践过程中，通过尝试、重建、提升、挑战等不同层次水平的研讨课逐渐成长起来。这需要根据变革推进和教师发展阶段的关系，在不同研讨层次上开展不同类型和目的的“听—说—评课”活动，以便发挥相应的作用，取得最佳效果①。

（1）通过“尝试课”开始研究进入的状态

课堂教学改革过程的起点在于研究者的理论引领和实践者的理论学习。从教学改革实践中的教师来看，他们首先必须学习相关理论，理解和领悟新的教育理念，并将其与自己头脑中已有的个人内在理论进行差异比较乃至产生冲突。打破对理论的轻慢和神秘的心态，意识到任何个人教育行为的背后，总是实存着理论、观念的支撑，是走出认为实践与理论无关，实践研究者只要掌握操作模式就可以改革实践这一认识和行为误区的第一步，是引发实践者理论学习需求的第一步。

---

① 叶澜．“新基础教育”论——关于当代中国学校变革的探究与认识［M］．北京：教育科学出版社，2006：401－402.

就研讨性评课而言，以教研组为单位的理论学习活动和不同层面的定期研讨活动、教师个体的自我反思和重建活动都是不可或缺的常规化建设。事实上，教师的理论学习、反思重建和研讨活动紧密结合在一起。在“听—说—评课”活动中，“尝试课”有助于建立起比较系统、完善的教研活动制度以规范教师的学习研讨活动。在学校变革过程中，教师的教学实践是内含变革理论并具有更新指向性，在反思基础上实现创生的实践，而非传统的重复性实践。主动参与教学变革的教师首先进行理论学习，但又不是那种“菜单式”的培训学习，而是在教师群体的理论讨论过程中、在日常的“听—说—评课”活动中积极投入、主动思考。更重要的是，这些理论需要在研讨中指向教师每天的课堂教学实践的深入研究、指向教师自身的“个人化”的内在理论。在“新基础教育”研究中，参与尝试课的研讨活动是新进入教师或第三梯队教师在教学改革实践中实现生命发展的起点。在“尝试课”的“听—说—评课”中，其重点强调的是清晰地揭示新理论以及新理论指导下的实践形态与教师积淀于头脑中已有的内在理论、教学程式之间的显著差异以及教师通过自己的教学实践尝试和初步体会，比较在理论与实践方面的新旧之别，明晰由此矛盾所引发的理论需求、探索欲望等方面的内在变革动力。真正的学校变革始源于教师在个人内在理论和参照系改造、自身日常实践行为变革的尝试中的内在醒悟及对生命发展的自我更新与内在追求。

（2）通过“重建课”持续地进行自我更新

教师发展追求的不是一次公开课的展示以及其中教学行为的暂时改变，而是在主动改变自己的个人内在理论和参照系的基础上，实现自身日常实践行为真正的长久的一致性的变革、自觉的变革。因此，教师“在对‘新基础教育’理论有初步认识的基础上，改变自己原先认同的、策划实践时所参照的模式，尝试用‘新基础教育’理论提出的一些原则性要求策划教育教学实践，对新的实践过程的多次反思和重建，是促使实践研究人员在自己的实践中，逐渐走向由外在理论向内在理论转化，由内在理论向个人行为实践创造性转化的重要第二步”①。

① 叶澜．“新基础教育”论——关于当代中国学校变革的探究与认识［M］．北京：教育科学出版社，2006：401．

显而易见，这不是通过一次或仅有的几次研讨课就能成功的，而是教师在“听—说—评课”活动中积极地对自己的课堂教学进行多次的反思与重建。其中，起关键作用的并非脱离其实践的理论说教、各种形式的培训和大小报告，而是实践研究者大胆、积极地开展变革实践；针对其变革实践的外部（包括来自理论研究者和实践研究同伴的）一对一、一对多、多对多的评点分析，以及教师本人所进行的反思与重建。它是教师在多次的、不同层次的研讨活动中对自身内在变化过程体悟的累积性结果。为此，教师根据第一次开课的反馈和重建意见，重新进行教学设计并通过研讨课再次呈现出来。一般说来，重建课多数是在教研组或备课组范围内进行的。在重建课的“听—说—评课”中，特别关注的是重建课与首次课的差异之处，由此深入分析教师在内在理论和实践行为的变化程度，对变化过程的自明程度以及自己对变化的理论分析，对新理论的学习领悟能力，对实践的解读能力，教学过程中的资源捕捉、组织、推进能力。同时，还必须指出教师在上述不同方面仍然存在着的阻碍发展的困惑和问题等。必须指出的是，多次的反思和重建过程需要理论的介入，这实质上意味着研究人员、骨干教师在其中的理论引领作用。

（3）通过“推动课”逐层提升，形成新的内在参照系

教师在自己的日常教学实践中不断地进行反思和重建，从而使自身的发展经历不同的阶段。这表现为教师在课堂教学改革中的教学行为所呈现出的类特征。为了发现教师在不同发展时期中所遭遇的发展障碍、困惑并有效解决，以逐层提升促进其发展进而形成新的内在参照系，这需要开设推动性的研讨课。一般说来，每位教师随着教学改革的进程都可能经历着大致相同的发展阶段——迷惑期、转变期、尝试期、提高期等①，相应地也就出现了实质相同的阶段性问题。在迷惑期，课堂教学中是否“放”了、为何“放”、如何“收”、“放”等问题，防止因形式之“活”而致的“动乱”；在转变期，在课堂教学中是否能够倾听学生、是否关注了学生发展的细微之处以及他们的成长需要及如何运用恰当的方式加以引导；在尝试期，学生在课堂教学中敢于发言并有主见了，教师如何规范学生的

① 王阳阳．航线在行进中划出［G］//吴亚萍，吴玉如．“新基础教育”发展性研究专题论文·案例集（下）——教师发展·学科教学．北京：中国轻工业出版社，2004：42－46.

“活”并使之有序化，如何关注学生之间的差异和学生参与面、如何发挥教师在课堂推进中的地位和作用等；在提高期，如何进行弹性化教学方案的综合设计，如何设计挑战性的“大问题”促发学生的独立思考及在小组合作中进行问题的解决，教师如何在不断生成的新资源中成为课堂教学的“重组者”、动态生成的“推进者”；在发展期，教师如何在课堂教学中敏锐地感受情感、准确地判断信息、及时地捕捉资源、有机地编织课堂进程，如何由此形成自己的教育智慧，创造出课堂教学之“美”。显然，这需要根据教师在课堂教学改革中呈现出的不同发展状态和阶段性特征，有针对性地策划推动课以不断提升和促进教师的生命发展。

（4）通过“挑战课”实现自觉创造，推动变革研究

这种体悟会使实践研究人员感受理论的价值，体验研究性变革实践对自己成长的价值，发现自己在理论、实践转换中的独特作用，从而更为自觉地由尝试性变革走向创造性变革。在创造性变革中提升自己的价值和智慧，在为理论研究提供经验和资源的同时，自觉提炼出新的经验与理论，这是实践研究人员在理论与实践相互转换中跨出的第三步，也是新型教师和新型校长表现出的特点。他们的实践研究不仅内含理论，而且具有发展理论的价值，是理论与实践在不同研究人员身上因统一、转换而产生的教育变革“生产力”的重要标志。

三、学校层面变革实践中“问—答—议事”的创新性探索

（一）“问—答—议事”评价实践的创新性探索

学校变革推进的根本在于教师发展和教研组建设、学校领导发展和管理变革。实质上，这是从“以‘成人’促‘成事’”的角度进行分析，即通过教师、学校领导尤其是校长自身认识的变化以及新观念参照系的形成，既能深入分析不同层次主体——学校、教研组、教师个人的自身状态，努力找到可能发展的空间，形成切合本校实际的发展规划以及在不同推进阶段中的具体目标、方法等，又能领导和指向学校日常教育变革实践进行研究、实践、反思、重建，以便调整和解决变革过程中出现的重要阶

段性问题和倾向性问题。为此，学校变革评价指向了教师成长、学校领导的发展以推动变革实践的过程。此种过程指向评价是在各种会议式的研讨性评价中进行的。这种日常化评价呈现出如下的内在过程。

第一，研究者根据自己对实践的理论解读、对教师或学校所提供的相关教研资料进行理论分析，从中发现能够体现新教育理念以及新教育形态的内在特质，在变革过程中存在着的各种问题以及各学校的创造性经验等，进而据此进行理论提升并形成不同类型的问题，以便更好地促成教师或校长的自我更新，使实践者形成对变革实践的深度认识。

第二，评价者进行准备性提问。评价者大多以参与变革实践的研究人员为主，他们所提出的问题都是来自于实践解读和资料分析。这些问题可以分为了解基本情况的随机性或自由性问题，或者根据不同需要，有助于教师对自身发展以及变革实践中的障碍、困惑进行分析的诊断性问题，有助于实践者进行经验归纳的总结性问题，有助于实践者明晰模糊认识的清思性问题，有助于实践者进行理论概括的提升性问题，有助于引导实践者进一步深入探究的启发性问题，等等。

第三，实践者对自己的日常变革实践进行研究、总结、反思、重建，在自我评价中结合教学变革、学校管理变革实践呈现学校变革过程及其中的自我更新过程。在此基础上，评价者通过理论分析进行价值引领，并对学校变革过程和教师或校长的反思与重建进行评价。在此过程中，评价者可以根据不同需要进行追问或生成性提问。

第四，实践者对学校变革进行重新策划，形成具体的改革策略、方法、措施，进行新一轮的变革实践。上述的研讨性评价都是以专题研讨会、访谈会、座谈会、答辩会等各种不同形式的会议展开的，姑且称之为“问—答—议事”评价，作为日常化评价渗透于学校变革推进过程中，既推动了理论与实践的双向建构，又促进了理论与实践在不同层面上的转化。这些都是在研究者和实践者共同参与变革实践的基础上进行的。下述就是一个典型的“问—答—议事”的案例①。

---

① 这是2006年9月27日“新基础教育”成型性研究阶段中期评估时，学校管理变革评估小组与上海市闵行实验小学（案例中简称“实小”）中层领导的座谈会。会议记录由庞庆举整理。

叶老师（开场白）：实小是现场评估的第一家，由我负责开一个实小中层干部的座谈会。今天会议的主要目的是：1. 了解两年的基地学校建设对于我们中层干部来说，自己发生了哪些变化？为什么会发生这样的变化？2. 现在的工作中存在哪些问题？要进一步发展，你们觉得需要解决什么问题？3. 实小要朝前发展，作为中层领导，对于学校的工作你们从总体上提提意见。我听何校长谈的比较多，现在我想听听你们中层的意见。大家担任中层领导基本都两年以上了。有多少说多少，说自己最想说的话，我希望听到你们的成长，也希望听听你们感到的实小的问题。中期评估的目的是为了进一步发展，不只是为了评一个成绩的好坏。中层干部的能力，表现在工作方面，也表现在发现问题、发现进一步发展的空间的认识和开拓方面。所以也希望听到你们这方面的意见。

……

Z老师：我原来在教学科研部工作，现在更名为课程教学部，作为副校长兼管教育教学工作。先谈谈自己的变化吧。我是2000年9月进入中层的，“新基础教育”（以下简称“新基础”）是1999年开始，所以我算是比较早进入“新基础”的。和大部分新进入的比较糊涂的同事相比，因为在中层，所以比较能够想在前面。从开始制订“部门工作规划”时，我就感到痛苦，因为需要自己思考：优势在哪里？困惑在哪里？真正学会了独立思考。这促进了自己的成长。中期评估的时候似乎有感觉了，进入状态了。

叶老师（插）：可见，制订规划很重要，规划是她的转折点，但愿这次中期评估也能出几个转折点来。

Z老师：我们的规划经历了一稿两稿三稿。最大的收获是学会了思考、学会了策划。能够解读别人的计划，当看到他们写着1. 2. 3……做什么什么，我知道这不叫策划。校长也带领我们，领导意识、策划意识也提高了，把“成人”和“成事”两块统一起来。原来想做“新基础”需要做些什么事情？现在想事情的时候，把“人”的问题考虑了进来。

叶老师（插问）：你觉得自己有个很大的变化，原来只是“事”，现在把“人”和“事”结合起来了。你往往把结合点找在哪里？

Z老师：我举个例子，比如说，“五四比武”活动，原来我们每年策划一个主题，我们策划把教育技术和教学整合起来这样一个主题。本来是我一个人在策划，学校整体的意识不强。现在是围绕促进教师和学生发展，各个部门坐下来，对可能的问题进行头脑风暴式讨论。不是为搞活动而搞活动，而是以活动为契机和载体，来带动整体活动，来带动“成事”、“成人”，在活动过程中带动师生课堂发展。哪些老师需要改变？在哪些方面发展？如何发展？课堂需要哪些发展？

叶老师（插）：好，这句话说得很有意思，原来是作为任务，现在作为“载体”，作为促进学生发展、教师发展的载体。

Z老师：今年的“五四比武”，我们在第一层面上，让骨干教师开展“名师课堂”，上课、说课、学科专业委员会参与评课。把资源用足，全员参与，发挥骨干教师的引领、辐射作用，提高教师的灵敏度。第二层面上，有些教师很有思路、想法，我们就让他们到“教学论坛”上说说自己“新基础”成功的地方、不足的地方。第三个层面上，给青年教师(35岁以下)、新进校的教师亮相的机会，上课、说课、写自己的教学反思……因为我们近两年新进校的教师比较多，所以创造机会给他们上课、说课，进行教学反思。第四个层面，比较宽松的。我们感觉35—45岁的老师有一段“职业倦怠期”，他们有很多的课堂经验，各有各的方法。我们让他们设计“教学设计”，通过解读文本、教学设计，打破他们的思维定势，呈现他们的研究成果。我们好多人一起策划。

叶老师（插）：有层次才有针对性、才具体，而不是空泛的，你们下次报告就可以这样写，特别是专题报告。典型的东西进行具体的表达，而不是抽象化。你们可以把“五四比武”前后发生的变化做成案例，特别有意思。

对不起，插一句话，像“职业倦怠期”是西方的话语，今天的中国面临许多转型性变革，所以教师面临的问题不是“倦怠”的问题，而是“新生”的问题。中青年教师有经验，这个年龄阶段正是“成熟期”、“创造期”，从不会到会，从有经验到创造，能够在自己的领域里创造，也能够形成自己的风格。在教育领域，老年教师、中青年教师只要不是封闭的心态，就是宝贵的财富，如何使得他们成为成熟的、富有创造力的、形成自己的风格的人。我们原来说“师傅带徒弟”，就是把“师傅”固化了，你就是这个样了，而且要徒弟和他一个样。在今后的教师队伍建设中，中青年教师是股力量。

我们“新基础”划分梯队，不是按照年龄，而是按照参加实验的积极性、进入状态、改革达到的水平。每个人都可以改变自己的状态。如果按照这种（指西方说的“职业倦怠期”）定势思维，每个人都会达到这种状态。那么到我这个年龄，只对着你们念稿子了，再过些年，连念也不会了，只能痴呆。西方做了大量调查，发现从新鲜到有经验再到倦怠。一个人如果不发展，恐怕三年就倦怠。为什么你们“新基础”不倦怠呢？不仅不倦怠，而且大家还感到痛苦，因为不断要你们发生变化、要发展！如果叶老师天天向你们讲“让课堂充满生命活力”，你们也倦怠了。如果没有挑战，也就没有痛苦、没有创造和发展了。王建军老师曾经做过客观调查，结果表明：我们这里很少“职业倦怠”！倦怠是自己造成的，你不想干活、不想上进，你就倦怠了。自己不愿意改变，把自己封闭起来，就倦怠了。你这样一说我就明白了，你是真变了还是假变了，是说说上的变化还是实践上的变化。我欣赏她刚才的案例，因为“五四比武”年年搞，原来这样搞，现在那样搞，以事为载体，以人为目的，所以，以“人”的状态分析为基础，策划“事”。此外，我建议你还有一步：这样做的效果怎么样？我们重前期策划，往往忽视对后期效果进行反思，而且要在听别人的意见以后再反思。这次评估有一个特别环节，就是每一次活动要自我反思，听了别人的话以后自己要反思，这是看一个人会不会吸收，这是一个人会不会学习的表现……在即时反应中，参与者达到了没有？同时过一段，还需要延时反应，对当事人的实践行为进行追踪调查，看看实践行为是否发生变化了。这样理性清晰、行为改变，变化无穷尽，这就像一条链一样，环环而上，而不是在平面上打转。所以不是事做得越多越好，而是要有阶梯性、要有发展、要有成效，这样才好。对不起，插了一段，把你们时间占了。

……

叶老师（总结）：因为时间问题，我们的座谈先到这儿。总起来看，第一，中层干部的思想方法发生了变化，策划能力有所提高。第二，“新基础”的“成人”、“成事”进头脑之中，特别是Z老师讲的例子。建议你们把“五四比武”作个案例，与“新基础”整体策划等思想契合起来。K老师通过自身的变化，带领教师学习，提高了认识，有创意。比如说，先自己有东西，把自己内在的东西拿出来，再看书，而不是把书当框架框住脑袋。还有一个问题是，理论似曾相识但是理解的深度不一样。有人对我说，“叶老师，我想的和你想的是一样的！”但是一看他的课，大不一样。需要在系统中认识一个点和抓出来孤立地看一个点，大不一样。品牌教师一定要在理论上提高，在整体上提高多方面素养。我对实小要特别敲敲钟：不要太容易满足。比比华坪，你们花更少的力气可以达到他们的状态，因为他们原来的基础很弱，像社会声誉、师资水平等，但是通过努力，他们有了长足的进展，工作有创意。

“新基础”一定要做实，不要做成玄谈空论。一线是我们活的源泉，所以我喜欢进一线；一线的丰富性，可以让我去发现、去认识。在一线发现问题、研究问题、提高理论。需要多和一线老师沟通，一线变化了，自己也会变化。一杆子插到底，要到一线研究问题，要进课堂研究课堂状态，不要虚空化。因为你们实小太大，容易虚空化。我总是觉得，你有多高的水平，才有可能带出多高水平的团队。千万别自满。目前，实小的形势咄咄逼人，这次评下来实小能否胜出还是个问题。不论是否胜出，批评一定要重视。我们在过程中发现问题，争取在最后的三年呈现出实力、创造出活力，呈现出实小的品牌。实小是个品牌，经过十年的“新基础”，这个品牌也要发生转型。

（二）不同类型的“问—答—议事”评价活动

1. 基于访谈会或座谈会的研讨性评价

在“新基础教育”研究中，所有研究者都分属于不同“条”上的专题小组或不同“块”上的综合小组，而且条、块的小组成员之间相互交叉、重叠，这就使得所有研究成员在如此复杂的网状组织中进行不同层面的交流、讨论，也可以与实践者进行不同维度的理论研讨、实践重建。研究者每次下到学校完成了当天的以“听—说—评课”为主的日常研讨性活动之后，通常都利用余下的时间与相关学科教研组的教师进行座谈。研究者和实践者共同经历参与了变革实践，座谈会就在此基础上自由地展开。这样的座谈会主要是以了解学校变革状态为主要目的，同时也关注教师在“理论交流与学习—自我反思和认识—问题发现和提炼—理论分析

—实践转化”的变革过程，以及他们在自我剖析与自主改造、内在认识与思维方式、价值观与变革态度的转变过程。

此外，还需要举行校长和中层管理干部的座谈会，主要涉及学校层面的变革实践，既包括学校管理变革，如学校规划制定、组织建设、制度建设、文化建设等，也包括学校变革的领导与推进，如校长对学校发展的自身认识、价值引领、决策分析、发展策划以及对教研组建设、教师队伍建设、教研活动的整体策划、教师发展的推动等一系列变革策略、方法。研究者由此通过研讨和评价促进校长在价值追求、思维方式、策划能力等方面的发展，以及中层管理干部相互协作、团队互助、智慧创造等，进而实现学校的管理变革、教学改革、班级建设等。

2. 基于专题讨论会的研讨性评价

“新基础教育”是在教育理论的指导和提升中开展起来的。通过不同的研究需要，日常的教学研讨常常针对课堂教学中存在的问题形成课题研究，同时，为了使研究进一步深化，课题组也是以六个专题研究为主展开研究。因此，日常化评价就融合于其中，这实质上是在专题研究的真实情境中对教师尤其是骨干教师的自主研究能力（诸如研究学生形成研讨问题或课题、分析重组教材和结构化教学内容、研究课堂教学中动态过程等）、生命发展过程及其中的价值观和态度的变化、内在理论和参照系的改造以及教师的创造智慧和贡献。在专题研讨会之前，研究者和教师就形成了阶段性核心问题，对此进行理论分析并由此具体化为变革实践中的研究专题。这实质上就是变革实践和理论分析交互作用的基础上形成的价值追求。在专题研讨会上，研究者又作为评价者针对教师所做的专题研究工作以及他们在此过程中所展开的分析、认识、反省等思考过程进行评价。与此同时，专题研讨会也为教师间甚或是不同学校的骨干教师间的互评、交流、学习提供了机会，相互借鉴、相互启发以便能够积极转化为自身的进一步变革实践。

研讨性评课的专题活动随着学校变革实践的不断展开会逐渐深化形成研究课题。基于教学改革实践中生成的问题，围绕着课题研究开展一系列专题性研讨活动，甚至课题之间也具有关联性。例如，针对三年级和四年级的语文教学需要，某实验学校的小学语文备课组相继确立了《立足文本提升学生质疑和答疑的能力》、《中年级语文教学中运用“长程两段式”训练学生的归纳思维》的课题研究，“以上述研究为基础，我们趁势展开了《语文阅读教学中“学结构”、“用结构”的研究》，由此带出了一系列子课题，如‘学生课堂上圈画批注能力的培养’、‘弱者先说，大家补充，强者概括，代表发言，他组评议的小组活动方式研究’”①。此种系列化评课研讨活动一方面深化了教师对课堂教学的理解，另一方面也持续提升了他们的教学专业水平，焕发了教师的自我意识和创造意识。

3. 基于校长答辩会的研讨性评价

“新基础教育”为了在实现学校管理变革的同时加强领导和推进教学变革实践，创造性地探索出了一种全新的研讨性评价方式——校长答辩会。它就是学校在自身进行的变革实践的基础上进行自我评价和专题经验总结，并按要求提交自评报告和专题经验总结等资料，而且，各学校在校长带领下自行组织答辩团回应评估组的各方面的提问。基于校长答辩会的研讨性评价，包括涉及了学校的整体性变革，即班级层面的课堂教学改革和班级建设、学校层面的管理变革。在一定意义上，校长答辩会就是促使学校校长和管理层对学校自身发展状态有着清醒的自我认识，在整体上统筹策划变革实践。

校长答辩会之前，第一，各基地学校必须从学校内部和与共同体的关系两个维度完成两年建设的自评报告。主要涉及计划执行过程和完成情况，例如各教研组建设、学生发展等；对主要的工作和成效进行定性分析和定量分析；形成的基本经验、亮点、特色；现状和问题分析，例如基础性问题、遗留性问题、发展性问题等；未来两年的发展目标和策略、解决问题的措施；参与共同体的状态，例如积极程度、主要收获、贡献、存在问题等。此外，各基地学校还必须完成两年建设的专题经验总结报告，主要根据本校建设的创造性经验自主选择相关专题进行总结，应反映自我认识的提高、变化的过程、形成的结论等②。第二，校长和答辩团参加陈述、答辩。校长就学校变革中的主要变化和发展、主要的经验、存在的主

① 沈梅．备课组活动中的自主与合作［J］．基础教育，2006，(3)：59．
② 华东师范大学课题组．“新基础教育”基地学校建设的中期评估工作策划（内部资料）。

要问题及进一步发展的策略和思路等进行分析；并和由学校骨干教师组成的答辩团接受评价者的提问，充分展现学校变革过程以及校长、教师的内在发展过程。第三，评估组的提问。所有评估组成员都于此前充分研读了参评学校的各种资料、报告并形成了准备性问题，同时结合陈述情况进行生成性提问，促使学校更加深刻认识学校自身各层面的变革状态。为此，评估组成员通过校长答辩会以“送问题”的方式促使学校进一步思考。第四，各基地学校在校长答辩会上仔细倾听、相互学习并结合自己的答辩情况更好地自主推进学校自身的变革实践。

第5章

“新基础教育”学校变革评价实践探索之二：中期评估

中期评估是建立在日常化评价的基础上的，是在评价主体、评价标准、评价方式等基本要素方面进一步提升并实现规范化。如果考察评价体系中评价主体、评价内容、评价标准和评价方法等基本要素，中期评估和日常化评价并无根本性差异，其区别仅仅在于规范化和集中程度上。日常化评价呈现出零散、局部性等特点，而中期评估相对呈现出综合、系统等整体性特征。实质上，在推进学校变革过程的评价作用机理上，中期评估作为规范化评价的意义在于对日常化评价的“积成性”推进变革过程的效果进行综合、系统性提升。当学校变革在“累积性”的量变过程中呈现出丰富态、阶段性特质时，尤其是在学校变革处于节点时，特别需要一种规范化评价“集中式”地进行综合性分析和系统性提升，以便通过类评价对学校变革实践进行综合抽象和理论化，通过评价标准对学校变革研究加以系统化并转化为学校变革中的实践因素。通过问题分析促成教师发展的阶段性提升或进行有针对性的发展策划，通过评价结果的反馈和鼓励强化教师、学校领导以及学校的发展状态。“新基础教育”研究中，此种形式的评价被称之为“中期评估”。在一定意义上，中期评估是在阶段性“质变”的节点上推动学校变革的转化式或提升式发展。

中期评估在指向变革过程的同时，也指向了评估之前的一个阶段中学校变化状态、已经达到的水平、主要问题和经验，是即兼有过程与形成性评价的功能。然而，由于中期评估指标的过程特征和评估在研究的中期插入的，所以，就其最终指向而言，仍然归一于推进性功能。

一、承启于学校变革过程节点的中期评估

（一）旨在“转化”意义上推进学校变革过程的中期评估

1. 日常化评价在推进学校变革过程方面的局限性

学校变革评价在学校转型过程中主要呈现为日常化的日常研讨性评价和规范化的节点推动性评价。在学校研究性变革实践中，学校变革理论的生成和学校日常教育实践的变革呈现出零散的、单项变化状态，教师头脑中教育理念和参照系的内在改造以及自身的日常个人实践行为的改变也是处于“潜移默化”之中。以“听—说—评课”和“问—答—议事”为主的日常化评价作为学校变革过程的一部分渗透或融合于其中，显然切合于此。

然而，日常化评价在学校变革过程推进方面不可避免地存在着不足之处。其一，日常化评价在教师个体的发展方面阶段意识不明确。每位教师都是在自己的日常变革实践中借助于“听—说—评课”，不断地在自身的内在理论和日常实践行为上进行着内在改造。但是，就一类教师而言，自己的发展处于何种阶段因评价标准的非系统化和指标化而不甚清晰——这实际上是教师的自我认识与发展方向尚未建立。其二，日常化评价在学校变革实践方面缺乏整体、有机的沟通。在学校研究性变革实践中，不同“条”上的专题研究小组通过“听—说—评课”或“问—答—议事”，在不同层面、不同科目或专题上各自进行着单项评价，往往是对基地学校的整体性变革把握不够。其三，与之相应的是，日常化评价在学校变革的理论研究方面缺少系统性提升。在日常化评价中，对变革实践中涌现出来的新质或新问题的分析大多处于经验性直觉状态，即使进行了理论分析也是零散的。这一切都使得理论研究仍然消融于变革实践中而不明晰，更为根本的是缺乏必要的理论提升，没有系统化。事实上，就推进学校变革过程

而言，日常化评价还需要一种集中的、规范化评价与之相互补充。

2. 中期评估：“集中式”地推进学校变革过程

（1）中期评估通过他评机制实现“节点推动、定位指导”

当学校变革推进过程中日常化评价的“累积性”效果达至一定程度后，它必然会寻求变革的突破以致阶段性转化。这需要通过一定力度、密度、强度的规范化评价，在变革过程的节点上集中各方（研究者和实践者）精力，以全方位的综合性评价推进学校转型。中期评估旨在“转化”意义上推进学校变革过程，即当不同层面的学校变革处于发展阶段的节点之时，研究者在“成事”、“成人”相统一的基础上依据具体的变革规则和层级特征对学校整体性变革过程进行综合判断，明确其阶段性的类特征、问题分析以及努力方向，并伴之以适度的“层级评定、强化激励”等外在鼓励性措施促进阶段性转型。中期评估对于变革过程的推进作用主要在于“节点推动、定位指导”。正是在此意义上，中期评估进行着有效的学校变革评价实践探索。

第一，中期评估具有理论提升、系统具化的作用。中期评估首先在理论研究上实现转化，使学校变革研究清晰化和理论化。在中期评估的工作策划阶段，研究者共同交流各种日常化评价中的经验性认识、零星的理论总结，进而集体研讨具体的评价项目和评价标准。这实质上是对变革过程的深刻反映，从理论层面上对学校变革实践中创生出来的“新质”特征、涌现出来的“新问题”进行综合性抽象和类分析，这是必要的理论提升。在此基础上，研究者将此又进一步具体化为学校管理、教研组建设、课堂教学、班级建设等方面的层级特征，形成操作层面的变革规则，这是变革理论的系统具化，从而形成了新“型”学校之“骨架”。

第二，中期评估具有内在关联、综合融通的作用。学校转型是整体性变革过程，其变革实践自身就是丰富的、复杂的综合体。在学校整体性变革实践中，无论学校、教研组或校长、教师等个人都呈现出了丰富态、复杂性：既表现为自身生命发展过程中的成长经历，又表现为自身发展与学校变革整体及其中的不同因素之间的内在关联。因此，中期评估不只是对学校变革实践进行局部的、相对孤立、单项的评价，而是在综合融通其中的内在关联性因素的基础上进行整体把握，对教师、校长或学校领导的发展进行综合性判断。这是中期评估在学校变革实践层面上的“转化”。

第三，中期评估具有层级评定、强化鼓励的作用。基于变革研究的理论提升和具化、整体性变革实践的综合性判断，中期评估可以由此在教师的内在教育理念与日常实践行为的关联性程度上对学校整体性变革及其中的“人”的发展进行层级评定。因此，不同层面的主体（学校、教研组、个人）不仅能够积极进行自我反思、问题分析、经验总结等，还能在研究者或评价者的定位指导下明确和发现基地学校建设中的共性问题以及各所学校的具体问题，从而形成下一阶段的发展方向、任务、机制和策略。与此同时，评选和表彰第一阶段的优秀学校、领导、教师与研究团体，强化研究的中坚力量，提升骨干力量的自觉性、核心意识和事业心。这是中期评估通过外在的激励举措实现“节点推动、定位指导”。

（2）中期评估通过自评机制实现“反思研究、内在承启”

中期评估坚持自评和他评相结合的原则，这在根本意义上使得教师、校长或领导乃至学校强化自我反思意识、提升自主研究和发展策划的能力。在自评中，教师或校长通过自评报告或专题总结报告、填写统计表格以及各类座谈会，对不同层面的学校变革中的“成事”、“成人”进行反思和研究，在此基础上进一步自主地与评价规则和层级特征、与他评的结果、与其他基地学校的评价结果进行比较。教师的自评是在两个层面进行的，一是对自己的“所为”进行评价，一是对自己的“所思”进行评价。这是对自己头脑中的内在参照系进行自我更新，实现主动发展和生命自觉的重要之途。就推进学校变革过程而言，正是在反思研究的基础上实现了变革实践“承上启下”性的内在转化。这可以从中期评估的三种评价时态进行分析。

首先，评过去以提升已经创造的变革经验。每所基地学校在成型性阶段的“全、实、深”的要求下进行着创生性变革实践，其中呈现出了丰富的新经验、新创造。如学校行政性组织的变革、非行政性组织的建立、学校文化建设、“前移后续”式教研方式、学校制度的重组、教研组文化建设等。但是，这些在不同学校呈现出的不同程度的变革，且大多仍处于经验探索、零散无序状态。过去时态的评价就是各基地学校独立研究自身的变革实践，发现其中的特色及其独创之处，进而对主要的创造性经验进行理论化、系统化提升。这既有助于学校自我反思研究和理论总结能力的提高，也有助于评估组对该学校的“人”、“事”进行评定并作出针对性指导。在中期评估中，各所基地学校都在研究者的指导下通过专题总结的方式对过去的变革经验进行系统提升。

例如，江苏常州第二实验小学明确了学校教研组建设与教师队伍的整体发展、学生工作的儿童立场、教师对职业理解的变化、教师职业角色观的转变等专题；上海华坪小学明确了关于学校制度建设、促进教师群体发展、学校“和、乐”文化建设、骨干班主任队伍建设、小学阶段学生成长系列研究等专题，等等。

其次，评现在以明确当前达到的变革状态。现时态的评价主要集中于：变革实践或教师发展中存在的各种类型问题，如基础性问题、遗留性问题、发展性问题等；学校、教研组、教师个人等不同层面的主要变化和发展。这一切都是在教师的自我深入解剖的基础上的现状反思，十分有助于学校校长、中层领导和教师达到“自明”的状态。例如，上海华坪小学积极对学校所现存的各类问题进行了原因分析。其中，对促进学校变革的发展性问题分析如下。

第一，学校制度建设的后劲

我校制度本身的框架建设虽已基本完成，也得到了不少肯定，但在落实执行制度的过程中，我们发现，有些制度执行得并不到位。如：“说课、反思与评课几点意见”，给教师们如何研究的参考性指南，都印在文本上，人手一份，可真的到了执行的时候，为什么有的教师又不按这些要求做，说课时依然想到一点说一点，反思也不从整体上入手，影响了教研的质量。

我们思考着：究竟是这些制度要求本身不合理呢，还是其他因素造成的？

通过反思，我们找到了问题的症结：

首先，制度建设是一个动态的过程，不可能一劳永逸，前期与中期的四个阶段与三个层面，都是针对制度本身的建设，而对这些制度的具体执行流程，有的还比较薄弱，缺乏目标达标度和对操作环节的调控；对制度实施效果的检查、反馈与评价，有的还比较随意，缺乏科学性的鉴别手段和矫正的方法。要是不及时进行改进，长此以往，再新、再好、再完善的制度也会面临被淘汰的危机。

其次，是管理者的管理意识和能力问题。我们对一些现代管理的基本理论研究不够，只是学了一些皮毛，依样画葫芦。

第二，教师队伍建设的公平

在实践中，我们发现骨干教师在迅速发展，但这又造成了与其他教师的差距越来越明显的矛盾。这种矛盾，并不是短期内可以消除的，而且，如果是正向差距，那是一种积极的动力，只能正确引导，加以缩短，绝不要苛求消除。

现在的问题是，我们如何去引导，不能只做“名师”工程，忽视了“弱势群体”。我校的师资结构比较复杂，如何关注教师的均衡发展，保证人人都有发展的权利，营造人人都有发展的机遇呢？

如数学组12位教师，3位是其他学科转行过来教数学的，相对来说，在数学素养、数学思维、职业习惯上存在不足，需要花大力气对他们进行帮助和指导。

——摘自上海市闵行区华坪小学《“新基础教育”基地学校两年建设的自评报告》（内部资料）

第三，评未来以策划需要达成的变革方向。评未来是以过去时态和现在时态的评价为基础。学校过去的变革经验是进一步发展的前提条件，为下一阶段的学校变革提供了可能性，而学校当前的变革现状则是进一步发展的起点，针对现实问题的变革实践才能“有的放矢”。学校只有在“自明”学校变革过程、“自主”进行研究性变革实践的基础上，才能自觉地实现在当代转型下的整体性发展。例如，上海市闵行实验小学基于两年基地学校建设中取得的主要成效和经验进行了总结提升，并根据目前的发展现状和主要问题分析，提出了未来两年发展的目标策略与措施，具体如下。

1. 全面提升第四梯队，重点打造第二、第三梯队，全力推出第一梯队

基于我校前两年在教师队伍建设方面卓有成效的工作，考虑到未来两年随着办学规模的适度拓展，还将有部分新进入的教师。因此，未来两年，我校在教师队伍建设方面的目标策略是“全面提升第四梯队，重点打造第二和第三梯队，全力推出第一梯队”，即对包括将要新进入的部分教师在内的第四梯队，加以全面关注，进行系统的培训与提升；对于目前已呈现较好状态，并进入第二和第三梯队的教师，要通过系统的策划进行重点打造，成为未来两年基地校建设最坚实的中间力量；对于目前处于第一梯队的教师，要设计形成特殊的具有针对性的制度措施，为这部分骨干教师的继续发展提供最佳的平台，目标是将他们打造成为“品牌教师”。

2. 加大以课题为引领的学科教学研究力度

未来两年，在学科教学的研究方面，我校的策略目标是在华师大专家的指导下，尽快设计形成各学科具有整体性或“龙头性”的研究课题，并通过专家的指导，通过自身积极主动的创生性研究，力争在学科教学研究方面实现突破，形成1—2个品牌学科（不包括术科学科）。

3. 以市级课题为核心全面展开学校制度与文化建设的研究

未来两年，在学校制度与文化建设研究方面，主要是围绕市级课题《“自主—合作—发展”：当代学校制度与文化的变革性实践研究》来展开。重点从过去两年“新基础教育”基地建设实践中的制度反思与文化反思入手，结合相关理论的学习与研讨，关注学校管理层面的制度创新和新文化生成问题，以及教师专业团队建设与教师发展过程中的制度更新与文化生成问题。以基于学校的“研究性变革”为基本实践方式，以学校制度和学校文化的双向建构为研究视角，在理论创新与实践改进的互动中探索、发现和积累新经验。

4. 关注自我策划性的年级组学生工作研讨，同时实现学生工作向社区的“创生性”发展

在后一阶段学生工作中，要重点关注年级研讨在“无痕化”基础上的自我策划性，加强对已有主题班会、主题活动系列的应用性研究，尤其要加强对具体成效的反馈，在班级中落实主题班会系列，将以调研的方式把握班主任整体的实施质量，提高整个年级学生成长的质量。

同时，沿着“班级—年级—校级”的发展路径，学生工作的层面需要继续提升，在学生成长的校内空间得到扩展、学生工作研究的课题不断深化的基础上，我们需要对学生工作向社区、家庭作“创生性”发展，研究学校与社区有效互动的整体性的校本做法，使这一部分工作能与学生校内的成长与发展相衔接。

5. 全面深入开展术科的学科建设研究

在过去两年基地校建设过程中，术科的学科建设研究实践虽然已全面启动与进入，但各学科的研究还不够深入，研究的骨干群体也还没有形成。因此，未来两年，各术科学科也要围绕课题研究，从变革和提高教研活动成效入手，形成骨干研究团队，全力深入推进学科建设，要打造形成1—2个品牌学科。

6. 全面关注各领域研究经验成果与案例的梳理总结

未来两三年的基地校研究，在我们基地校建设的总方案中，是一个“提升与系统化的推进阶段”，总体的阶段目标是各领域的研究成效不断显现，研究成果需要不断加以总结。因此，我们的所有研究实践人员，特别是各研究层面的“第一责任人”，要逐步全面关注各自领域研究经验成果与案例的梳理总结。

——摘自上海市闵行区实验小学《在变革与创生中持续超越——“新基础教育”基地校中期评估自评报告》(内部资料)

（二）层级多维立体式评价结构设计及内在关系分析

1. 中期评估的层级多维立体式评价结构：全程、整体、关联性评价策略

在新评价功能转换下，学校变革评价体系中的评价主体、评价内容、评价标准、评价方式等基本评价要素，在中期评估中进一步具体化并内在关联、有机整合起来。因此，中期评估以规范化形式整体上呈现出了层级多维立体式评价结构（见表5-1）。

表5－1 层级多维立体式评价结构

评价内容 评价方式		课堂层面		学校层面		
		课堂教学	班级建设	学生工作	教研组建设	学校管理
自评	过去时态					
	现在时态					
	将来时态					
他评	过去时态					
	现在时态					
	将来时态					

学校转型是整体性变革实践，在变革过程推进中相继在课堂层面、学校层面开展变革实践研究，实现"成事"、"成人"的统一。这就决定了学校变革理论与实践的评价不能仅仅从学生评价、教师评价等方面进行要素分析，而应当在"单位分析"的基础上建立一种多层次、多维度的评价结构，以便对不同层面的变革实践及其内在的复杂联性进行综合评定。"新基础教育"研究的变革策略就是以学校日常教育实践及其变革中不同层面的"分析单位"进行整体性思考，这源自于其他学科的方法论启示与借鉴，如经济学领域中"细胞核"式的企业改革思路、文化社会发展心理学领域中"单位分析法"对"要素分析法"的替代等。在此意义上，层级多维立体式评价结构实质上就是中期评估的评价策略。

学校变革评价是在微观改革层面上以学校为基本分析单位，进入到开展日常教育实践的课堂教学和班级建设中，其核心是过程指向的复合性评价内容——"事"、"人"的统一。具体而言，中期评估的层级多维立体式评价结构将"课堂教学"视为一个整体的、师生交互作用着的动态实践过程；将"班级建设"视为学校中相对独立的实践领域，放在学校教育实践的总框架中来认识和研究其教育的针对性。在此基础上，又通过学校日常实践中第二层面的活动——"学校领导与管理"的研究，分析了班级组织与制度、班级文化和班级系列活动设计以及学校管理、教师队伍和学校文化的重建过程。在学校整体性变革实践中，学校层面的管理变革实践对课堂层面的教学变革、班级建设起着支持、领导的作用，即使在教学变革实践中，其中的弹性教学方案设计、教学过程、教学反思等方面都是交互作用在一起的。正是在不同层面分析单位的整体性思考中，学校变革实践呈现出复杂的多层次内在关系，这就需要评价标准中各级和级内指标都要在内在关联中反映学校整体性变革实践的过程及其中涌现的新质和内在关系。

学校变革评价的综合性除了在评价内容上的整体性的内在关联，还表现在学校变革实践时间维度上的内在关联性，如不同时态下的教师发展、教学变革的常态化和平时过程等。因此，无论是自评还是他评都需要在纵向上呈现出学校变革的整体性发展过程。就自评而言，教师、校长或学校领导在反思研究的基础上通过三种评价时态对不同层面的变革实践以及其中的自身发展进行全面评定。而就他评而言，以研究者为主体的评估组也应当从时间维度上多时态地综合考虑学校变革的常态水平、现在的发展状态以及将来发展潜力（如高端稳定、进步度等），并从整体上权衡其他与之相互关联的因素进而作出层级评定。

更重要的是，中期评估中的自评和他评处于不同层面之上，即他评在实践者的教育观念和日常实践行为变革相互关联的基础上，不仅指向学校变革过程，而且还指向了实践者的自我反思意识和能力。这在一定意义上表明了评价主体结构的层级性，教师、校长或学校领导等作为评价者对自己的变革实践以及自身发展进行自我判断，而以研究者为主的评估组在进行他评时，还对实践者的自评进行评价。其根本原因在于，中期评估的主旨是要在“转化”意义上促进“成事”、“成人”。

2. 中期评估的层级多维立体式评价结构之内在特征

在层级多维立体式评价结构中，可以具体地考察中期评估的评价体系。

（1）多类型的评价主体

在中期评估中，评价主体仍然是评价者、研究者和实践者的“三者合一”，他们都是在学校变革实践中成长起来的。但是，评价主体因规范化程度不同而导致其在中期评估中的作用也不相同，据此可以分为三种类型。第一，学习型评价主体，每所基地学校在接受现场评估时，课堂教学及教研组研讨活动共同体内所有学校的教师参与，使之成为一次相互学习、交流的机会。基地学校教师作为变革实践的实际参与者既是学习者又是潜在的评价者，将他人的课堂教学和教研活动与自己的进行比较，与此同时也将自己的评价结论与评估组进行比较。第二，反思型评价主体，参评学校的教师尤其是骨干教师、校长或领导对学校整体性变革实践进行三种时态的评价，反映变革过程。第三，决策型评价主体，以研究者为主构成的评估组，不仅对每所学校变革过程进行综合性判断，还需要从中分析参评学校的教师自评和反思情况、教师学习和理解情况，并在此基础上，集体进行评分研讨、层级评定、等第名次、总结提升、工作策划等。

（2）综合性的评价内容

综合性的评价内容在中期评估中，可以具体地从自评项目和他评项目①进行分析。在自评项目中，就各基地学校两年建设的自评报告而言，主要包括计划执行过程和完成情况。例如，各教研组建设、学生发展等；概述主要的工作和成效；形成的基本经验、亮点、特色；现状和问题分析；未来两年的发展目标和策略、解决问题的措施。此外，还包括参与共同体活动的状态和效应，例如，积极程度、主要收获、贡献、存在问题等。就各基地学校建设的专题经验总结而言，各基地学校根据本校两年建设的创造性经验自主选择相关专题进行总结，反映认识的提高、变化的过程、形成的结论等。在他评项目中，主要包括平时成绩、参与共同体的研讨情况以及相关的统计资料等；就现场评估而言，主要通过现场听课、教研组研讨、座谈会等活动进行语文教学及教研组评价、数学教学及教研组评价、外语教学及教研组评价、其他学科教学及教研组评价、班级建设与学生工作评价、学校管理评价等。上述的评价项目多层次、多维度地反映了学校整体性变革过程。

（3）灵活性的评价标准

中期评估的层级多维立体式评价结构最终必须体现并落实于评价标准，即操作层面的评价规则和层级特征。研究者在“新基础教育”近15年的研究中，与教师、校长或领导共同参与并深度介入课堂教学、班级建设和学校管理等变革实践，从中进行问题分析、新质发现、理论提升、实

① 自评项目和他评项目的相关内容引自于华东师范大学课题组2006年9月的中期评估方案（内部资料）。

践具化，从而逐渐生成了评价标准，其中的评价指标或评价准则有着内在的整体性关系，故内在地反映了不同层面的变革过程。不仅如此，评价标准具有亲历性，从而反映了教师在变革实践中的经验创造，使得他们能够在自身的内在理论基础上进行理解。正因为评价标准具有生成性，研究者可以根据不同阶段的变革要求明确不同评价指标或准则的重要性。中期评估是对学校整体性变革过程进行评价，总是需要应对其中的诸多不确定性因素和复杂性，因此评价标准不能被僵化地处理。事实上，评估组在对参评学校的课堂层面、学校层面的变革实践进行评分研讨时，是以评价规则和层级特征为基准，同时综合考虑各种影响因素，如教师的骨干引领作用、进入时间和学校在共同体内的创造与贡献以及进步度等进行加分处理。这些都充分体现了评价标准的灵活性。

（4）实践性的评价方法

与日常化评价相同，研讨性评价方式在中期评估中具体化为资料分析式评价法和会议研讨式评价法。无论何种评价方法，都是建立在研究者、实践者共同参与的变革实践的基础之上的。

首先，中期评估的资料分析。参评学校在自评中完成了自评报告、专题经验总结。这不仅将自身的学校整体性变革过程进行了理论总结，同时也呈现出了自身在变革实践中的发展过程以及自身的内在改造过程，包括思维方式、开放心态、精神面貌等。此外，各基地学校还需要完成评价统计表，同时据此自主地对学校变革状态进行研究分析，如根据班级建设中的小岗位轮换情况进行分析。因此，中期评估可以通过研讨性评价方式将定量分析和定性分析有机结合起来。其次，中期评估的会议研讨。中期评估主要通过校长答辩会、“听—说—评课”或现场研讨、各种类型的座谈会，全面、深入地考察实践在真实变革情境中的行为表现。事实上，研究者在长期的变革实践参与和合作中对开课教师知根知底，他们不可能如同公开展示课那样进行突击准备或搞形式，只有在自己日常化的变革实践中才能取得成功。在中期评估中，资料分析和会议研讨有机结合，真实地反映了教师发展状态和达至的层级特征。

（三）中期评估在整合现有评价功能的基础上推进学校变革过程

在当前的评价改革中，尤其强调选拔、管理的评价体系转变为发展性评价体系，即通过评价体系改革在功能上以展示激励、信息反馈、自我反思等，取代甄别区分、选拔管理等。事实上，管理性评价功能和发展性评价功能并不能相互取代，而且这两类评价功能在教育实践中都有存在的现实必要性。因此，“新基础教育”研究的中期评估所强调的推进性评价功能并非简单地否定、抛弃现有的管理性、发展性等评价功能，而是在对它们进行有效吸纳的基础上进一步深入和拓展。

1. 中期评估不仅旨在评定检查更在于定位指导

与传统评价相同的是，中期评估也需要对基地学校的整体性变革过程进行综合评定，主要包括学校的“成事”和“成人”两方面的发展状态。而且，根据多方面评分的综合评定，对各学校的变革之“事”和发展之“人”（包括个体和群体组织）在共同体内的名次第等进行区分、排序。课题组可以由此对基地学校进行有效的评定检查，同时也使得各基地学校清醒地意识到自己相对于其他学校的发展状态，有利于相互学习甚或相互合作、共同进步。但是，中期评估在此基础上对基地学校的发展状态进行类评价或曰归类分析，根据评价规则中的层级特征描述进行类问题分析，明确学校的发展状态。因此，课题组可以针对所有基地学校的总体发展态势或每所学校的具体发展状态，对研究人员进行合理的重新组织、改变指导方式和指导策略，以便更加有效地、有针对性地指导学校的变革实践和理论研究。

例如，此次中期评估清晰地表明了，随着“新基础教育”改革全、实、深的推进日益增强，潜心研究、大胆实践的教育教学行为方式，逐渐成为学校和个体实现真实发展的基本路径；敢于直面真实问题，不断开拓发展空间的创业精神，焕发了师生的生命活力；转变思维方式和形成认识学校教育新的理论参照系，已经成为学校领导提升创建新型学校领导力的深层次发展目标。针对上述对学校发展的定位判断，华师大课题组取消了综合小组的组织形式，学校整体推进的任务由每一学校的校长和领导团体负责。华师大课题组通过定期召开校长交流会议的方式，加强校际之间的交流，了解、分析、研究和推进学校综合改革的发展，目的是要提升每一所学校领导层推进学校发展的能力。学校领导可根据自身发展需要，主动邀请华师大课题组成员参与学校自主的研究或交流活动①。

2. 中期评估不仅旨在展示激励更在于方向引领

中期评估显然也重视评价的展示激励功能。实际上，所有的规范化评价都能让被评者（学校、教师或教师群体等）在充分的准备中将自己的最佳状态展示出来。中期评估中的现场评估（“听—说—评课”、各种座谈会议等）、校长答辩会、学校自评报告和专题研究总结等等，也被视为基地学校及其教师的自我展示的舞台，鼓励被评价者展示自己的努力和成绩。同时，通过排序评优，推出和表彰一批优秀学校、领导、教师、教研团队和具有潜力的新进入教师，提升骨干教师的自觉性、事业心等。

但是，中期评估的价值取向清晰地表明了：并非引导学校和教师只是片面强调、过分关注名次第等，而是更好地“自明”学校变革的创造性和长处以及自身的相对差距，便于取长补短、相互学习；并非只是对评价结果的斤斤计较、对别人吹毛求疵，而是通过观摩其他学校的现场评估、校长答辩等方式进行观察、学习，从中找到自身的发展方向、变革追求的目标状态。为此，中期评估要求学校和教师在自评方面学会学习、善于反思总结的同时，在他评方面也采取如下措施指引学校变革、教师发展的前进方向。一是请获奖的优秀学校或教师在不同层面上介绍交流变革成功经验、自身成长过程；二是通过针对获奖学校或教师的颁奖词明确、具体地指出“成人”、“成事”这两方面的原因、具体做法、内在特质以及还可以进一步发展的空间，等等。这一切实质上都向所有的学校明示了学校变革、教师发展可以达到的目标状态，还有继续前进的可能状态和方向指引。

① 详见叶澜教授在“新基础教育”成型性阶段中期评估表彰会议上所作的题为“‘新基础教育’成型性研究中期评估总报告”（2006 年 12 月 8 日）。

朱明亚老师在小学五年级的英语教学中，以“新基础教育”理念为指导，根据英语教学规律，探索小学英语语法教学中学生主动学习与培养语言运用能力的途径，以改革传统的小学英语语法教学。

1. 为了改变传统英语语法课上学生被动学习的状况，她先要求学生从一篇短文中寻找新的语法现象，通过发现学习初步了解所学语法的意义；然后在语言操练中感受其用法，并从中归纳语法变化与读音规则；最后经她小结后学生再通过多种练习举一反三地运用语法规则于英语交际活动中。这样既引导学生主动学习，也符合英语语法教学规律。

2. 她对原脱离学生生活的教材进行重组，使教学内容贴近学生生活。同时，她注意语法练习中英语语言意义的表达：如本课主要围绕三个话题展开，在引导学生掌握语法规则的同时，从单词到短句再到语篇依层次递进提高学生的英语表达能力，力求克服传统英语语法教学中注重语言形式、忽视语言内容的弊端，为在语法教学中培养学生的语言运用能力进行了尝试。

3. 由于平时关注了学生的主动学习，绝大部分学生都能在没有老师的要求下主动将上课要点记入自己的笔记中。

4. 朱明亚老师英语语言基础好，口语、课堂用语与语音语调优良。

本课不足之处是：由于最后的“有意义练习”（就老师生活照片谈话）未按语法教学一般规律安排在“交际性练习”（学生交谈自己生活）之前，且学生对话题不甚熟悉，未充分进行会话，该环节未能取得实效。希望朱明亚老师进一步加强理论学习，提高教学研究能力，成为“新基础教育”研究型教师。

经评估委员会讨论决定，授予朱明亚老师英语学科教学一等奖。

——源自“新基础研究”英语学科课题组在中期评估表彰和总结会议上的颁奖词发言稿①

① http：//mhxjc. mhedu. sh. cn/jiaoan/2006. 12. 8banjiangci. doc.

3. 中期评估不仅旨在信息反馈更在于自我重建

教育评价的结果并非仅为评价者所占有，而应当以科学的、恰当的、具有建设性的方式反馈给被评价者，促使其最大限度地接受，从而对自身建立更为客观、全面的认识，促进其进一步的发展，这也是现代教育评价的最理想的追求。

同样如此，中期评估创造出了一些新方式在不同层面上进行积极、有效的信息反馈。在评估过程中，通过前面一些参评学校所呈现出来的共性问题，针对类似现象召开多次骨干教师培训会议。例如，英语学科课题组针对英语学科育人价值不清晰的评估状况，召开了培训会议。

评估结束后，研究人员通过座谈会或研讨会的方式在共同体、学校、专题组等不同层面进行评价结果反馈。与其他评价不同的是，中期评估不只是进行信息传递并根据评估结果调整工作计划，而是以专题研讨的方式进行信息反馈，力促在“成事”、“成人”统一的基础上实现教师及其教研组的重建。英语学科评估组在评估结束后根据参评学校所呈现出的变革状态，在已有研究和教师积极性的基础上开设重建课，进行了一系列的专题研讨活动。例如，上海市闵行区实验小学原本就在词汇课和句型课有了比较深入的思考和研讨，这是重建课的研究基础，而且教师在此方面有着强烈的继续研究兴趣。但是，中期评估同时也发现该校的英语课堂教学的主要问题在于不够开放，学生也因此缺乏主动学习状态。因此，英语课题组根据该校已有的课型研究进行词汇课和句型课的重建，由此不仅能够深入分析课堂教学不开放、学生缺乏主动性的症结所在以有效解决之，同时也能够强化已有的课型研究、提升词汇课和句型课的研究水平。教研组及其中的教师就能依据专题研讨的方式获得信息反馈，并由此进行课堂教学的重建研究，进而实现自我更新式发展。

4. 中期评估不仅旨在自我反思更在于养成自觉

中期评估十分注重学校、教研组和教师自我反思意识和能力的培养。这主要表现在以下三个方面：一是参评学校进行自评，通过自评报告和专题总结，主要自主系统梳理和分析两年基地校建设的推进情况、取得的主要工作成效与经验、目前的现状与主要问题分析、未来两年发展的目标策略与措施等；二是在现场评估的“听—说—评课”中进行二度反思和重建，开课教师在说课时对课堂教学状况和推进过程进行第一次反思和重建，在同行进行点评之后当场进行第二次反思和重建，以便考察该教师的自主学习、善于学习的能力；三是所有参评学校在完成了评估之后，教师和教研组通过中期评估的观摩、学习以及与其他学校同一学科的开课教师进行比较，再次进行反思和重建。参评学校和教师的自我反思是“新基础教育”中期评估十分强调的、不可或缺的。

值得一提的是，中期评估通过自我反思进而实现教师养成自觉的自我更新式发展。中期评估的独特之处在于：以“成事”、“成人”的统一为主旨，通过课题组研究人员的他评对教师的自评进行复合性评价，直接指向教师自我反思的意识和能力；进而在教师自我反省的基础上养成他们在学校变革过程中进行自我更新意识的同时，实现自主、自明乃至自觉。因此，中期评估要求教师在自评基础上，不仅反思所做之“人”，更要在反思之中关注自我发展的价值取向、思维方式、研究方式和策略、自我策划能力等。

中期评估再一次促进并展示了我们教育观念和行为方式的转变。

（一）成长动力的改变。原来我们的成长动力主要来自于专家的督促和领导的要求，现在转变为迫不及待地追求生命成长的内需。正是有了这种内在需求，老师们才会克服常人难以克服的困难，承担起教育研究的重担；正是有了这种内在需求，教研组才会团结得如同一个人，不管是第一梯队的，还是第二梯队、第三梯队的，大家相互关心、相互帮助，结成了一个“研究型、学习型和共享型”的组织。许多外区、外校的老师都非常羡慕我们有这样一个良好的氛围。

（二）教学观念的改变。原来我们关注教师的教，现在我们关注学生的学，从学生的家庭背景、兴趣爱好、英语基础出发，组织课堂教学。我上的一堂研究课，就根据本班有许多学生参加校运动队的特点，结合他们的生活实际和体育爱好，以体育明星刘翔、姚明为资源进行教学，既提高了学习兴趣，又增加了新的词汇。在课堂上，我还给基础差的学生作适当铺垫，让他们也得到应有的发展。一位著名的教育专家听了我们的课以后，感慨地说：“我的小孙子正在念小学，如果他能到明强小学来学习就好了。”

（三）研究方式的改变。原来我们的研究就事论事的比较多，从试教开始一直到正式研讨基本不涉及教育理念。现在我们先学叶老师和左老师的报告，再选内容，然后学卜老师的有关案例和数学学科吴老师的“三放三收”，再进行备课，看教案是否开放、是否有层次、是否符合学生实际，最后再试教，修改研讨。在这一过程中始终有理论的指导，把理论与实践很好地结合起来。最突出的表现是评课的转变。原来评课关注点状、关注细节，而且常常碍于情面做蜻蜓点水似的点评。现在从整体入手，结合研究的专题，客观公正地评价，不仅能看出课的优点和不足，更能提出有效的重建策略，大家都怀着真诚的互相促进的心态评课。

所以专家们认为，明强小学的教研组讨论“问题清晰，针对性强，研讨质量高”。

当然，作为一名多年从事“新基础教育”的一线教师，我的感动和变化远远不止这次中期评估，几年来从事“新基础教育”所经历诸多人与事都在潜移默化地影响着、改变着我们。归结为一点：我们越来越深入地认识了教师职业的价值与魅力，感受到“新基础教育”对于教师成长、学生成长、学校成长乃至我们国家未来发展的重大意义！

——摘自马伟伟在“新基础教育”成型性阶段中期评估表彰和总结大会上所作的《有一种感动是力量，有一种转变是成长》发言稿①

（四）中期评估在整体推进学校变革过程中进行的创新性探索

中期评估始终处于一种理论与实践双向建构的开放状态中，是在合理吸纳现有评价的基础上形成了推进性评价功能。为此，中期评估积极地在整体推进学校变革过程中进行着创新性探索。这具体表现为：从外在推动来看，研究者通过专题研究发挥中期评估的理论引领、实践提升之强化力量；从内在追求来看，实践者反思重建逐渐养成自我意识和能力，即教师通过中期评估增强对自我更新和变革过程的“自主”、“自明”以至“自觉”之意识和能力。

① http：//mhxjc. mhedu. sh. cn/jiaoan/2006. 12. 8/maweiwei. doc.

1. 在学校原有基础上进行针对性的强化指导

在中期评估中，参评学校在真实地展示、呈现两年来基地校建设成果的同时，也敢于原态地集中暴露出自身的发展障碍与问题。正是在此基础上，对每所学校的不同层面、不同领域实践变革的“原有基础”进行解读，主要包括分析各种类型的现存问题、教师的实践理解和发展状态、教研团队的研究基础等。这是中期评估有针对性进行重建指导的必要前提。

在对江苏常州第二实验小学进行中期评估的过程中，英语学科评估组通过现场评估发现该校课堂教学变革实践、教师发展总体来讲变化很大，教师的基本功不错，但“新基础教育”的理念不清楚。在“听—说—评课”中，英语学科评估小组做出了如下的点评。以前的课堂教学，从“新基础教育”理念进行分析并没有突破；现在看来，有了理念指导并开始实践，试图在课堂中让学生主动发展、生成资源，然后利用资源推进教学过程。比如，语法课上用幻灯片呈示出一篇文章，让学生自己寻找发现问题；而以往是教师直接告诉学生的，现在是让学生发现、理解、运用。这些都表明了课堂教学改革是在朝着“新基础教育”理念前进的。但是，主要问题表现在这几方面。第一，课堂教学中要让学生发现甚或提出比较大的开放性命题或一个关键问题，不知如何做？第二，关于国外文化的课怎么上？与单元主题的关系如何？文化课中的语言与文化的关系如何？这些问题还不清晰。第三，在自主学习方面，简单地认为开展小组学习就是合作学习，学生会主动发现问题。

诊断出该校英语学科课堂教学变革实践中存在的问题是重要的前提。该校英语学科正在探索着语法课、文化课的专题教学改革，故而评估组结合已有研究基础进行重建课指导。事实上，英语教研组在自主教研过程中缺乏变革理论的引领和对变革实践的问题分析。显然，此种重建课的指导切合学科发展需要和教师发展的现有基础，激发了实践者的研究兴趣并能投入更多的理论学习以解决曾经遭遇的困惑、问题。与此同时，研究者也可以由此指导实践者有效解决在现场评估中所发现的主要课堂教学问题。这不仅提升了教师的自我重建能力，同时也使得课堂教学、教研组的专题研究做得更好①。

2. 形成课型研究以对教学变革实践进行理论提升

研讨课都是在参评学校原有专题研究的基础上进行的。因此，研究者在推动教师发展、教研组建设的同时，还有助于形成课型研究。通过专题研究，英语学科评估小组逐渐形成了不同课型的教学结构特征、内在展开过程。例如：按知识教学划分的词汇课、句型课、语法课；按技能教学划分的听力课、口语课、阅读课、写作课；按教学进度划分的新授课、拓展课、复习课；等等。下面就以词汇课的研究为例，说明评估后研讨课中的专题研究是如何形成课型研究和探讨其中的教学推进过程的。

例如，词汇和句型课的教学结构逐渐成形，其教学过程主要有三个部分构成。第一，课的导入，可以运用图画、图片激活学生思维和已学的知识基础以便同下面的新授内容衔接起来。值得注意的是，这些图画应当伴之以开放性问题。第二，课的推进即组织词汇和句型的教学环节需要注意的是，在词汇或句型进行意义关联的基础上，让学生主动发现所教内容的内在联系以及词汇或句型在形式上的内在关联；通过拟人手段激发学生的学习兴趣，并运用一个主题将常用的词汇或句型与刚学习的内容贯穿起来；结合学生的年级特征，在学生主动学习过程中激活其思维过程，发挥学生的批判性思维尤其是创造性思维。第三，综合性练习，将前面所学的内容进行综合，同时给学生以思维展开的空间。因此，该环节中范例（model）需要合理地运用，一般说来，可以在活动之后再给 model 以规范②。

3. 在前移式备课中进行全方位指导，正面强化理论原型

中期评估结束后，英语学科评估小组在指导专题研究时，创造出了前移式全程指导的新方式。具体言之，评估后的专题研讨活动主要目的就是

① 这一部分内容是在左焕琪教授在江苏常州第二实验小学的现场评估“听—说—评课”中的点评记录的基础上整理形成的。

② 这一部分内容是在左焕琪教授于2007年1月3日在中期评估英语学科总结与交流会议上的讲话录音的基础上整理形成的。

在现有的成型性研究的基础进行正面强化、实践具化，以强力推进转化、层次提升，即在备课指导、评课研讨中直接告知教师理论原型，并结合具体的教学设计和教学过程的案例加以具体分析，使之能够明晰理论原型在课堂教学中具体的实践形态；通过教师在其中的多次反思重建，评价者发现教师也可以使其自身体会头脑中内在理论、内在参照系的自我改造过程。因此，研究者将理论指导前移至备课过程并指导开课教师多次备课。这样，教师在明白具体的教学设计的同时，还能学会在改变思维方式的基础上从理论指导层面进行思考、从整体设计进行思考，以便于深入体悟教学设计背后的“新基础教育”理念。此外，研究人员在此基础上通过“听—说—评课”活动进行更加具体的理论指导。研究者通过前移式全程参与加大了理论指导力度。

中期评估后，英语学科评估小组在专题研究指导时，结合不同的课型要求教师有理念地备课，将“新基础教育”理论具体地渗透于教学目标、环节和过程设计之中及教学策略与方法之中。首先，教师要有学生立场，在课堂教学中促进学生发展。其中，最为关键的是在备课中对教学过程进行设计时，既要设计问题激发学生的思维活力和创造力，这是在“质”上对学生思维主动状态的要求，而非在“量”上对活动形式的要求；同时又要为学生的主动性提供问题思考、探索的思维支架，诸如故事的编写、幻灯片呈现方式的设计等。其次，教师要有结构化意识，走出点状思维设计模式，力求目标结构化、过程结构化。例如，阅读课根据教学目标定位的不同，可以采取两种结构化设计思路：一是“自下而上”式，教学过程依次为词语具体意义的学习、根据上下文推测词义、推测下文情景等；二为“自上而下”式，教学过程可以分为整体把握文本大意、捕捉文本中的主题句、分析文本中关键词的含义等。在理论原型的正面强化指导下，教师在备课过程中不断地多次进行反思、重新设计，研究者借此机会结合教师的具体设计进行理论具化。因此，教师在清楚地理解理念的具体实践形态的基础上，主动对个人的内在理论和参照系进行自我改造。

4. 在评课研习中使理论更加清晰化并转化为实践形态

评估中的“听—说—评课”和教研组访谈，以及评估后的专题研讨和课型研究，不仅通过理论总结清晰地概括了“新基础教育”理念与外语教学规律，而且还通过结合评估课和重建课的具体案例进行理论具化，提高了基地学校英语教师对教育理念的深入理解以及理论在课堂教学中的具体形态——“是什么”。基地学校建设之初，大部分英语教师虽然对“新基础教育”理念的认识较发展性阶段有所提高，但是对于指导英语教学的“新基础教育”核心理念、“新基础教育”英语学科教学的具体结构仍然感到困惑，在认识上也呈现出了点状化、表层化。这表现在简单化地理解“新基础教育”理念融入英语课堂教学，将德育教育给英语教学戴帽，课堂教学设计中忽视整体改革，仅注意细小环节、方法技巧的优化，以及试图通过增加学生课内活动来调动学习积极性等现象。下述文字就是通过《“新基础教育”英语学科成型性阶段中期评估报告》具体说明教育理论在课堂教学变革实践中的清晰化、具体化过程。

转变的契机来自对“新基础教育”课堂价值观与英语学科育人价值的探讨与实践。曾记得，在研讨之初，不少英语教师仍认为，英语学科的育人价值就是在英语教学中进行德育教育，因此，在英语练习过程中生硬地加进了德育的内容，这既有悖于“新基础教育”的基本理念，也不符合外语教学规律。为此，我们采取了以下措施和方法。

(1) 明确指导英语学科教学的“新基础教育”核心理念

通过学习与思考叶澜教授关于课堂价值观、过程观等一系列论述与实践中的反思，我们认识到，指导英语学科教学的“新基础教育”核心理念是：教师发挥智慧与创造，朝着研究型与智慧型方向发展；学生主动健康地成长，为终身发展奠定基础。用闵行四中英语教研组长林翠红老师的话来说，就是通过“新基础教育”英语教学，使“师生双赢，共同发展”。

(2) 构建英语学科育人价值的框架

我们以“新基础教育”基本理念为指导，探索英语学科育人价值的具体内容，构建英语学科育人价值的框架，再将其运用于课堂教学实践中，从中进一步明确了“新基础教育”的核心理念。

新构建的框架将指导英语教学的“新基础教育”理念进一步具体化，明确指出教学思想与课堂教学设计以教师发展、师生动态生存、学生主动健康发展与为终身发展奠定基础为指导思想；并使英语学科育人价值的内容落实到语言知识、技能、社会文化知识教学与能力培养、学科素养等方面，使教学实践有了具体目标与依据。

(3) 根据育人价值框架开展教学实践

新构建的育人价值框架就是为了使“新基础教育”理念与外语教学规律整合。因此，在构建了育人价值的框架后，我们通过多次研究课的研讨，推动根据育人价值框架开展的教学实践，从中总结实现英语学科育人价值的经验与教训。在本次中期评估中，各校研究课也就自然地围绕育人价值框架进行探讨，获奖的课正是在育人价值即“新基础教育”理念与外语教学规律的整合方面做得比较出色。说课与评课中不少教师也谈到，由于对育人价值认识的提高，才出现了一些课堂的亮点。

(4) 在实践的基础上概括“新基础教育”英语学科的基本特征

由于词汇、语法与听说新授三种课型在发展性阶段已具雏形，中期评估中获一等奖的就是词汇与语法课，并且都是新授课。这三种课型又都由于探讨了育人价值而在原有基础上提高了一步：除了发展性阶段已具备的注重学生主动学习、培养语言运用能力与创造性思维等方面外，词汇课开放式导入的方法更为新颖与多样，语法课出现了发现学习的新形式，大部分获奖的课还体现了理解、记忆与运用过程的数次循环与依层次递进的教学过程。在此基础上，我们再次就英语学科的育人价值问题召开研讨会，通过与课程标准的对比进一步明确育人价值的核心理念与具体内容，希望通过接着开展的一系列研究课研讨活动，使这三种具有“新基础教育”特色的课型逐步“成型”。同时，经对本次中期评估研究课特别是获奖课的总结与提炼，我们提出了“新基础教育”英语学科教学的基本特征：

发现学习，开放性问答为主；

话题、内容、方法与语言教学的到位与统一；

理解、记忆与运用过程数次循环；

依层次递进（单个词练习中层次递进、语言形式的递进、学生思维的递进），螺旋式上升。

在教学改革中我们认识到，改革的目的不是让学生活跃，而是让学生主动，我们要开放、开放到什么度，是要大家共同摸索的。

总的来说，基地建设两年来的理论研讨与实践，使大部分英语教师对“新基础教育”理念与外语学科结合的认识，经历了一个从感觉“抽象”

到比较“具体”、从“表层”到比较“深入”的过程，同时也加强了在教学中开发学科育人价值的意识。华坪小学丁丁老师在说课中谈到的变化反映了这一过程。她说：

加入“新基础教育”研究的时间不长，但观念的变化较大……在教材的理解和把握上，以往喜欢细化，现在加强了单元整体备课思想，并对英语学科育人价值进行再认识，以往不太会考虑育人价值，现开始尝试开发教材文本背后的育人价值……立场的变化是，以往主要认为课堂产生问题的原因在于学生，现在认为问题在我自身：没有给学生空间，没有发掘学生的积极性。所以，后来逐渐放手让学生自己参与，让学生自己当小教师，自己提出问题。这是我没有预设到的，生生互动的交流今天是较为成功的，学生喜欢这种开放的课堂……很多是课前没想到的，学生想到了，我进行追问，然后他们不仅从吃的食物上说，还从精神上来说，育人价值由学生推进了一步。

——摘自“新基础教育”研究英语学科专题小组的《“新基础教育”英语学科成型性阶段中期评估报告》（内部资料）

二、中期评估的实施过程及其中的转化机制

中期评估作为规范化评价，是在评估工作策划基础上对学校变革过程进行有组织、有计划的整体性评价活动。在中期评估之前，通过多次研讨活动和工作会议进行宣传、说明评估目的，与此同时课题组研究人员与学校变革实践者共同商谈并完成评估工作策划：确立了评估目的、原则，成立了评估机构及其组成，明确了评估项目及其权重分配、层级特征描述的评价表，评估工作及其时间安排，等等。在评估结束后，研究人员和参评学校的教师、校长等共同进行反思总结、针对现实问题和可能发展状态的工作策划，同时通过中期评估总结和表彰会议实现更大范围地推进变革过程。

如果考察其中的内在作用机制，究其根本，学校变革评价的规范化使得研究者对实践者丰富的创造性变革实践进行理论提升、清晰化和系统总结，进而以各种物化形式（如评价规则和层级特征、各种统

计表格等）实现系统具化、固化，又成为实践者日常变革过程的指导力量、实践要素，可以进行创造性操作；同时也使得实践者有意识、有能力、自主地对自身变革实践的经验创造、问题分析和发展策划进行研讨分析、系统梳理，并在此基础上进行有针对性的反思重建，进而强化自己的内在理论改造和自身日常实践行为的关联性体验。中期评估就是在节点转化意义上实现学校变革过程推进作用。下文从学校转型中理论与实践双向建构的角度探讨中期评估的实施过程及其中的转化机制。

（一）中期评估的策划与理论具化

基地学校经过两年多的建设，在学校变革实践中涌现出了大量的经验创造，也存在着各种类型的问题。各“条”上的专题小组通过日常化评价对此进行了充分反映，但是在一定程度上缺乏系统化和理论提升，很多经验和问题还未进行理论层面的分析而处于不清晰状态。中期评估正是在此基础上，集中各方精力将变革实践中的经验、问题以及“新质”具化、固化为有助于实际操作的评价项目、评价统计表、评价规则和层级特征等，实现变革理论与实践在不同类主体间进行转化。显而易见，中期评估始于新评价功能转换下的工作策划或方案策划。

1. 中期评估的工作策划

中期评估的工作策划主要是课题组根据该阶段的实际需要而设计的评价方案。中期评估的工作策划①主要包括：中期评估指导思想；指导原则；中期评估的机构组成，诸如领导小组、评估组成员构成（由研究人员、基地学校的教师、教育行政人员等构成）、评估小组分工（以各“条”上的专题小组划分为主）；评估项目，诸如基地学校自评项目、评估小组他评项目、学校自评表格、评价规则和层级特征（或评价指标体系）、现场评估的活动安排及要求（在现场评估中，语文、数学、英语、其他学科或术科、班队各由不同梯队的三位教师在不同年段上开课三节——共 15 节课，相应地进行教研组的“听—说—评课”研讨活动以及

① 详见华东师范大学课题组 2006 年 9 月的中期评估方案（内部资料）。

教研组座谈）；中期评估工作及时间安排；中期评估的分值分配；中期评估的学校等级划分及分值；等等。课题组通过中期评估的校长预备会议和教师培训会议将初拟的工作策划提交出来，供基地学校的校长或领导、教师进行学习、研讨并征询建议以进行完善。这不仅能够让实践者积极参与中期评估的策划，而且也是实现理论向实践转化的前提条件。

2. 中期评估通过工作策划在不同类主体间进行理论与实践的转化

从教育评价角度来看，理论与实践在不同类主体间实现转化需要研究者、实践者和评价者“三者合一”以及研讨性评价方式，最为重要的是能实现理论具化的评价内容或项目、评价标准。实质上，中期评估的评价项目、评价标准在变革实践的基础上进一步具体化为评价规则与层级特征。具体言之，评价规则的英文“rubric”源于拉丁文“rubrica terra”。牛津英语词典解释说在15世纪中期，基督教徒辛苦地抄写完神圣的经文后，在文章主要章节的开始部分写上一个大大的红色字母以明示重要性。后来，“在基督教会的界定中，它就是‘一条指示或一系列的指令’，一般用红色字体印刷（它的拉丁文意蕴），解释礼拜仪式如何进行”[①]。今天的教育评价理论工作者因袭并引申了其意的主旨，在课堂教学评价中将其视为对学生的学业成果进行评分的规则。“评分规则是由教师或其他评价者与学生协同设计和开发的描述性评分方案，是指导评价的工具”[②]。事实上，中期评估的评价规则和层级特征同样如此，包含着四个构成要素：明确的评价准则或指标（criterion）、详细的层级特征描述（gradation of quality）、灵活的评分策略（scoring strategies）和可感知的具体示例或案例（benchmark）。其中，评价准则或指标是对评价内容的质的规定，即对学校日常教育实践的“新型特质”之规定，规定着评什么或不评什么，表明了学校变革成功的决定性因素和重要方面。层级特征则是详细描述了学校变革实践的不同层级水平（主要分为三个层级水平：C级表明“新

---

① 比尔·约翰逊. 学生表现评定手册——场地设计和前景指南［M］. 李雁冰，主译. 上海：华东师范大学出版社，1998：122.

② Robert J. Marano，Debra Pickering，& Jay McTighe. Assessing Student Outcomes：Performance Assessment Using the Dimensions of Learning Model［M］. Virginia：Association for Supervision and Curriculum development，1993：56.

基础教育”进入基准、B 级表明普遍达到的基本要求、A 级表明努力达成的变革方向)，充分反映了教师在学校变革实践中所有的经验创造、经常遭遇的问题、重要的行为特征，反映了变革过程中所涌现的新质特征及其相互关系。中期评估的评价规则和层级特征在教师的变革实践基础上将变革理论进一步具体化、丰富化。

中期评估的方案策划是在研究者和实践者共同参与学校变革实践的基础上生成的，这使得方案策划尤其是其中的评价规则和层级特征具有亲历生成性、综合抽象性、事理研究性。因此，评价规则不是强加于己的外在理论抽象、不是居高临下的需要“应式”达到的指令性区分标准，而是内省于己的内在理论改造，是主动追求的在变革实践中能够达成的指导性发展方向。

例如，反映课堂教学过程逻辑的教学评价规则和层级特征不只是思维的，而是理论研究者在研究实践中与一线教师共同亲历的产物。通过“新基础教育”学校教学的研究性改革实践，在“听—说—评课”中对每一堂课的反思、评析，找出传统教学观的消极影响和教师对教学过程真实理解的同时，努力尝试课堂教学展开过程的重建，并逐渐形成对有利于学生主动发展的课堂教学过程的内在展开逻辑的认识。具体说来，在研究者和教师的共同创建和实践研究中，课堂教学被视为不可分割的“分析单位”，即“师生双方是在交互作用中形成相互规定，由相互规定构成有机的行为整体”①；教师在理论学习、尝试变革的基础上逐渐走出传统，重建课堂教学。教师在实践重建中为了有方向、有目标地推进课堂教学，将学生视为教学重要资源，首先是降低课堂教学重心，通过还学生主动学习的时间、空间、工具、提问权和评议权等把课堂还给学生；在课中学会倾听、捕捉资源、重组信息以推动生成，由此在课堂教学过程中实现师生积极、有效和高质量的多向互动，进而推进由“有向开放——交互反馈——集聚生成三个相对区别又关联的步骤组成”② 的互动生成式课堂教学，以使课堂教学过程具有丰富意义、智慧灵动与生命活力。这是一个改

① 叶澜．“新基础教育”论——关于当代中国学校变革的探究与认识［M］．北京：教育科学出版社，2006：269.

② 同①，273.

革实践与理论的双重意义上的重建过程，不满足于理论的批判、观念的更新，还力图在改革中探讨和创建新的实践形态。班级建设重建、学校领导与管理重建同样如此，都具有理论与实践的双重追求和任务，也是理论与实践双重探索和交互作用的产物。“新基础教育”正是在综合不同学科、不同视角的多维聚焦下，以日常教育实践及其变革中不同层面的“分析单位”进行整体性思考和“综合抽象”，得以深入学校变革实践的复杂性和动态生成性，得以进行“事理”研究探究教育实践的行事依据和有效性、合理性的。

（二）中期评估的自评与反思研习

1. 中期评估的不同自评方式

就教师个人、教研组和学校的自主发展而言，中期评估通过不同的自评方式规范和强化教师、校长或领导在日常化评价中所形成的关于自身发展的自我反思、自主研究、主动策划的能力，也由此使得他们更加深入理解、内化“新基础教育”理论，以进行内在理论、日常教育实践行为的自我更新。为了在转化意义上推进学校变革过程，中期评估的自评在个体自身内在理论与日常实践行为的关联层面上，既有助于不同层面的主体对自身的变革实践之“事”进行经验总结、问题分析、发展策划，也有助于他们能够自我明晰和展示自己作为变革实践中主体之“人”的思维过程、情意体验、智慧创造，而且还能在不同的比较中（如将自己的课堂教学与他人的进行比较、与课堂教学的评价规则进行比较或将自己作出的评价与他人作出的评价进行比较等）自行改造自己头脑中的内在参照系。在整个中期评估过程中，不同层面的主体通过各种方式所开展的自我评价贯穿于其始终。这主要有自评报告和专题经验总结、基于自评表格的研究、关于开放性课堂教学的研讨性反思和评价等。

（1）自评报告和专题经验总结

此种自评形式为学校变革实践中教师（教研组）、校长（学校）反思和研究自身变革与发展的一种思路、一种策略，最终由此内化为自主研究的内在模式。事实上，“新基础教育”在学校转型中形成的富蕴着主动发展、自强自立的“新基础精神”以及关于生命成长、人生意义的各种观念，都以一种人生哲学渗透于当代中国的教育改革研究中，即对人的生命发展的关注由学生推及教育实践者（教师、学校领导）和教育学研究者，由个体推及学校。这使得“新基础教育”中不同类型的变革主体及学校都能对自身的发展状态和目标具有明确的自我意识，并能针对自身存在的各种问题和发展需求主动进行变革。

例如，江苏常州第二实验小学依据“新基础教育”基地学校建设中期评估工作策划的要求，将中期评估视作“总结提升经验、诊断存在问题、捕捉学校发展生长点”的机遇，积极地通过自评报告和专题经验总结的自评方式对学校两年来的变革过程、发展状态进行研究反思①。在自评报告中，从理论思考、变革实践、发展成效对学校整体性变革进行分析，可以概括为：降低管理重心，完善管理网络，在实践中提升管理效能；潜心教育科研，提升学校内涵，在实践中落实成事成人；确立儿童立场，引领发展需求，在工作中享受职业幸福；等等。同时，在专题经验总结中，从儿童立场与学生主动发展、从教师发展和教研组建设选择了学校变革中的创造和“亮点”，并进行理论概括、提炼。学校由此引导教师个体和教研组回顾两年来的成长历程，在感受自我实现和团队发展的过程中激活新的发展需求，从而将个体的发展愿景自觉融入到团队的发展规划之中，让教师发展“自转”的合力、教研组发展“公转”的引力，同时汇聚成学校新的发展力。

各基地学校在此基础上自主组织3—5人的答辩团，参加统一组织的校长答辩会。此举也是为了全面锻炼学校管理层面的校长领导能力。

（2）基于自评表格的研究

中期评估的一大特点在于，从学校整体性变革的角度设计了自评表格（共计20份），主要涉及学校各级领导、教师队伍等方面的基本情况，学校各种组织、制度等管理方面的变革情况，教研组的各种类型研讨和课堂教学变革情况，班级建设和学生工作情况等。中期评估旨在通过学校自评表格（例如，2005—2006年班级开展主题活动一览表）的填写，整体上把握基地学校建设情况，包括搜集和积累各基地学校前期形成的各种资料，为下一阶段的研究策划提供事实性依据。最为根本的是，由此形成基地学校积累资料的意识和分析资料的习惯，并据此从不同维度展开自主研

① 来源于2006年9月江苏省常州第二实验小学的自评报告和专题经验总结（内部资料）。

究。各学校在填写自评表格之前，不是仅仅将此视为一项应对评价的任务，而是组织教师共同研习并进行培训：明确自评表格填写的目的；自评表格的项目内容在变革实践中的指导意义，及和自己的日常变革实践的关系；对自己的变革研究的影响；等等。正是在这样的学习讨论中，教师们充分认识到自评表格填写既有助于全面、系统地梳理相关的学校及其变革信息，又有助于从中找出共同问题、总结规律并进行原因分析、理论研究，同时还能帮助教师规范化自己在学校管理、课堂教学、班级建设中的实践操作。例如，江苏常州第二实验小学通过搜集、比较、研究各年级班主任所填写的2005—2006年班级开展主题活动一览表，从中清晰地发现：骨干教师能够从不同年段学生的成长需要出发设计班队活动，呈现出结构化、系列化特征；刚进入的教师所开展的班队活动则呈现出“量多、点状化、跟着学校走”的特点。

（3）关于开放性课堂教学的比较性研讨与学习

中期评估的最核心部分是现场评估（见表5－2），主要通过现场听课、教研组研讨、座谈会等活动全面、真实地反映参评学校的变革状态及其达至的层级水平。每所学校的所有15节课及其相应的教研组研讨活动向共同体内的参评学校教师开放，因而中期评估在真正意义上成为了反思、学习、研究的机会。

首先，开课教师将自己的课堂教学与评价规则和层级特征进行比较，自行找出自己的教学亮点，并结合教学实际情态对问题进行具体分析，在此基础上进行重建。开课教师可以在教学研讨中进行三次重建：在课堂教学结束后按常规即时地进行首次反思；在教师同行评课的基础上进行二度反思；在听取了研究者的评课和学习、研讨了他人的课堂教学后进行第三次反思。这三次反思是逐层递进的，这使得教师在不同程度上将“新基础教育”理论愈益深入地加以内化。其次，参与学习听课的教师将不同的课堂教学进行比较，依据在规则内化的基础上形成的内在理论和参照系对课堂教学进行评价，区分出不同层级并明确指出好或差的原因。最后，将自己作出的评价与评估组作出的评价进行比较，尤其是分析两者差异之处及其原因，这其实是教师有意识地对自己的自评进行反思，进而对自己的内在参照系进行自我更新。

表5－2 现场评估的活动安排及其要求①

<table>
<tr><th colspan="2" rowspan="2">时间安排</th><th colspan="3">评估小组活动</th><th rowspan="2">要 求</th></tr>
<tr><th colspan="2">组 别</th><th>活 动</th></tr>
<tr><td rowspan="5">上午</td><td rowspan="5">8：30—11：30</td><td rowspan="3">一类</td><td>语文</td><td>听课（3节课）</td><td rowspan="3">各科的开课教师必须为：骨干教师、第二梯队教师和刚进入教师各一名</td></tr>
<tr><td>数学</td><td>听课（3节课）</td></tr>
<tr><td>外语</td><td>听课（3节课）</td></tr>
<tr><td>二类</td><td>其他学科</td><td>听课（3节课）</td><td>小学科目：体育（必开）、自然常识（必开）、音乐或美术（任选一）；
中学科目：物理、化学、生物；政治、历史、地理；音乐、体育、美术（三类学科中分别任选一）；开课教师则由基地学校自主选择</td></tr>
<tr><td>三类</td><td>班队</td><td>听课（3节课）</td><td></td></tr>
<tr><td rowspan="3">下午</td><td>13：30—15：00</td><td colspan="2">语文、数学、外语、其他学科、班队</td><td>教研组研讨活动</td><td>基地学校的各教研组自主进行说课、评课的研讨活动，评估小组成员不参与评课、发言</td></tr>
<tr><td>15：00—17：00</td><td colspan="2">语文、数学、外语、其他学科、班队、中层干部</td><td>座谈会</td><td>上述5个评估小组重新分工组成6个评估小组（成员总数不变），分别参加相关座谈会</td></tr>
<tr><td>17：00—18：00</td><td colspan="4">各评估小组先集体讨论并给出小组评分，然后将各小组分进行汇总给出学校的总评分</td></tr>
</table>

注：所有15节课的开课教师不重复；同一学科的年级不重复且分布在低、中、高年级；所有开课的班级尽量不重复。

2. 中期评估通过不同形式的自评在个体层面上实现理论与实践的转化

在中期评估的自评报告和现场评估中，教师及教研组或年级组、校长和学校领导团队都在进行着不同层面的自我评价，即相对比较、绝对比

① 来源于华东师范大学“新基础教育”课题组的“新基础教育”基地学校建设中期评估工作策划。

较、自我变化比较等，这主要集中于两个层面上。首先，在“质的水平”上进行比较，即将传统教学的“旧质”与“新基础教育”的“新质”进行差异分析，例如，在教师学习“新基础教育”理论的基础上，深入研究传统课堂教学的评价标准并将此与“新基础教育”的教学评价标准进行对比，找出其中的不同之处；再如，将“模块”教学与“长程两段式”的结构性教学进行比较、将传统的课堂教学设计表与“弹性化”教学方案设计表进行比较，这些都是在“质”的意义上深入地进行研习。其次，在个体的内在理论或内在参照系上进行比较，这要求教师应当将自己的课与他人的课、将各种研讨课与“新基础教育”的评价标准、自己的评课（心中默想的或已经公开发言的）和他人的评课（研究者的或教师同行的）、将自己在变革前后的状态等方面进行多维度比较并在“新基础教育”理论层面上进行原因分析。在自评意义上的差异比较和原因分析，这是教师“学、悟、思、行”的前提条件。

教师在自评、比较性研究基础上的“学、悟、思、行”是理论与实践在个体层面上实现转化的内在机制。“新基础教育”研究中的学校研究性变革实践首先需要教师学习变革理论，但这并非仅仅意味着对教育理论论文或论著的阅读式学习，而是要在自己的课堂变革实践中、在参与课前的备课研讨中、课后的评课研讨等活动中进行学习、内化。教师参与其中结合亲历的教学变革实践、具体的教学实例分析才能“突然明白”、“茅塞顿开”。教育理论只有在自身实践基础上通过学习和领悟内化为自己的头脑中的理念时，才能成为教师的行事依据以致对传统课堂教学进行理论反思、对教学变革过程中的问题进行理论分析、对其中的成功经验进行理论提升。唯如此，教师的日常教学变革实践内涵着理论透析的力量，才能从尝试性变革走向创造性变革，从被动性变革走向自主性变革。

（三）中期评估的他评和综合研讨

在中期评估中，以研究者为主所构成的评估组开展一系列的他评活动，诸如评分、等级评定、评语分析等。他评一方面指向学校整体性变革过程，另一方面又是指向变革过程中的“人”的生命发展：学生的发展、教师的发展、校长或领导的发展。因此，中期评估的他评力图通过现场方式——观察、访谈或座谈等直接评估学校日常变革实践的现状，通过资料分析——自评报告、专题经验总结和自评表格等评估学校变革过程及其自评、自我反思与策划能力，基于过去、现在和未来的评价，以便对学校变革进行定位指导，在又一个五年期研究的“节点”起到承上启下的推进作用。因此，中期评估的重点在于总结和推广成功经验、发现存在的问题、明确变革的层级水平、指导后续的变革策划等，这需要在创建学校变革评价体系的基础上实现评价功能转换。当然，中期评估也欲图进行学校间、教师间等不同层面的变革或发展状态和过程之横向比较，发挥进步表彰、评优激励功能，但这显然是退居其次的。中期评估的指导思想在很大程度上决定了评分原则，故评分原则的适切性是最核心的问题，继而才能在此基础上追求其操作性。

1. 等级评分制在中期评估中的适切性分析

评分原则主要有百分制和等级制，它们在本质上都是在等级量表上对评价结果进行量化的方式。“从量表的概念来看，上述的所谓‘百分制’和‘等级制’的基本性质是相同的，都属于等级制量表。基本特点或者说功用是对事物间的大小、高低、优劣、先后等进行排序，亦即等级的划分。人们往往误把‘百分制’当作等距量表”①。百分制的分值划分精细，区分的精确度高，可比性强；还可以提供数据，以便进行试卷的信度、效度分析及试题的难度、区分度分析，甚至包括其他更多类型的统计分析。与之相反，等级制的最大特点就是“模糊”了对评价结果进行等级划分或排序的精确程度，从而腾出了更大的评价空间。这在当前的新课程评价改革尤其是学生评价改革中日益受到重视，多数课改实验区在中考中纷纷用等级制代替百分制。根本原因在于，“为全面整体地反映初中毕业生的发展状况、建立综合素质评价体系、采取多渠道录取新生等方面提供了余地和条件。等级区分的意义在于确认学业成绩优秀学生优先录取的同时，又为综合素质评价优秀和具有不同特长潜能的学生以录取的机会和余

① 刘五驹．“百分制”向“等级制”变革中的评价理念误区［J］．江苏教育学院学报（社会科学版），2005，（21）6：22.

地"①。但我认为，这并未能在本质意义上认识和发挥等级制在教育评价中的意义，下面试图结合学校变革评价对此进行深入探讨。

(1) 等级制是对学校变革的层级水平进行定位并明确其本质特征

中期评估应当准确定位出每所学校在"新基础教育"研究中的层级水平，并与之共同研讨，清晰自身在此层级水平上整体呈现出来的本质特征。评估组成员作为变革研究者，将逐步展开的学校变革过程之新"质"和学校之新"型"进行理论抽象，并转化为评价准则和层级水平的特征描述以形成学校变革的评价表。每一评价准则的特征描述都分为三个层级水平，即A、B、C依次由高到低的不同状态，C级水平是进入"新基础教育"研究的基准线和标志，达到C级就意味着学校是在进行"新基础教育"研究；B级水平是基地学校一般都应当达到的层次，是必须呈现出的学校内在特征；A级水平则是"新基础教育"研究的理想目标，描绘了精品学校的内在基质从而成为基地学校建设的努力方向。评估组对不同学校作出的相应的等级区分，以明晰它们各自在绝对意义上的变革状态以及呈现出的内在特征。显然，等级制是极其切合于此的，能够更加清晰表达的评分工具。

(2) 等级制是对学校变革中复杂关系进行整体性分析

学校转型是不同层面相互关联、各种要素相互交织在一起的整体性变革过程，简单的分数对此显得苍白无力，这需要等级评分以及在此基础上对学校变革中丰富而又复杂的关系图景进行整体分析。如果采用百分制评分，我们可以分项打分，再结合各自的权重系数进行加权求和，但是由此合成的分数只能在所谓的"科学"、"客观"意义上适合于公正的排序、评优等，而不能对各个评价项目或准则的内在关系（这其实是学校变革和日常实践中基质性要素以及由其内在关系构成的整体）进行深入解读和清晰表达。究其根本，百分制评分在深层意义上潜在地假设评分者能够在相互割裂的项目上对学校变革逐项打分，它们是相互独立的；而且，一个项目上的分数高低在一定程度上可以被其他项目上的分数相互抵消。等级评分制却能通过评估小组的逐项研究并结合评价中新发现的种种"意

① 广州改为中考等级制录取、期待"综评"多完善［EB/OL］. http：//www. nse. cn/educrat/newsdetail. cfm? icntno = 159&popuse = 1. 2006 - 02 - 07/2006 - 10 - 19.

外”因素，对整体状态作出合理的等级区分并明晰其层级特征。具体而言，我们可以将PTA量表①“简化成单一量表或者一个具体的以等级为目的的量表；依据重要程度对各个独立的要素进行权重分配而得到的量表；将PTA量表仅仅作为等级评分的一部分；确定入门标准，这些入门标准是在运用PTA量表评价……之前必须达到的要求”②。等级评分由此通过上述的各种方式可以对学校变革中的不同层面的复杂关系进行整体分析。

（3）等级制是在实践参与基础上对学校变革过程进行主体性研讨

第一，中期评估重点不在于依据现场评估和常态评估对每所学校进行打分，而是通过评估小组的共同研讨直接指向学校变革过程并进行具体的策划、指导，这只能通过等级制才可以实现。等级评分实质上就是由变革研究者组成的评估小组，在自己亲历的实践参与基础上对学校变革过程进行主体性研讨。可以说，等级评分是一种主体性评价，但不是主观性评价。在中期评估中，评估小组的成员都是在参与变革实践中成为评价主体的，他们与一线教师在课堂教学、班级建设、学校管理等不同层面的反思和重建中进行问题研讨、理论提升，对教师的自我反思以及专业、情意等方面的生命成长过程进行剖析和指导，故而对每所学校的变革过程、各个梯队的教师发展状态大多了如指掌。评估小组成员和开课教师在现实的、具体的、特殊的变革实践及其中的各种关系中决定着等级评分的客观性。显而易见，等级评分的客观性并非如同百分制那样诉诸于数据的统计技术处理，而是奠基于评价主体亲历参与的学校变革实践。第二，等级评分就是评估小组通过现场评估和常态评估，依据评分规则中的各项准则逐一研讨，分析存在的问题、呈现出来的特征以及各个准则之间的关系，最终在整体上对课堂教学、班级建设等进行明晰而具体的层级水平定位。第三，等级评分的主体性研讨都是研究者、实践者在变革实践的基础上进行问题分析、理论提升，而非评价主体多元化中教师、领导、教研员、专家、学生及其家长等，都被赋权可以从不同角度表达价值需要、进行价值的心理

① PTA（primary trait analysis）量表，即基本要素分析的等级描述，实质上就是评分规则或中期评估的评价表。

② Barbara E. Walvoord & Virginia Johnson Anderson. 等级评分——学习与评价的有效工具［M］. 国家基础教育课程改革“促进教师发展与学生成长的评价研究”项目组，译. 北京：中国轻工业出版社，2004：70.

建构并综合起来形成共识的评价结果。

2. 中期评估的等级评分程序及技术处理

在具体技术层面上，百分制相对于等级制更具操作性；但在评价技术或手段所从属的目的层面上，等级制更加适切于中期评估的指导思想。在此基础上，进一步探索等级评分的技术处理才具有现实意义。事实上，百分制抑或等级制的取舍不是决定于技术上的操作简易性，而是决定于目的上的适切性。根据评估目的，可以从定位研讨和相对比较的两个维度进行等级评分的实践探索。

（1）在定位研讨意义上的等级评分

从中期评估的定位指导来看，等级评分原则在技术层面上可以概括为“分项讨论、整体评分、逐层综合、全面定位”。

首先，通过小组会议进行分项讨论、整体评分。中期评估在实际操作意义上将学校变革过程分为学校管理、教研组建设、课堂教学、班队和学生发展工作四大评价领域，并在此基础上根据其内在基质和要素进一步细分为各项评分准则并进行不同层级水平的特征描述。语文学科、数学学科、英语学科、术科或其他学科、班队、中层干部、教研组建设七个评估小组在小组会议上依据相应的评分规则，对不同领域的变革过程和状态进行研讨、整体把握。会议研讨直接指向课堂教学、班级建设、学校管理等方面的内在特征，不仅包括当天的最佳表现也包括平时的日常状态；不仅包括教师的业务能力也包括他们的精神状态和自我反思、理论领悟、学习总结能力，等等。各评估小组在对现场评估进行讨论的基础上，综合考虑开课教师的参与时间、校内影响力、骨干作用的发挥程度、面上指导、进步程度、主动发展态势以及发展潜力等各种因素，然后在整体上进行等级评分。

其次，通过大组会议进行逐层综合、全面定位。学校变革过程内含着不同层面的复杂关系，故而等级评分并非仅止于具体的课堂教学或班队活动层面上的整体评分，还包括其他层面的整体评分。例如，就课堂教学改革过程而言，需要在具体的三节课层面、学科层面、学校教学层面上逐层进行等级评分，班队、教研组建设、学校管理也不例外。因此，尝试着运用树形结构图（图 5－1）的方式整体呈现出学校变革的结构及其内在关系，通过大组会议在不同层面上进行共同研讨，逐层综合下属项目的等级评分并进行相应层次上的关系分析、特征分析和整体评分。这就是在学校变革评价的不同层次上通过大组会议进行集体研讨和打分、逐层综合的过程。最后，评估组在全面考察了学校变革过程的基础上对该所学校发展状态和层级水平进行整体定位，并综合大组会议的研讨形成有针对性的评语，以明了学校在“全、实、深”的推进过程中的状态分析。

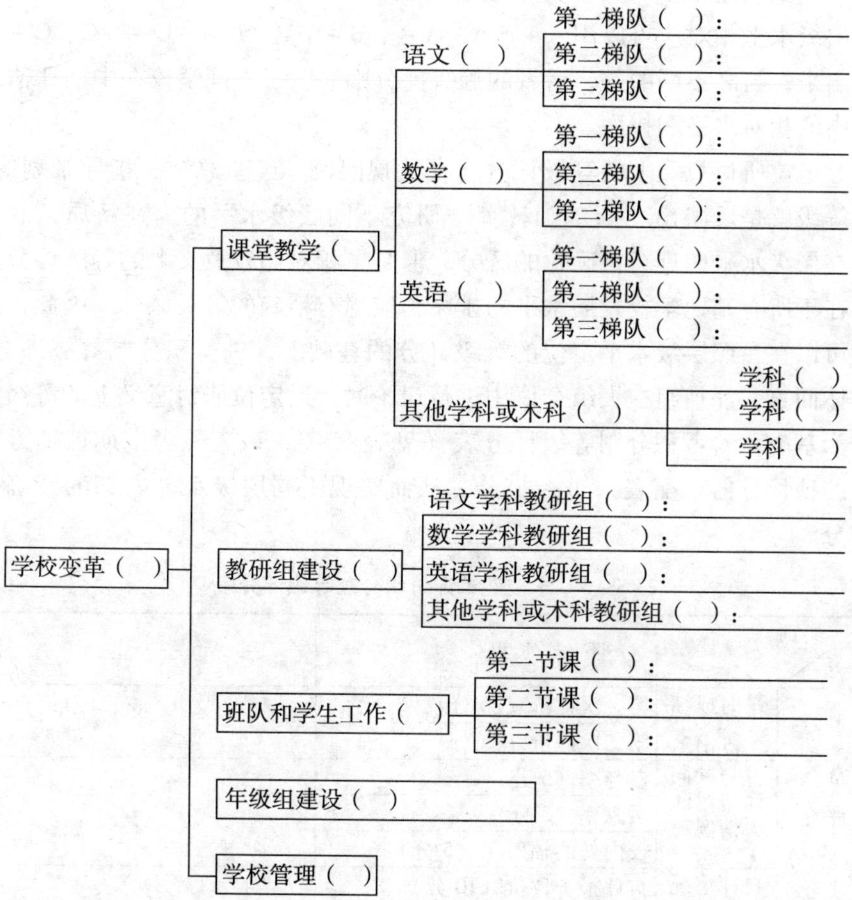

图 5-1　学校变革评价的等级评分、逐层综合的结构图

说明：1. 每一项目后的（　　）用来填写该项的分数或等级

2. 每一项目后的______用来填写该项各种原因的加分情况

（2）在相对比较意义上进行积分制等级评分

中期评估欲图“评选和表彰第一阶段的优秀学校、领导、教师与研究团体，强化研究的中坚力量，提升骨干力量的自觉性、核心意识和事业心”。因此，等级评分不仅要表明学校变革过程和状态在绝对意义上与理想目标的差距，还需要在绝对评价的基础上表明不同学校或不同梯队的教师在两年来的基地建设中的相对水平。前者的等级评分是以“新基础教育”研究的绝对水平为参照标准，对基地学校进行层次定位，与评价表的层级水平相对应可以用A+、A、A-、B+、B、B-、C+、C、C-表示出来；与之不同的是，后者的等级评分则表明了不同学校在中期评估结果中的相对水平和排序。

定位研讨意义上的等级评分旨在发现问题、经验总结、指导策划等，其等级就是反映出“新基础教育”研究不同层级水平的内在特质，而勿需在层级水平内进行精确化的区分。但是，相对比较意义上的等级评分主要在于所有基地学校发展水平的排序，应当有精确的等级区分。因此，我们可以在参照层级水平定位的等级评分的基础上，进行积分制等级评分。具体而言，评估组在大组会议中进行讨论时，以定位研讨意义上的等级评分为基准，参考积分制等级评分表（见表5-3，该表原为中期评估方案中的项目分值分配表）进行打分，从而实现不同层级水平内部的精确化区分。

表5-3　学校变革评价积分制等级评分表①

类别 内容	评价项目		备注
常态评价（75分）	平时成绩（45分）	第一次评价（20分）	
		第二次评价（25分）	
	参与共同体研讨的情况（15分）	参与率（5分）	
		贡献率（5分）	
		校内外的辐射率（5分）	
	自评情况（15分）	自评报告评价（10分）	
		专题经验总结评价（5分）	

① 源于华东师范大学“新基础教育”课题组的“新基础教育”基地学校建设中期评估工作策划。

续表

<table>
<tr><th>类别
内容</th><th colspan="2">评价项目</th><th>备注</th></tr>
<tr><td rowspan="6">集中评价（75分）</td><td rowspan="6">现场评估（75分）</td><td>语文教学及教研组评价（12分）</td><td rowspan="3">课堂教学：骨干教师（4分）、第二梯队教师（3分）、刚进入教师（2分）；
教研组活动（3分）</td></tr>
<tr><td>数学教学及教研组评价（12分）</td></tr>
<tr><td>外语教学及教研组评价（12分）</td></tr>
<tr><td>其他学科教学及教研组评价（9分）</td><td>课堂教学（3×3分）；教研组活动（3分）</td></tr>
<tr><td>班级活动与学生工作评价（21分）</td><td>班队活动（3×6分）；教研组活动（3分）</td></tr>
<tr><td>学校管理评价（9分）</td><td>其中包括了关于学校变革的高端稳定和进步程度方面的评分</td></tr>
</table>

（四）中期评估的回馈和反思重建、总结交流

中期评估实质上是研究者与学校校长、教师、学生聚焦式的、深度的交流，其意义并非仅仅在于评出分数的高低，更为重要的是在于把“新基础教育”做得更好，在于每所学校、校长或领导、教师有比较清醒的自我意识和自主意识。因此，中期评估需要在学校自评和评估组他评的基础上，进一步进行问题分析和梳理、经验创造的理论提升和总结推广。中期评估在不同层面进行反馈，力图发现和提升基地学校建设的典型经验，形成阶段性研究成果，并进行系统的总结和推广；发现基地学校建设中的共性问题以及各所学校的具体问题，从而形成下一阶段的发展方向、任务、机制和策略。

1. 共同体层面上的评估结果反馈

旨在转化意义上推进学校变革过程的中期评估为共同体内的基地学校搭建了有效学习、交流和研讨的平台。在中期评估的回馈会议上，研究人员在理论层面上进行提升、概括和策划，从而发挥积极的引领作用，并从中发现和提炼出学校变革实践中所面临的共同性问题，有针对性地提出下一阶段的研究策划；发现和提升基地学校在学校变革中所创造的经验或特

色并加以理论总结、交流推广。此外，中期评估也为各基地学校进行横向比较提供了重要的参照系，有利于基地校明确自身的优势、劣势以及相对水平，通过评价以外在的表彰、奖励等鼓励性举措激发学校变革的动力并相互促进。不仅如此，获奖的教师或团体事实上树立了学校变革实践层级水平的“标杆”，这就能够使体现“新基础教育”理念的课堂教学、班队活动等具体地呈现出来。

（1）专题经验的理论总结和交流推广

在中期评估的共同体层面回馈会上，评估组力图从学校整体性变革的各个层面、各个维度选择专题经验进行交流、研讨。在一定意义上，这些专题经验的背后潜在地表明了学校变革实践中共同遭遇的问题以及创造性解决该问题的具体方法。因此，专题经验的理论总结、交流推广需要在此意义上进行深入研讨。例如：把握契机，真实发展；推上前台，激活每一位教师的发展潜力；基地校建设中的非行政性组织作用探索；做“新基础教育”的开心班主任；创建教研组文化，打造教研组品牌；等等。这些专题交流清晰地展示了学校变革过程中所经历的困惑、探究、转变以及实践者作为整体生命的投入者所获得的丰富成长过程。当然，这些经验在一定程度上代表了学校在某一方面的创造性变革实践中所形成的阶段性研究成果，它在下一阶段的更加深入推进中将面临何种障碍，这也值得每所学校及变革实践者思考。

（2）荣誉表彰的外在激励和认同、“标示”作用

中期评估在共同体层面上的结果回馈会议还需要对在变革实践中所涌现出来的优秀教师、团队和学校进行表彰、奖励，由此评出学校变革实践者的自信、自明、自主。值得注意的是，此次优秀评奖不仅只是给出分数、等级，而且还通过颁奖词明确了获奖单位或个人在学校变革中的成功经验及其发展、变化的过程。毋庸置疑，这是在共同体内进行经验推广、激励学习的有效手段。对于教师个人或学校而言，中期评估的表彰、奖励不仅是一种荣誉，而且是对自身在变革实践中的经验创造、积极成长、阶段性成果的认同。其中，优秀的教师或学校在某一方面变革起着“标示”作用。在此意义上，专题交流会也是一种对发言人及其代表的学校的特殊激励方式。

2. 学校层面的评估结果反馈

中期评估结果在学校层面进行反馈，更准确地说是对学校管理层面的分析。在学校整体性变革实践中，尽管学校管理变革也是一项专题研究，但是它却对各学科变革、班级建设、教研组建设等专题研究进行统领。因此，学校层面的反馈会需要校长和中层领导参与，体现出两种基本特征：一是综合性，不只是某一专题或学科的结果，而是在学校整体性变革下进行分析，不只是现场评估时的一节课和一次教研活动，而是涵盖了两年来的日常变革状态；二是具体性，结合学校自身的变革状态进行具体的问题分析、反思重建。

中期评估会议的内容主要包括学校自身的反思重建、评估组的评分结构反馈、各专题组对该校具体问题及建议的概述和对该学校的总体性评价。第一，校长、各学科负责人或教研组组长谈中期评估后的反思和改进工作，主要通过对其他学校变革状态的研讨和比较，找出差距并进行原因分析，结合学校自身情况借鉴学习。例如，闵行区实验小学通过比较发现：华坪小学的课堂“活”、洵阳路小学的课堂“实”、常州第二实验小学的课堂“美”，其原因在于上述三所学校的学生状态非常好，因此，该校立即着手对本校学生状态进行问卷调查并进行问题分析，从而采取相应的教育措施。第二，评估组反馈该校在本次评估中的各项得分、名次等成绩情况，向学校提供每位教师的具体评分、某学科三节课的总评分、教研组建设和学校管理等各项评分以及学校的总评分，等等。值得注意的是，评分结果反馈需要淡化学校的分数意识，而是通过各项成绩的横向、纵向比较明确自己的发展状态，鼓励挑战，激励发展。第三，评估组按学科或专题概括性地分析本次评估中的具体问题并提出建议。例如，数学专题小组指出：闵行区实验小学的中高年级段的骨干教师课堂表现力突出，也可以在设计中看出骨干教师能够发挥自己的引领作用。其问题在于相对其他学校，低年级段教师比较薄弱，缺乏骨干引领。其他学校已经做到大循环，实验小学还没有做到。这样影响实验小学的发展，所以，一二年级需要加大教师培养力度。此外，数学组教师工作很努力，但有些被动。组长需要具有承担责任人的领导意识，自己要策划并主动开展多方面工作。第四，在评估会议结束时，对学校状态进行总体性评价。例如，综合来看，闵行区实验小学的获奖数量很多，且等级很高，但班队获奖不如教学的获奖情况；行政性组织能力很强，而非行政组织能力较弱，这就提出，如何加强非行政组织的作用。实验小学在这次评估中总分第一，但应该有危机感，其他学校在奋起直追，要关注这些问题：教师队伍层面，第一梯队教师在做贡献和自己的教学方面要做好协调，二、三、四梯队教师在“重心下移”方面，具体措施要落实；在学校层面，要更加重视学生的工作，注意学生立场，并积极调整工作。

3. 专题研究层面的评估结果反馈

专题研究层面的评估结果反馈体现了学科或专题的独特性，就学科改革的问题以及其中的教师个人或团队的发展状态进行具体分析。专题研究层面的评估反馈主要有两种方式。一是评估进行中的骨干教师培训研讨会。不同学科的评估小组在现场评估中通过“听—说—评课”和教研组座谈会，很真切地发现和归纳出其中的共性问题。而共同体内的参评基地学校的相关学科教师都全程参与所有的“听—说—评课”活动，有着深切的体会和自己的思考。因此，研究者和实践者都作为评价者结合具体的课例，共同指向评估中所涌现出的共性问题进行研讨、培训。此种即时性的评估反馈尽管不是很系统，但是可以“趁热打铁”起到事半功倍的学习效果。二是评估结束后的专题总结交流会。学科评估小组对此次评估所集中呈现出来的问题和成功经验进行了全面、系统的整理和理论提升，而各学校相应的学科教研组和开课教师也进行了多次反思总结和比较式学习、研究。因而，教师先谈自己对相关课例的具体评点、学习体悟和自我反思、工作策划等后，研究者在对教师的反思和研习状态进行评价的基础上，更加深入地分析学校变革中的问题，推广成功经验以及策划下一步的学科改革工作。

主要参考文献

一、著作类

（一）中文著作

1. 陈琦，刘儒德．当代教育心理学［M］．北京：北京师范大学出版社，1999.
2. 陈新汉．评价论导论——认识论的一个新领域［M］．上海：上海社会科学出版社，1995.
3. 陈玉琨．教育评估的理论与技术［M］．广州：广东高等教育出版社，1986.
4. 陈玉琨．课程改革与课程评价［M］．北京：教育科学出版社，1989.
5. 陈玉琨．教育评价学［M］．北京：人民教育出版社，1999.
6. 戴本博．外国教育史（中）［M］．北京：人民教育出版社，1990.
7. 戴忠恒．心理与教育测量［M］．上海：华东师范大学出版社，1987.
8. 高中新课程通识性培训丛书编写组．高中新课程改革评价改革［M］．呼和浩特：内蒙古人民出版社，2004.
9. 冯建新．教育评价与测量学［M］．北京：中国社会科学出版社，2005.
10. 顾明远．素质教育的督导与评估［M］．北京：中国和平出版社，1996.
11. 顾志跃．转型中的教育评价［M］．上海：上海科技教育出版社，2005.
12. 广东省教育厅教研室．普通高中新课程评价指导［M］．北京：高等教育出版社，2005.
13. 国家基础教育课程改革“促进教师发展与学生成长的评价研究”项目组．新课程实施中教育评价改革的探索［M］．西安：陕西师范大学出版社，2003.
14. 侯光文．教育评价概论［M］．石家庄：河北教育出版社，1999.
15. 黄光雄．教育评鉴的模式［M］．台湾：台湾师苑有限公司，1989.
16. 黄光扬．新课程与学生学习评价［M］．福州：福建教育出版社，2005.

17. 贾非．中国古代考试与学校教育［M］．长春：吉林教育出版社，2001.
18. 教育部师范教育司．教师专业化的理论与实践［M］．北京：人民教育出版社，2003.
19. 康乃美．中外考试制度比较研究［M］．武汉：华中师范大学出版社，2002.
20. 李聪明．教育评价的理解与方法［M］．台湾：幼狮文化事业公司，1985.
21. 李德顺．价值论——一种主体性的研究［M］．北京：中国人民大学出版社，1987.
22. 李连科．哲学价值论［M］．北京：中国人民大学出版社，1990.
23. 李雁冰．课程评价论［M］．上海：上海教育出版社，2002.
24. 刘放桐．现代西方哲学［M］．北京：人民出版社，1990.
25. 刘海峰．中国考试发展史［M］．武汉：华中师范大学出版社，2002.
26. 刘海峰．科举考试的教育视角［M］．武汉：湖北教育出版社，1996.
27. 陆有铨．躁动的百年——20 世纪的教育历程［M］．济南：山东教育出版社，1997.
28. 罗黎辉，高翔．教育测量与评价学［M］．昆明：云南教育出版社，1996.
29. 邱白莉．当代美国中小学教育绩效责任探析［M］．广州：中山大学出版社，2003.
30. 瞿葆奎．教育学文集·教育与教育学［M］．北京：人民教育出版社，1993.
31. 瞿葆奎．教育学文集·教育评价［M］．北京：人民教育出版社，1989.
32. 瞿葆奎．中国教育研究新进展·2004［M］．上海：华东师范大学出版社，2006.
33. 全增嘏．西方哲学史（下）［M］．上海：上海教育出版社，1985.
34. 单丁．课程流派探究［M］．济南：山东教育出版社，1998.
35. 盛晓明．话语规则与知识基础——语用学维度［M］．上海：学林出版社，2000.
36. 宋恩荣．近代中国教育改革［M］．北京：教育科学出版社，1994.
37. 孙培青．中国教育史［M］．上海：华东师范大学出版社，2000.
38. 涂成林．现象学的使命——从胡塞尔、海德格尔到萨特［M］．广州：广东人民出版社，1998.
39. 王斌华．教师评价：绩效管理与专业发展［M］．上海：上海教育出版社，2005.
40. 王斌兴．新课程学生评价［M］．北京：开明出版社，2004.
41. 王天一．外国教育史［M］．北京：北京师范大学出版社，1993.
42. 吴刚．现代教育评价基础［M］．修订版．上海：学林出版社，2004.
43. 王汉澜．教育测量学［M］．开封：河南大学出版社，1987.
44. 王汉澜．教育评价学［M］．开封：河南大学出版社，2004.

45. 吴式颖．外国教育思想通史（Ⅲ）·中古时期的教育思想［M］．长沙：湖南教育出版社，2002.
46. 吴式颖．外国教育史教程［M］．北京：人民教育出版社，1999.
47. 吴亚萍，吴玉如．“新基础教育”发展性研究专题论文·案例集（下）——教师发展·学科教学［M］．北京：中国轻工业出版社，2004.
48. 谢青，汤德用．中国考试制度史［M］．合肥：黄山书社，1995.
49. 许建钺．简明国际教育百科全书·教育测量与评价［M］．北京：教育科学出版社，1885.
50. 杨成鉴，金涛声．中国考试学［M］．北京：书目文献出版社，1995.
51. 杨九俊．新课程听课、说课、评课［M］．北京：教育科学出版社，2004.
52. 杨小微，李家成．“新基础教育”发展性研究专题论文·案例集（上）——学校管理·班级建设［M］．北京：中国轻工业出版社，2004.
53. 杨学为．中国考试史文献集成（第一卷、第二卷）［M］．北京：高等教育出版社，2003.
54. 叶澜．教育研究方法论初探［M］．上海：上海教育出版社，1999.
55. 叶澜．“新基础教育”探索性研究报告集［M］．上海：上海三联书店，1999.
56. 叶澜．“新基础教育”发展性研究报告集［M］．北京：中国轻工业出版社，2004.
57. 叶澜．教师角色与教师发展探新［M］．北京：教育科学出版社，2001.
58. 叶澜．“新基础教育”论——关于当代中国学校变革的探究与认识［M］．北京：教育科学出版社，2006.
59. 叶澜．教育概论［M］．北京：人民教育出版社，2006.
60. 叶禹卿．新课程听课评课与优秀案例解析［M］．北京：中国轻工业出版社，2006.
61. 袁振国．中国素质教育政策研究［M］．济南：山东教育出版社，2004.
62. 翟天山．教育评价学［M］．武汉：武汉工业大学出版社，1992.
63. 张华．课程与教学论［M］．上海：上海教育出版社，2000.
64. 张敏强．教育测量学［M］．北京：人民教育出版社，1999.
65. 张玉田．学校教育评价［M］．北京：中央民族大学出版社，1998.
66. 郑金洲．行动研究指导［M］．北京：教育科学出版社，2004.
67. 钟启泉，等．《基础教育课程改革纲要（试行）》解读［M］．上海：华东师范大学出版社，2001.
68. 周勇，赵宪宇．新课程说课、听课、评课［M］．北京：教育科学出版社，2004.

69. 朱益明，秦卫东，张俐蓉．中小学教师素质及其评价［M］．南宁：广西教育出版社，2000.

（二）中文译著

1. 阿尔弗雷德·诺思·怀特海．过程与实在——宇宙论研究［M］．杨富斌，译．北京：中国城市出版社，2003.
2. 安妮·安娜斯塔西，苏珊娜·厄比纳．心理测验［M］．缪小春，竺培梁，译．杭州：浙江教育出版社，2001.
3. 比尔·约翰逊．学生表现评定手册——场地设计和前景指南［M］．李雁冰，主译．上海：华东师范大学出版社，1998.
4. 布卢姆，等．教育评价［M］．邱渊，等，译．上海：华东师范大学出版社，1987.
5. 弗·布罗日克．价值与评价［M］．李志林，盛宗范，译．上海：知识出版社，1991.
6. 海德格尔．存在与时间［M］．陈嘉映，王庆节，译．北京：生活·读书·新知三联书店，1999.
7. 罗伯特·蒙哥马利．考试的新探索［M］．黄鸣，译．南宁：广西人民出版社，1984
8. 罗伦斯·斯坦豪斯·宾特雷伊．课程研究与课程编制入门［M］．诸平，等，译．北京：春秋出版社，1989.
9. 梶田叡一．教育评价［M］．李守富，译．长春：吉林教育出版社，1999.
10. Barbara E. Walvoord & Virginia Johnson Anderson. 等级评分——学习与评价的有效工具［M］．国家基础教育课程改革“促进教师发展与学生成长的评价研究”项目组，译．北京：中国轻工业出版社，2004.
11. Jodnne M. Arhar，Mary Louise Holly，Wendy C. Kasten. 教师行动研究——教师发现之旅［M］．黄宇，等，译．北京：中国轻工业出版社，2002.
12. R. B. 培里，等．价值和评价——现代英美价值论集粹［M］．刘继，编选．北京：中国人民大学出版社，1989.
13. Richard D. Parsons，Kimberlee S. Brown. 反思型教师与行动研究［M］．郑丹丹，译．北京：中国轻工业出版社，2005.
14. Thomas R. Guskey. 教师专业发展评价［M］．方乐，等，译．北京：中国轻工业出版社，2005.

（三）外文著作

1. Angela Little，Alison Wolf. Assessment in transition：learning，monitoring and selection

in international perspective [M]. New York: Elsevier Science Ltd, 1996.

2. Blaine R. Worthen, James R. Sanders. Educational evaluation: Alternative Approaches and Practical Guidelines [M]. New York: Longman Inc., 1987.

3. Clem Adelman. The Politics and Ethics of Evaluation [M]. Beckenham: Provient House, 1984.

4. Daniel L. Stufflebeam, etc.. Evaluation Models: Viepoints on Educational and Human Services Evaluation [M]. Massachusetts: Kluwer Academic Publishers, 2000.

5. Egon G. Guba, Yvonna S. Lincoln. Fourth Generation Evaluation [M]. California: SAGE Publications, Inc., 1989.

6. Elliot W. Eisner. The Educational Imagination: On the Design and Evaluation of School Program [M]. New York: McMillan Publishing Co., Inc., 1979.

7. Elliot W. Eisner. The Art of Educational Evaluation: A Personal View [M]. London & Philadelphia: The Falmer Press, 1985.

8. Grant P. Wiggins. Assessing Student Performance: Exploring the Purpose and Limits of Testing [M]. San Francisco: Jossey – Bass Publishers, 1993.

9. Harold Berlak, etc. Toward a New Science of Educational Testing and Assessment [M]. New York: State University of New York, 1992.

10. Herbert J Walberg, Geneva D Haertel. The International encyclopedia of Educational Evaluation [M]. London: Pergamon press plc, 1990.

11. Max A. Eckstein, Harold J. Noah. Examinations: comparative and international Studies [M]. London: Pergamon press plc, 1992.

12. Nigel Norris. Understanding Educational Evaluation [M]. London: Kogan Page Ltd, 1990.

13. Norman E. Ground, Robert L. Linn. Measurement and Evaluation in Teaching [M]. New York: McMillan Publishing Co., Inc., 1990.

14. P. R. Chippedale &Paula V. Wilkes. Accountability in Education [M]. St. Lucia, Queensland: University of Queensland Prees, 1977.

15. Peter W. Airasian. Classroom Assessment: Concept and Application [M]. New York: McGraw – Hill Companies, Inc., 2001.

16. Ralph W. Tyler. Basic Principales of Curriculum and Instruction [M]. Chicago: The University of Chicago Press, 1949.

17. Ray Sumner. The Role of Assessment in Schools [M]. Berkshire: NFER – NELSON Publishing Company Ltd, 1991.

18. Robert J. Marano, Debra Pickering & Jay McTighe. Assessing Student Outcomes: Performance Assessment Using the Dimensions of Learning Model [M]. Virginia: Association for Supervision and Curriculum development, 1993.

19. R. N. Patel. Educational Evaluation—Theory and Practice [M]. Bombay: Himalaya publishing House, 1985.

20. Richard M. Wolf. Evaluation in Eduction: Competency Assessment and Program Review. New York: Praeger Publishers, 1990.

21. Robert McCormick, Mary James. Curriculum Evaluation in schools [M]. Beckenham: Provient House, 1988.

22. Ronald J. Samuda. Advances in Cross - Cultural Assessment [M]. California: SAGE Publications, Inc., 1988.

23. W. James Popham. The Truth about Testing: an Educator's Call to Action [M]. Alexandria, Va.: Association for Supervision & Curriculum Development, 2001.

二、论文类

1. 陈伟功. 发挥发展性教师评价的激励功能 [J]. 教育理论与实践，2003 (10).

2. 高凌飚. 关于"过程性评价"的思考 [J]. 课程·教材·教法，2004 (10).

3. 国家基础教育课程改革"促进教师成长和学生发展的评价体系的研究"项目组. 实验区学生评价与考试改革的调研报告 [EB/OL]. http://kx.pyjy.net/ReadNews.asp? NewsID = 479.

4. 何学锋. 教研活动方式的变革尝试 [J]. 基础教育，2006 (3).

5. 教育部"初中毕业与高中招生制度改革"项目组（赵希斌，李伟执笔）. 关于2005年基础教育课程改革实验区，初中毕业生综合素质评价工作的实施建议 [J]. 中小学教育，2005 (7).

6. 梁惠燕，高凌飚. 课堂教学评价的反思与框架重构 [J]. 教育科学研究，2006 (6).

7. 刘五驹. "百分制"向"等级制"变革中的评价理念误区 [J]. 江苏教育学院学报（社会科学版），2005 (6).

8. 刘学军. 课程评价的改革 [EB/OL]. http://www.zjsxzx.com/wlkc/kecheng/E-huanjing/1-2-8/mainxxnr1-4.html

9. 沈梅. 备课组活动中的自主与合作 [J]. 基础教育，2006 (3).

10. 王保兵. 课程评价误区及对策浅探 [EB/OL]. http://202.115.80.173:8080/

was40/detail? record = 111789&channelid = 3240&back = -2
11. 王本陆，骆寒波．教学评价：课程教学改革的促进者［J］．课程·教材·教法，2006，26（1）．
12. 杨启亮．课程评价．课程改革中的一个双向两难问题［J］．教育理论与实践，2005，25（4）．
13. 杨启亮．制约课程评价的几个因素［J］．课程·教材·教法，2004（12）．
14. 叶澜．时代精神与新教育理想的构建［J］．教育研究，1994（10）．
15. 叶澜．世纪之交中国学校教育的文化使命［J］．教育参考，1996（5）．
16. 叶澜．让课堂焕发出生命活力——论中小学教学改革的深化［J］．教育研究，1997（9）．
17. 叶澜．新世纪教师专业素养初探［J］．教育研究与实验，1998（1）．
18. 叶澜．在学校改革实践中造就新型教师——面向21世纪“新基础教育”探索性研究提供的启示和经验［J］．中国教育学刊，2000（4）．
19. 叶澜．思维在断裂处穿行——教育理论与实践关系的再寻找［J］．中国教育学刊，2001（4）．
20. 叶澜．重建课堂教学价值观［J］．教育研究，2002（5）．
21. 叶澜．重建课堂教学过程观［J］．教育研究，2002（10）．
22. 叶澜．教育创新呼唤“具体个人”意识［J］．中国社会科学，2003（1）．
23. 叶澜，吴亚萍．改革课堂教学与课堂教学评价改革［J］．教育研究，2003（8）．
24. 叶澜．扎实 充实 丰实 平实 真实——“什么样的课算一堂好课”［J］．基础教育，2004（7）．
25. 叶澜，等．学校转型性变革中的评价改革——基于“新基础教育”成型性研究中期评估的探究［J］．教育发展研究，2007（4A）．
26. 尹璐．关于初中生综合素质评价的几点思考［EB/OL］．http：//www.hfyhjy.com/ReadNews.asp? NewsID = 488.
27. 钟媚．过程性评价：概念、范围与实施［J］．当代教育科学，2005（14）．

除上述参考文献外，本人在写作过程中还大量参阅了以下资料：“新基础教育”研究课题组未发表的研究成果，如研讨会的发言稿、专题研讨课的会议记录、中期评估表等；基地学校提交的学校工作策划、教研组学期工作策划、自评报告和专题总结等；本人在研究过程中积累的会议记录、研讨记录等相关原始资料。本书文中直接引用的资料和核心观点都作了加注说明。

后　　记

本书是在我2007年提交并通过答辩的博士论文基础上修改而成的。

在一定意义上，论文凝缩着本人的学术成长过程。记得刚开始时，我的“宏伟”构想是，对教育评价体系进行理论重建。但是，在一次月末例会上，迎来的却是一片批评、质疑之声，“问题不清晰，都很抽象”，“想说的太多，缺乏聚焦”等。切中要害的一击不亚于当头棒喝，让我清醒地认识到教育研究最不能缺失的是问题意识、实践学习。在叶澜老师的指引下，我开始尝试着从评价功能变革的视角思考当前的评价改革实践。这是我学术生命的一次重要转变。我开始有意识地反思自己头脑中固有的研究习惯、思维方式，在研究路径上由单纯的理论学习、演绎与思辨转向学校日常教育变革现场，在实践中领悟、反思、比较、学习、提炼，努力学会去读实践，读实践这本丰富而又复杂的“无字之书”。

值得庆幸的是，第一年上学期，我就有机会参与“新基础教育”研究。尽管当时我也认真地做着记录，在研讨过程中主动地学习与思考着，但经常是“只能抽象，不能具化”，“只能解读，不能提炼”，“只会批判，不会重建”，“只有细节，没有整体”。叶澜老师“号脉”诊断出了我的问题之所在：头脑中没有“钩子”，缺乏实践提炼、概括和综合抽象的能力，根本在于读教师、读实践时理论与实践仍然是“两张皮”。叶老师的点拨，再次让我清醒地认识到理论不只是“说给别人”听的，而是在自己以各种方式参与的实践中领悟、提炼出来的。只有这样的理论才有丰富的实践内涵、才有与一线教师进行对话的实践力度。这必然需要在自己的亲历实践中力图实现理论与实践的相互滋养、双向建构。因此，在日常化的研讨性活动中，我逐渐尝试着进行“抓亮”，发现、提升“新基础教育”在变革实践中呈现出的实践形态，对新质特征和内在机制进行理论概括、类抽象；在进行教学重建时，将理论具体化为课堂教学设计，结合具体的教学过程、环节、方法进行理论分析。这样的一些努力，不仅增强了自己参与变革实践的深度、广度、力度，也为自己的理论研究增添了更多的实践资源、实践内涵。当然，尽管现在距离读懂实践、实践概括和理论具化仍然很远，但是我一直都在努力，与学校日常教育实践的变革一同成长。

应该说，“新基础教育”研究丰富的实践资源与智慧创造滋养了我的理论思考，孕育和成就了我的论文，并为其注入了鲜活的生命力量。在论文写作过程中，我感悟最深的是，需要针对教育变革中的实践问题进行理论与实践双向建构意义上的思考，不能只停留于纯粹的理论构想或逻辑推演，而是要在变革实践中进行理论提炼。当然，这深深地受益于叶老师总是善于利用具体教育情景在学校变革实践现场适时点拨。同时，叶老师还在论文和书稿的具体指导中投入了大量时间和精力，多次全文审阅我那结构混乱、内容重复的冗长文稿，每次还要字斟句酌地批改、润色，并在已有文稿的基础上依据所呈现出的研究状态，启发、点醒，并就观点进行提炼和理论提升。我无法忘记叶老师的教诲之恩，正是在她的关爱和悉心指导、引领下，我才逐渐领悟并学习着主动地一步一步往前走。

三年来，我一直生活在具有强烈的生命气息、研讨氛围、学术品位的“新基础教育”研究团队中，学在其中，做在其中，乐在其中。在这个团队里，有着实践底蕴深厚、专业精深的师长们，有着敬业乐群、团结协作的亦师亦友的同学们，有着充满实践智慧、不甘平庸、勇于创造的一线教师和校长们。从中，我也深深懂得了：为人处事、求学问道都应当“自明才能自强、自强才能自主、自主才会自觉”。

在求学路途中，我深深记得安徽师范大学杨强老师，云南师范大学罗黎辉老师、李劲松老师，华东师范大学杨小微老师、陆有铨老师、杜成宪老师、李晓文老师、古人伕老师、谢利民老师、熊川武老师、郑金洲老师、范国睿老师！感谢在我成长道路中所有给我教诲和指点的师长！感谢在书稿修改过程中一直热情支持和提供指导的教育科学出版社罗永华老师！感谢那些给我帮助、支持、鼓励的学友们！曾经，一起研习过、一起畅谈过、一起欢笑过。这一切都将成为我们在丽娃河畔的美好回忆！

我能在外一心求学，离不开夫人李永珺女士默默地付出！她凭着自己的聪慧、爱心在家操持着一切，以此支持、激励我，并与我携手共同走过。同时，更离不开家人多年来的理解和支持！

张向众

2008 年 12 月于昆明

责任编辑　罗永华
版式设计　贾艳凤
责任校对　贾静芳
责任印制　曲凤玲

图书在版编目（CIP）数据

中国基础教育评价的积弊与更新／张向众著．—北京：教育科学出版社，2009.9
（世纪初中国基础教育改革研究丛书／叶澜主编）
ISBN 978－7－5041－4440－9

Ⅰ．中…　Ⅱ．张…　Ⅲ．基础教育—教育评估—研究—中国　Ⅳ．G632.47

中国版本图书馆 CIP 数据核字(2009)第 127920 号

出版发行	教育科学出版社		
社　址	北京·朝阳区安慧北里安园甲 9 号	市场部电话	010－64989009
邮　编	100101	编辑部电话	010－64989363
传　真	010－64891796	网　址	http://www.esph.com.cn
经　销	各地新华书店		
制　作	北京金奥都图文制作中心		
印　刷	保定市中画美凯印刷有限公司	版　次	2009 年 9 月第 1 版
开　本	787 毫米×1092 毫米　1/16	印　次	2009 年 9 月第 1 次印刷
印　张	20.25	印　数	1－3 000 册
字　数	313 千	定　价	38.00 元